U0725716

"互联网+"新形态商贸类精品教材

商务礼仪
——"学·用·做"一体化教程
（第2版）

王　芬　主　编

岳玲洁　谭　晓　汪念明　副主编

龙新辉　主　审

电子工业出版社

Publishing House of Electronics Industry

北京·BEIJING

内 容 简 介

本教材针对商务人员日常工作中常用礼仪、礼节进行指导和训练,旨在加强和提高学生的职业素养;创设仿真商务工作情境,以职业行为导向为理念设计一个个具体的工作任务,在实践操作中解决一个个礼仪问题。本教材主要包括商务礼仪认知、商务人员形象礼仪、商务接待礼仪、商务沟通礼仪、商务酬宾礼仪、商务活动礼仪、涉外礼仪与礼俗共 7 个模块 23 个具体单元,同时辅以大量情景训练、综合训练,并免费提供丰富、完整的配套数字化教学资源,包括微视频、教学课件、案例库等。

本教材可作为高职高专财经商贸类专业礼仪课程教学用书,也可作为商务人员职场礼仪实践指导书籍或培训教材。

图书在版编目(CIP)数据

商务礼仪:"学·用·做"一体化教程/王芬主编. —2 版. —北京:电子工业出版社,2024.5
ISBN 978-7-121-47751-5

Ⅰ. ①商… Ⅱ. ①王… Ⅲ. ①商务-礼仪-高等学校-教材 Ⅳ. ①F718

中国国家版本馆 CIP 数据核字(2024)第 082187 号

责任编辑:贾瑞敏
印   刷:河北鑫兆源印刷有限公司
装   订:河北鑫兆源印刷有限公司
出版发行:电子工业出版社
         北京市海淀区万寿路 173 信箱   邮编 100036
开   本:787×1 092   1/16   印张:16   字数:409.6 千字
版   次:2018 年 2 月第 1 版
         2024 年 5 月第 2 版
印   次:2024 年 5 月第 1 次印刷
定   价:49.80 元

凡所购买电子工业出版社图书有缺损问题,请向购买书店调换。若书店售缺,请与本社发行部联系,联系及邮购电话:(010)88254888,88258888。

质量投诉请发邮件至 zlts@phei.com.cn,盗版侵权举报请发邮件至 dbqq@phei.com.cn。

本书咨询联系方式:(010)88254019,jrm@phei.com.cn。

Preface
前 言

　　党的二十大报告指出，要"加快建设高质量教育体系，发展素质教育"，"构建优质高效的服务业新体系，推动现代服务业同先进制造业、现代农业深度融合"。本教材是湖南省首批卓越校建设项目——"（商务礼仪）群共享核心课程建设"项目成果。以"实用、适用、够用"为原则，从职业分析入手，根据职业岗位所需的知识来确定具体内容。在理论知识适度的前提下，力争实现理论与实践相结合、知识与应用相统一，培养学生"外塑形象、内炼修为"的综合素养，锻炼理解宽容、谦逊诚恳的待人态度，练就庄重大方、热情友好、讲究礼貌的行为举止，使学生具备从事商务工作的基本素质和扎实的职业技能。

　　本教材以任务项目带动理论知识，在职业行为导向带动下提高并增强商务人员的职业能力，以班级为单位设置了虚拟的"龙创商业集团公司"，让学生在课堂上的角色既是学生，也是一位准商务人员，教师既是该公司行政办公系统负责人，也是技能训练的"教练"。针对商务人员日常工作中常用的礼仪礼节进行指导和训练，旨在加强和提高学生的商务职业素养。通过仿真商务工作情境，以职业行为导向为理念设计一个个具体的工作任务，在实践操作中解决一个个礼仪问题，真正体现工学合一、学做一体的高职课程新模式。

　　本教材坚持"育人为本、德育为先"，模块一至模块七的"素质拓展目标"设置，较完整地体现了"诚、智、礼、义、信"等课程思政元素要求，把培育和践行社会主义核心价值观潜移默化地融入到对学生举手投足的日常行为训练中。首先，在本教材每一模块前的"习训目标"中设计了"素质拓展目标"，该环节是每个模块对学生品德与品质教育内在与外化有机融合的具体要求与体现。其次，在各节内文中设计了"温馨提示""小锦囊"，强调或细化日常行为素质培养中应注意的一些细节和事项。再次，在"实践训练"中又设计了"情景训练""综合训练"等环节。通过这种"目标、做法、训练"的系列动作，培养和提高学生"外塑形象、内炼修为"的综合素养，并通过塑造学生的规范行为来丰富其内涵、提升其品格，使学生不仅具有专业知识技能，还具有良好的道德品质修养和礼仪修养。

　　本教材编者成员有：长沙民政职业技术学院王芬、岳玲洁、谭晓、汪念明、钟璇及长沙通程控股股份有限公司通程百货副总经理艾恋颖。其中，王芬任主编，岳玲洁、谭晓、汪念明任副主编，龙新辉任主审。教材共分七个模块，具体分工：艾恋颖负责模块一，王芬负责模块二、三、五、六、七；汪念明负责模块四，岳玲洁负责微视频拍摄，谭晓负责配套课程资源建设，黄立霞、艾恋颖、钟璇负责教学案例库建设。

　　在编写过程中，我们参考和借鉴了大量礼仪方面的书籍及相关资料，也到许多企业进行调研走访，获得大量案例，还得到了许多领导和同人的关心和指导，特别是方玲玉教授在百忙之中抽出时间，参加本教材的编写论证会，并提出了宝贵的建议，在此一并表示衷心感谢。由于缺乏经验，本教材难免存在某些缺点和不足，恳请广大读者提出宝贵意见和建议，以便今后修订完善。

编　者

Contents
目 录

模块 一

商务礼仪认知

知识学习目标：

了解礼仪的概念、特征及发展；

掌握商务礼仪的特征、原则及商务人员礼仪素质的培养。

能力培养目标：

树立商务人员礼仪意识，培养规范行为。

素质拓展目标：

培养学生养成把规范得体的行为自然地运用到生活、学习、工作中的良好习惯，提高自身的综合素养，达到外塑形象、内炼修为的目的。

单元一　商务礼仪认知

情景导入

　　赵阳是湖南龙创商业集团龙创厨具有限责任公司的一名普通员工。在本届厨具展会上，小赵与其他同事一起忙碌多日，为提高企业知名度，争取更多的订单，他们加班加点地布展，希望能给人眼前一亮的视觉冲击，从而驻步他们的展位。

　　正式开展的这一天，小赵精心地打扮了一下自己，把柔顺的长发梳理好，化了淡妆，穿上西服套裙，看上去端庄、得体、大方，充满自信，她提前一个小时来到展会。展会上，小赵大方、热情地接待每一位到访者，口齿清晰地介绍他们的产品，给采购商留下了深刻印象。与其他业务员一样，小赵也拿着一个笔记本，这原本是个很常见的软皮本，现在被"撑"得鼓鼓囊囊。小赵非常重视这个本子，坐下的时候，本子被她端端正正地放在桌子上；手上拿着展品的时候，本子就夹在她的腋下——她要随时都能把它打开，在上面写写记记或从里面查找些什么内容。原来，她把这几天接到的咨询、接洽的采购商的名片，每一张都用订书机订在本子上，名片下面是采购商感兴趣的产品信息。从开馆一直到下午 6 时闭馆，大概一共有 50 多次采购商的咨询，小赵一个人接待了 10 次，其中有 4 次接待的是老客户。每一次面对客户，小赵都面带微笑，热情接待。一面倾听他们的诉求，一面详细介绍自己产品的特点。对他们提出的所有问题，耐心地一一解答，显示出专业人士特有的自信与气质。接待客户的间歇，小赵又忙着做功课，记住本次展会展出的每个系列产品的型号、颜色和零配件，还有它们的价格。虽然内容很多，但小赵要尽可能地把这些都记在心里。因为小赵清楚展会跟平时不同，没有时间慢慢回答问题。如果别人问什么都要去查的话，客户就有可能失去耐心。

　　到了中午，咨询的人明显减少，小赵便利用这个机会整理客户资料，她珍惜并充分利用这个难得的机会推广产品、发掘新客户、维系老客户。因为每次展会都有很多同事申请参加，她是非常努力才争取到这个机会的，更何况业务员收入与其负责的订单成交额密切相关。虽然展会上的交流只是初步了解，离最后形成订单还很远，但业务员都希望利用这个机会培养自己的客户。如果"跟"的客户能够确定下单，就算是自己的成绩了；而且客户培养成熟后会定期翻单，成交额都会算成自己的业绩；没有自己客户的话，永远都是一个跟班，只能协助别人处理业务，小赵想借此机会广泛建立自己的客户资源。

　　下午 6 时，采购商已陆续带着满满的样品图册离开展馆，小赵也开始和同事一起收拾展台准备撤离。不过，一天的工作并未到此结束。晚上还要宴请一个迪拜的老客户吃饭，对方之前下了一个大订单，要了大概 6 万只汤锅，一定要跟他们维持好关系。在餐桌上，小赵大方得体地向对方敬酒，不时地介绍所吃菜肴的特色，使迪拜的这位老客户边吃边不时流露出赞赏之意。

　　回到酒店之后，小赵把当天接待的客户的情况再回忆一遍，见面聊的时候有什么东西没记下来的，必须趁着有印象时赶紧补上。特别是新客户，要把他们的单位与相貌，对号入座，一一记住，希望在下一次见面时能第一时间认出他们。对客户的要求了解越多，之后的沟通就越高效。

项目任务

读了这篇文章后，你有何感想？商务工作离不开与人打交道，要想做得好，商务人员应该具备怎样的礼仪素养？这些礼仪素养与工作有何关系和影响？

任务分析

赵阳的一天让人深刻地感受到：商务人员的工作是繁忙、琐碎和辛苦的，但也是非常重要的。哪一个环节没有处理得当，都可能影响组织的形象和声誉。"我不仅仅是我，我就是公司的形象代言人"，这是对商务人员工作重要性的最好诠释，每一个商务人员都必须外塑形象、内炼修为。既要重视商务人员的良好职业形象的塑造，又要加强商务人员的职业意识，还要重视商务人员的内涵建设，提高个人修养，只有这样才能成为一名优秀的商务工作者。

我国素以"礼仪之邦"著称于世。源远流长的礼仪文化是先人留下的一笔宝贵财富。礼仪使我们的生活更有秩序，使人际关系更为和谐。随着我国经济的迅速发展，掌握并运用好商务活动中的礼仪规范，正日益成为现代企业竞争取胜的一个重要法宝。

在商务活动中，赢得别人的尊重和好感是非常重要的，它会带来许多商机。谁愿意与一个举止粗鲁、不讲礼貌的人谈生意呢？谁会相信一个不懂规矩的人能讲诚信呢？"三秒定乾坤"的说法固然夸张，但初次与人打交道，良好的礼仪修养是今后交往顺利进行的前提和基础，这是毫无疑问的。

一、礼仪的含义

礼仪的含义是什么？礼仪是礼节、仪式的统称。它是由一系列具体的表现礼貌的礼节或仪式所构成的，是人们在社会交往过程中所共同遵守的行为举止规范。礼节是指人们在交往中使用的表示友好的具体的行为举止，如握手、介绍等。仪式是指在正式场合有固定程序的一整套礼节，如庆典仪式、签字仪式、剪彩仪式等。

二、礼仪的特点

作为一门专门研究人的交际行为规范的学科，礼仪与其他学科相比有其独具的特征，这主要表现在其规范性、差异性、变化性、可操作性四个方面。

1. 规范性

礼仪是在社会实践中，特别是人际交往的实践中所形成的待人接物的行为规范，这种规范是约定俗成的。就像使用不同语言的人为了沟通和理解，必须寻求一种共同的语言一样，人们也需要大家都认可的表示敬人和自尊的礼仪。这种礼仪约束着人们在一切交际场合的言辞话语、行为举止，使之合乎礼仪，从而减少摩擦、增进感情。任何不符合这种规范的做法都被视为无礼。例如，握手时人们都用右手，如果有人改用左手，除非他是右手残疾，否则很可能会被看作有意侮辱对方的意思。因此，任何人要想在交际场合表现得合乎礼仪、彬彬有礼，都必须无条件地遵守礼仪。

2. 差异性

不同国家、不同民族都有自己独特的礼仪，即使同一民族，礼仪也因地域不同或信仰不同而存在差异。"十里不同风，百里不同俗"，就充分说明了这种现象。例如，不同民族的见面礼就各不相同，有的是握手礼，有的是鞠躬礼，有的是合十礼，甚至毛利人用的是碰鼻礼。礼仪的差异性与规范性并不矛盾，在一定地域、民族或行业内，人们的举止总是相对规范的，而和其他地域、民族、行业有所差异。

3. 变化性

礼仪是社会发展的产物，具有鲜明的时代特点。它会随着人们生活的不断变化而变化。变化性体现在两个方面：纵向看，礼仪的变化趋势越来越简约务实，如我国清代繁杂的跪拜礼已经消亡了，现代流行的是简约的握手礼；横向看，各国、各地、各民族的交往日趋频繁，不同的礼仪相互影响、相互渗透，也会造成礼仪的变化。

4. 可操作性

礼仪来源于社会实践，又直接为社会实践服务。规则简明、实用可行、易学易会、便于操作、切实有效是礼仪的一大特点。作为职业人士，应在工作中始终展示自己的职业素养、专业精神，应当着装庄重规范，举止大方得体，言谈文雅有礼。礼仪既有总体上的礼仪原则、礼仪规范，又在具体的细节上有一系列的方式、方法，仔细周详地对礼仪原则、礼仪规范加以贯彻，把它们落到实处，使之"言之有物""行之有礼"，不崇尚空谈，便于操作。

三、商务礼仪的特点

商务礼仪是礼仪的一个分支，它与其他礼仪有共同之处，也有商务活动的独特之处。商务礼仪主要有以下两个方面的特点。

1. 根据职务、身份确定礼仪次序

商界与政界、外交界一样，非常讲究身份、地位。次序是体现礼仪的一个重要方面，社交礼仪中常讲的女士优先原则，在商务活动中则强调人的职务、身份。首先是以职务高者为尊，尊者优先，其次才是以客为先、长者为先、女士优先。可见，性别差异在商务活动中不起主要作用。

2. 体现组织意志、组织文化

在商务活动中，不管个人的言行举止是否符合礼仪，都不被客户视为个人行为，而是代表所在组织。"我不仅仅是我，我就是公司的形象代言人！"这句话若能成为每一个员工心中

的信念，其工作形象、工作效率则是显而易见的。因此，凡是管理有方的公司，会通过各种规范化的礼仪训练，激发员工对组织的自豪感，增强组织的凝聚力、向心力。例如，松下公司创作了自己的"松下之歌""松下社训"，每天早晨 8:00，遍布各地的松下企业员工一起高唱松下歌曲，使每一名员工都以自己是松下的员工而感到光荣。目前，我国的许多企业通过统一企业标志、统一企业服装等，塑造组织统一的社会形象，也使员工自觉地维护组织的形象。组织通过开业庆典、周年纪念、表彰大会等仪式，激发员工对本组织的了解、爱戴，加深感情，增强组织的凝聚力和向心力。可见，礼仪在塑造组织形象中的作用是十分巨大的。

四、商务礼仪的原则

商务人员应该在日常工作中学习礼仪、应用礼仪，并遵守礼仪的以下原则。

1. 平等适度原则

礼仪的核心是平等，不能因为交往对象之间身份、年龄、性别、种族、财富等不同而厚此薄彼。它包括在礼仪活动中注重"礼尚往来"，如一方对另一方礼数应有对等的反应，表现为回答对方的致敬或致礼、答谢对方的宴请等；另外，在礼仪活动中，要注重平衡，如在签订条约协定时，应遵守"轮换制"，即每个缔约国在其保存的一份文本上名列首位，由它的代表在这份文本上签字。这种平衡的做法体现的就是平等原则。

所谓适度，就是针对具体情况，认真得体，掌握分寸，恰到好处，恰如其分。在商务交往中，要把握与特定环境相适应的人们彼此之间的感情尺度，要注意技巧，合乎规范。礼仪规格要与受礼者的身份相对应。例如接待规格，对方是总经理出面，我方也应是总经理出面；对方是主任出面，我方也应由主任出面。要自尊但不要自负，要坦诚但不要粗鲁，要信人但不要轻信人，要活泼但不要轻浮。

2. 敬人自律原则

敬人原则是在交际活动中，与交往对象既要相互尊敬、和睦共处，又要尊重交往对象的人格，尊重交往对象的劳动、感情和喜好。只有这样，才能让对方感受到自己的敬意、友好和自己良好的修养和素质，自己也才能得到对方的真诚回报。

自律是礼仪规范中对待个人的要求，也是礼仪的基础和出发点。讲究礼仪，最重要的就是自我要求、自我控制、自我约束、自我对照、自我反省，达到"文质彬彬，然后君子"的境界。

3. 宽容待人原则

宽容是一种较高的礼仪境界。人们在商务交往中应严于律己，更要宽以待人。站在对方的立场去考虑一切是制胜的法宝。要多容忍他人，多体谅他人，多理解他人，千万不要求全责备，斤斤计较，过分苛求，咄咄逼人。要能够容纳不同观点、不同看法、不同行为，应该求同存异。宽容待人，尊重他人的选择。

4．入乡随俗原则

常言道："十里不同风，百里不同俗。"由于国情、民族、文化背景不同，不同的人之间存在差异是不可避免的。尊重对方所特有习俗，易于增进双方的相互理解和沟通，有助于表达亲善友好之意。应坚持入国问禁、入乡随俗、入门问讳，与绝大多数人的习惯保持一致。既不能少见多怪、妄加非议，又不能目中无人、唯我独尊；否则将无法与他人和谐相处，更无法与他人愉快合作。

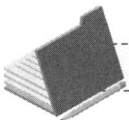

实践训练

一、情景训练

1．××专业××班的张小惠因有急事，没有来得及办理请假手续就离开了学校。这时，正碰上学校对各班的出勤情况进行大检查。同班的李勤特意到系办向相关教师说明了张小惠的特殊情况，使张小惠免受了批评，但系里要求张小惠回来后立即补办请假手续。张小惠回来以后，对李勤……

实训要求：

（1）讨论：张小惠应该对李勤表达自己怎样的心情。

（2）分组训练：三人一组，一人扮演张小惠，一人扮演李勤，一人扮演办公室里的老师。

（3）规范地演示这个过程。

2．王欣然因为不相信上学期英语成绩会不及格，想到××系办公室查询。她来到系办门前……

实训要求：

（1）讨论：从语言表达和行为举止两个方面讨论，王欣然应该如何完成咨询事宜。

（2）分组训练：两人一组，一人扮演王欣然，一人扮演办公室里的老师。

（3）规范地演示这个过程。

二、综合训练

1．案例分析

周先生要聘用一个没带任何介绍信的小伙子到他的办公室做事，周先生的朋友宋先生感到奇怪。周先生说："其实，他带来了不止一封介绍信。你看，他在进门前先蹭掉脚上的泥土，进门后又先脱帽，随手关上了门，这说明他很懂礼貌，做事很仔细；当看到那位残疾老人时，他立即起身让座，这表明他心地善良，知道体贴别人；那本书是我故意放在地上的，所有的应试者都不屑一顾，只有他俯身捡起，放在桌上；当我和他交谈时，我发现他衣着整洁，头发梳得整整齐齐，指甲修得干干净净，谈吐温文尔雅，思维十分敏捷。怎么，难道你不认为这些细节是极好的介绍信吗？"

实训要求：

（1）请谈谈看完这则案例后，你有什么感想？

（2）先讨论，再发表看法。

2．综合情景训练

上了电梯，我站在四个陌生人的身后。看他们的衣着和言谈，很容易判断出四个人的组合模式是：两个是总公司的高层领导，一个是分公司领导，而另一个是女秘书。

这个分公司领导模样的人衣着笔挺，身穿收腰身藏青色西装上衣和米色长裤，风衣搭在小臂上。他说着地道的上海话和流利的英语，分别与其他三人低语。我默默看在眼里，有这样一群在被外来文化同化的过程中成长起来的上海人，他们早就不是我们这座城市的异类了。

他们的楼层到了，电梯门打开。那位分公司领导模样的人，立刻很有风度地伸出手去，用自己的胳膊挡住门，好让他的上司先出去，不被门夹到。可是他竟然把他的女同事落在了后面，她险些撞到门上，幸好反应敏捷，飞快地闪了出去，她"啊哟"的惊呼声从即将关合的门的缝隙中飘进了我的耳朵。

当我走入自己的办公室脱下外套的时候，我发现原先挂外套的位置已经被另一件衣服抢占了。那是件咖啡色呢料男式长大衣，式样似乎已经过时，比较难看，想不起来曾经见谁穿过，因而也就猜不出是谁的。于是，我有些不高兴，以为是哪位同事要抢我的风水宝地。思量中，还是把外套挂了上去，靠在那件陌生大衣的外面。后来才知道，那件大衣属于一位从总公司过来短期出差的人，大家叫他小王。他后来也感觉到自己不小心占用了别人的地方。以后，他总是小心翼翼地把我的衣服拿下来，把自己的挂进去，再把我的重新挂到上面，然后，还仔细地整理一下我的衣领，却不在意自己的衣领被压倒。我坐在远处，偷偷看他做这些事情，慢慢地就对他尊敬了起来。他走的那天，和大家道别，就穿着那件我一度认为过时而难看的大衣，大衣居然被他穿得很有型，绝对是下一年的时尚款式。

实训要求：

（1）实操训练：六人一组，分别演示"我"、电梯中的四个人及办公室中的小王。

（2）小组讨论：电梯一幕和办公室一幕分别给人什么不同的感觉？为什么？

单元二　商务礼仪素质的培养

情景导入

风景秀丽的某海滨城市的中正大街，高耸着一座宏伟建筑，楼顶上"龙创商业集团龙创贸易有限责任公司"几个大字格外醒目。某照明器材厂的业务员贺先生按照计划，手拿企业新设计的照明器样品，兴冲冲地爬上六楼，脸上的汗珠未及擦拭，便直接走进了业务部李帆经理的办公室，正在处理业务的李经理被吓了一跳。"对不起，这是我们单位开发设计的新产品，请您过目"，贺先生说。李经理停下手中的工作，接过贺先生递过的照明器，随口赞道："好漂亮啊！"并请贺先生坐下，倒了一杯茶递给他，然后拿起照明器仔细研究起来。贺先生看到李经理对新产品如此感兴趣，如释重负，便往沙发上一靠，跷起二郎腿，一边吸烟一边悠闲地环视着李经理的办公室。当李经理问他电源开关为什么装在这个位置时，贺先生习惯性地用手搔了搔头皮。这是他多年的习惯，每当别人问他问题，他就会不自觉地用手去搔头皮。虽然贺先生做了较详尽的解释，李经理还是有点半信半疑。谈到价格时，李经理强调："这个价格比我们的预算高出很多，能否再降低一些？"贺先生回答："我们经理说了，这是最低价格，一分也不能少了。"李经理沉默了半天没有开口，贺先生有点沉不住气了。他不由自主地拉松领带，眼睛直盯着李经理。李经理皱了皱眉说："这种照明器的性能先进在什么地方？"贺先生又搔了搔头皮，反反复复地说："造型新，寿命长，节电。"李经理对他的回答颇不满意，便独自一个人又拿起照明器，反反复复地看。贺先生觉得无聊，便非常随便地抄起办公桌上的电话，同一个朋友闲谈起来。过了一会儿，李经理对贺先生说："这样吧，我对你们的这个新产品很感兴趣，但我想看看再说。"贺先生一听，心里急了，还想再说什么，但他看到李经理那坚定的神态便知道这次的生意做不成了，只好悻悻而归。一路上，他一直在琢磨，李经理原本对这个新产品是非常感兴趣的，但为什么还要看看再说呢？虽然还没有想明白，但他心中却已经有了一个明确的目标，就是一定要想办法，解决所有问题后，再来找李经理做成这笔生意。

项目任务

贺先生的这笔生意为什么没有谈成？
假如你是贺先生，在与客户交往过程中应注意哪些问题？请你为贺先生支招儿。

任务分析

照明器材厂的业务员贺先生这次的业务之所以没有成功主要与他个人的礼仪素养及业务水平有关。

首先在礼仪素养方面，贺先生在业务拜访前没有提前预约，进入他人办公室时不敲门而直接闯入的做法，一遇到问题便用手搔头的不良习惯，在商谈业务过程中不自觉地拉松领带的动作，一坐在座位上就毫无顾忌地跷起二郎腿，与他人交谈时眼睛直盯着对方，随意拿起他人的电话闲聊等，都说明他的个人修养欠佳，难以让人对其个人产生信任感。其次在业务沟通时，贺先生业务表现欠佳，当对方提出疑问时，他只会用简单的"造型新，寿命长，节电"来回答，而不能从专业角度进行详细说明和解释，使人对其产品难以产生信任感。因此，这次的生意没有成功也是可想而知的了。

那么，贺先生如何在下次的商谈中获得成功？首先应提高个人礼仪素养，其次应提高业务能力，只有这样才可能成功。

一、商务人员应具备的素质

商务工作是一种知识性、技术性很强的开拓性活动，要求商务人员具备广博的知识、多方面的才能。具体包括以下几方面的素质。

1．政治思想素质

热爱祖国，拥护党的路线、方针、政策；牢固树立全心全意为人民服务的思想；联系群众，有民主作风；有强烈的事业心、使命感。

2．职业道德素质

良好的职业道德是一名商务人员必备的。具体表现在：诚实的人品、良好的敬业精神和坚定的正义立场，忠于职守；不损公肥私，不损人利己；在重大原则问题上要立场坚定。因为其所代表的不仅仅是个人形象，还代表组织形象，要具备强烈的集体主义观念。

3．业务素质

业务素质是指商务人员的个人业务水平和能力。这是企业在市场竞争中求生存、求发展的基本条件。良好的业务素质包括：较高的文化水平，多方面的经济知识、科技知识、工艺知识和文化修养；熟悉本行业的相关业务，懂得相关的经济政策、法律和法规；有较强的协调能力和组织能力；具备一定的社会活动能力；具有分析问题、解决问题的能力，遇到困难能及时果断地解决。

4．个人礼仪修养

（1）自觉遵守社会公德。包括保护自然环境、爱护公共设施、尊老爱幼、见义勇为，不损害他人利益等。

（2）自律是道德修养的最高境界。自律性是提高自身修养最为重要的要求。在没有他人监督或知晓的情况下，不被利益所诱惑，不为权力所屈服，坚守自己的道德准则，这也是古人提倡的"慎独"——修养的最高境界。

（3）自尊自信。自尊自信是人际交往中非常重要的一个方面。也许你的职位不高、工资较低、能力不强，但只要努力去学、勤奋工作，就可以坦然地面对一切。如果动不动就神经过敏、暴跳如雷，或常以表面的傲慢、不在意来掩盖，说明在你的内心深处隐藏着一种叫作自卑的东西。所以，只要你是自尊自信的，你就能做到彬彬有礼、坦然面对一切，最终能够赢得他人对你的尊重和喜爱。

（4）平等宽容待人。不管是组织与组织之间，还是人与人之间，平等相待都是彼此交往的基本条件，是合作的基础。在商务礼仪中，到处强调由于职位不同而体现出不同的尊卑关系，这种地位上的差异确实存在，但并不是说对位卑者就可以不尊重。商务礼仪在表明各自地位的同时，也标示出各自的责任。如果没有礼仪，就会造成混乱。既要学会宽以待人，又要容忍别人的过失。气度宽宏的人，心胸开阔；气度小的人，心胸狭窄，区区小事也会如鲠在喉。

（5）诚实守信，与人为善。信任是交往的基础，交朋友应诚实守信，言出必行，不轻易食言。人们会觉得这种人可信赖，愿与之交往，即使付以重托也不必担心。那种表里不一、口是心非的人即使表面上讲礼仪也不过是虚伪的外表，人们当然不会轻信，更不会与之深交。常言道："己所不欲，勿施于人。"自己不喜欢的东西不要强加于人，不能以伤害他人来发泄自己的怨气，不要把自己的快乐建立在别人的痛苦之上，更不能落井下石。

（6）性格开朗，开拓进取。商务工作是一种开放型的对外经济活动，与各种经济组织和客户发生频繁的联系，如建立分公司、商务办事处、贸易小组等。一些商务交易要通过商务人员的各种交往活动来完成，这就要求商务人员具有外向型和开拓型的性格特征。具体包括性格开朗、和悦近人、开拓进取、兴趣广泛、语言幽默、外语娴熟，能与不同性格的人打交道，具有较强的社会活动能力等。

二、提高个人礼仪修养的方法

作为一名商务人员，在实际工作中处处离不开礼仪，要想尽快提高自己的礼仪修养，适应工作的需要，就应该重视礼仪的学习。提高个人礼仪修养的主要方法有以下两种。

1. 注重学习

注重学习又分为集中学习和感悟经历并总结规律两种方法。

（1）集中学习。

① 参加专业培训。现在许多高校已经开设了礼仪课程，这对即将走上工作岗位的学生来说非常必要。另外，一些正规的公司对员工都有各种专业培训，其中包括礼仪培训。这些课程和培训都可以使人在短期内掌握相应的礼仪知识。

② 阅读专业书籍。现在讲解各种礼仪的书籍非常多，可以选择适合自己工作性质、具有行业特点的礼仪书籍学习。这些书籍中，有的重理论，有的重实践和操作，可以有针对性地学习。

（2）感悟经历并总结规律。每个人都有着不同的人生经历，丰富的阅历能使自己以独到的眼光观察世界、体验生活。因此，平时注意观察和总结，能从中学习到很多东西。而且礼仪本身也是随着现实生活的变化而不断发展变化的。只要做一个有心人，就能不断地总结出最新的礼仪变化规律。

2. 付诸实践，提高自身综合素养，才是礼仪的终极目标

礼仪的实践性极强，学了不用等于没学。有一些人，虽然意识到了礼仪的重要性，但又一时难以改变自己已有的种种错误习惯，认为到了重要场合再用不迟。实际上，这些人即使到了重要场合，也会手忙脚乱、错误百出，根本不能行由心生、从容自然。这样的人，永远无法真正学好礼仪。

礼仪的最高境界是你的举止非常得体自然，从容大方；种种礼节不用刻意去遵守，也不会出错。就像健康的人不会时时注意自己的呼吸一样。

所以，学习礼仪的关键在于坚持、在于自律。在平时就主动按照礼仪要求约束自己的举止，无论是在工作场合、社交场合还是在休闲场合都要注意遵守相应的礼仪。经过一段时间的外塑形象、内炼修为的努力学习和实践，就会"习惯成自然"，你也才真正变成一个庄重大方、热情友好、谈吐文雅、讲究礼貌，具备良好职业素养的人。

实践训练

一、情景训练

1. 赵同学到食堂就餐，刚进食堂，就看到成堆的人在前面拥挤。他们都举着自己的饭盒，向炊事员大声喊道："该我了，我已经等很久了。""喂，这里啊，我也等了很久了。"……

实训要求：

（1）讨论：面对这种场面，赵同学该怎么做？

（2）分组训练：八人一组，一人扮演赵同学，六人扮演买饭的同学，一人扮演炊事员。

（3）请演示规范的就餐过程。

2. 黄同学走到学生服务大厅柜台前，想咨询一下如何补办校园卡。看到柜台里的工作人员正在低头忙着整理资料，他……

实训要求：

（1）讨论：从语言表达和行为举止两个方面，谈谈黄同学应该如何完成咨询事宜。

（2）分组训练：两人一组，一人扮演黄同学，一人扮演柜台里的工作人员。

（3）规范地演示这个过程。

二、综合训练

1. 案例分析

某高校应届毕业生 20 人，实习期间被导师带到某企业实验室参观。全体学生坐在会议室里等待企业领导的到来，这时有位姓王的工作人员给大家倒水，同学们表情木然地看着她忙活，其中一个还问了句："有绿茶吗？天气太热了，真受不了。"工作人员客气地回答说："抱歉，刚刚用完了。"其中的一个学生叫常青，他听到有同学这样说，心里感到很别扭。轮到他时，他面带微笑，轻声地说："谢谢！大热天的，辛苦您了！"工作人员抬头看了他一眼，满含惊奇，虽然这是很普通的客气话，却是她今天唯一听到的一句感谢的话。

门开了，企业领导走进来热情地与大家打招呼，但不知怎么回事，下面却静悄悄的，没有一个人回应。常青左右看了看，犹犹豫豫地鼓了几下掌，同学们这才稀稀落落地跟着拍了几下手，由于不齐，越发显得零乱。企业领导挥了挥手说："欢迎同学们到这里来参观。平时一般都由人力部门负责接待，因为我和你们的导师是老同学，非常要好，所以这次我亲自来给大家介绍一些有关情况。我看同学们好像没有带笔记本，这样吧，小王，请你去拿一些我们企业印的纪念手册，送给同学们留作纪念。"接下来，更尴尬的事情发生了。大家都坐在那里，很随意地用一只手接过企业领导双手递过来的手册。企业领导脸色越来越难看，来到常青面前时，他已经快要没有耐心了。就在这时，常青礼貌地站起来，身体微倾，双手握住手册，恭敬地说了一声："谢谢您。"企业领导闻听此言，不觉眼前一亮，伸手拍了拍常青的肩膀："你叫什么名字？"常青照实回答，企业领导微笑点头，回到自己的座位上。早已汗颜的导师看到此景，才微微松了一口气。

两个月后，毕业分配表上，常青的去向栏里赫然写着上次去的那家企业实验室。几位颇感不满的同学找到导师，说："常青的学习成绩最多算是中等，凭什么选他而没选我们？"导师看了看这几张尚属稚嫩的脸，笑道："是人家点名来要的。其实你们的机会是完全一样的，你们的成绩甚至比常青更好，但是除学习之外，你们需要学的东西太多了——修养是第一课。"

实训要求：请谈谈看完这则案例后，你有什么感想。

2．综合情景训练

情景：上面"案例分析"中的情景。

实训要求：

（1）小组训练：23 个人一组，一人扮演常青，19 人扮演其他同学，其他三人分别扮演导师、企业领导和王姓工作者；

（2）针对案例进行讨论，同学们哪些地方做得欠妥，应该怎么做，请规范礼貌地演示这个过程。

知识小结

礼仪是礼节、仪式的统称，它是由一系列的、具体的表现礼貌的礼节或仪式所构成的，是人们在社会交往过程中所共同遵守的行为举止规范。

礼仪的特点包括规范性、差异性、变化性、可操作性四个方面。

商务人员礼仪的特点一是以职务、身份决定礼仪次序，二是体现组织意志、组织文化。

商务人员礼仪的原则是平等适度原则、敬人自律原则、宽容待人原则、入乡随俗原则。

商务人员应具备以下几方面的素质：政治思想素质、职业道德素质、业务素质、个人礼仪修养。

模块二

商务人员形象礼仪

习训目标

知识学习目标：

了解和掌握仪态、仪装、仪容的基本知识。

能力培养目标：

培养塑造职场个人形象的能力；

遵循 TPO 原则，熟练塑造职场个人形象的技巧。

素质拓展目标：

培养学生树立职业意识，养成规范、得体的行为习惯；

使礼仪真正融入学生的日常行为的各个环节，塑造良好职业形象。

单元一　仪态

　　白琳是龙创商业集团旗下龙创房地产开发公司销售部成员。她人际交往能力强，业务拓展能力也很强，上司对她非常器重。最近，她准备与一家当地颇有影响且颇具规模的房地产公司商谈一项大的合作事宜，这项业务若能成功，对白琳事业的发展将会有重要的意义，因此，她非常重视这次合作，希望对这家房地产公司多一些了解。后来，她听说这家公司前不久曾与另一家有较强实力的房地产公司商谈过合作事宜，却没有成功。失败的原因是在商谈过程中，那家房地产公司干事的行为举止让人感到无法接受。她当着众多客人的面儿一会儿摆弄身上的饰品，一会儿接听手机，漫不经心，好像根本不在乎他们的存在。于是，他们断然停止了与那家公司的合作。通过这件事，白琳意识到一个人的行为举止在人际交往中其实是非常重要的，它甚至关系到一个合作的成功与否，自己以前一直只重视说了什么，却不太在意行为举止方面，看来以后一定要重视这些细节问题了。

　　假如你是销售人员白琳，在与那家房地产公司打交道的过程中，你应该如何注意自己的行为举止呢？

　　白琳要想获得成功，必须先搞清楚另一家公司合作失败的原因，再对症下药，纠正过失，才可能成功。其实，另一家房地产公司失败的主要原因就是公司的销售人员在商谈过程中，不分场合、不顾众多客人，一会儿摆弄身上的饰品，一会儿接听手机，漫不经心，好像根本不在乎他人的存在。这当然让对方感到受到轻视，缺乏合作的诚意。那么，还有谁愿意与这样的公司合作呢？

　　这说明一个人的行为举止不仅是个人素质和修养的问题，还可能关系到组织的切身利益。不规范、不妥当的个人行为一旦让人产生被忽略、不被重视的感觉，就会使人对你所在公司的员工工作态度、组织管理水平、生产能力等都产生怀疑，那么与这样的组织合作自然不可能顺利。因此，得体的举止、优雅的气质，定会为你及你所在的组织增强信任感，成功概率必定大大提高。

　　仪态是指人的体态礼仪。作为商务工作者，在工作或人际交往中应该注意自己体态语言的规范性。仪态的重要性在某种意义上不亚于口头语言所发挥的作用。心理学家的研究证明：人际交往中大约20%的信息是通过口头语言传递的，而另外大约80%的信息则是通过人的举止、动作等体态语言传递的。因此，人们称仪态为人的"第二语言"是一点儿不为过的。

仪态包括表情语、手势语和体态语三方面。

一、表情语

表情是人的面部各器官的动作和脸色的变化所传达的信息。它是一种无声语言，却常常无声胜有声。表情能快速、准确地传达人类丰富的情感，是人类心灵的一面镜子。因此，商务人员应该充分利用这面"镜子"传递自己的真诚，树立良好的职业形象。表情语中最富有表现力的就是微笑语和目光语。

（一）微笑语

全世界最早的现代成功学大师拿破仑·希尔曾说过："人类最廉价且又能带来最大收益的东西就是微笑。"微笑是这个世界上最美丽的花朵，任何人都不会拒绝这个花朵。美国传播学家艾伯特·梅拉比安曾经提出一个公式：感情的表达=7%语调+38%声音+55%肢体语言。而在肢体语言中，表情语又占据相当大的比重。这就说明人的眼神、笑容、面容是表达感情最主要的三个方面，说明表情在沟通中的重要性。在商务交往中，微笑是一种常规表情。但作为一种职业表情，微笑要真诚、自然，否则会给人一种过于职业化而缺乏诚意的假笑的感觉。

微笑的基本要求：放松面部肌肉，使嘴角微微向上翘起，双唇微展呈弧形，微露牙齿（一般露出 6～8 颗牙齿），不要露出齿龈，不牵动鼻子，不要发出声音。

下面是训练微笑的几种方法。

1. 诱导训练

播放愉快的音乐，想象和幻想，仿佛自己在音乐中翩翩起舞。回忆美好的往事，让自己沉浸在美好的回忆之中，喜悦的表情会自然引发。

2. 对着镜子训练微笑

时常对着镜子发"一""七""田七""茄子""威士忌"的读音，或发英语单词"cheese"的读音。反复练习，看笑到什么程度才是最自然、最真诚的微笑。

3. 相对训练

两人一组，相对训练，相互纠正。

4. 当众训练

当着全班同学的面，长时间保持微笑，逐渐做到自然大方。

5. 不爱微笑的人的训练方法

不爱微笑的人，面部肌肉往往比较僵硬，眼睛也不够灵活。训练方法如下：

第一种方法。先在嘴里含一口气，然后眼睛开始顺时针转，嘴里的气也跟着转，使两腮肌肉轮流鼓起来，再反过来，使口中的气逆时针转，反复练习即可。

第二种方法。眼睛"笑容"的训练方法：取厚纸一张，遮住眼睛下边部位，对着镜子，回忆过去的美好生活，使笑肌抬升收缩，嘴巴两端做出微笑的口型，随后放松面部肌肉，眼睛随之恢复原状。

（二）目光语

眼睛是心灵的窗户。目光语是通过眼神和目光来传情达意的一种行为语言。它可以无言而形象地反映人们的内心世界。作为商务人员，在人际交往中，一定要学会如何利用这扇窗户来"察言观色"，洞察人们内心的真实情感；更要学会用规范、得体的目光和眼神来传达信息、交流感情。

商务人员要根据对象和场合的不同，正确使用目光语。一般要注意以下几个方面的问题：

1. 注视部位

（1）公务注视：公务注视范围是以两眼为底线、以额头发际中点为最高点所构成的三角形区域，如图2.1所示。这是一种严肃、郑重的注视，适用于下级向上级汇报工作、与客户谈判、庆典仪式等正式的公务场合。

（2）社交注视：社交注视范围是以两眼为上线、以下颌为最低点所构成的倒三角形区域，如图2.2所示。这种目光亲切友善，利于营造出轻松、愉快的气氛，适用于各种社交场合。例如一些茶话会、舞会和各种友谊聚会等，都适合采取这种目光注视。

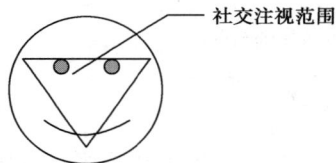

图2.1　公务注视范围　　　　图2.2　社交注视范围

图2.3　私人注视范围

（3）私人注视：目光注视范围是从眼部到胸部的一个较大的倒三角区域内，如图2.3所示。这种目光亲近随和，带有相当的感情色彩，适用于家人、恋人、亲朋好友之间。

由此可见，越庄重的场合，目光注视的范围就越要窄、越要专注，这样才能使人产生一种信任感；相反，目光总是游离不定，就会使人产生一种不信任感。

2. 注视时间

商务人员在与他人交流时，目光注视的时间是有讲究的。正确的做法是：

（1）看对方几秒以后，就把目光移到别处（如自己的前方或桌上的文件等），但大部分时间还是看对方。

（2）同时与多人交谈时，先看主要交谈对象几秒，再环视关注一下在场的其他人，大部分时间也还是看主要交谈对象。

（3）眼皮眨动一般为 5～8 次每分钟。眨动过快表示思维活跃或在思考，眨动过慢表示轻蔑、厌恶；有时眨眼也可表示顽皮或不解；如果眼球反复转动，通常表示在动心思。

温馨提示

不要长时间盯着异性看，这样会让人觉得别扭、紧张。

3. 注视方式

一般情况下，注视角度要相对稳定，但也因交谈对象与场合的不同而不同。与单人交谈时，大多用正视、对视或点视目光；与多数人交谈时，最好用环视的目光照顾到在场的每个人，让人感觉到你对他们的关注和重视。商务人员不但要善于观察别人的眼神，还要把握好自己的眼神。

温馨提示

商务人员在与人交流时，不能使用下列目光：
① 斜视、俯视、扫视、旁视或窥视等轻视、不尊重人的目光；
② 上下左右反复扫视对方，不信任或挑衅的目光；
③ 眼珠四处乱转，显得不够庄重；朝人翻白眼，让人有被藐视的感觉；
④ 时不时瞟对方一眼，带有鄙视、厌恶的意味。

二、手势语

常见手势

手势语是体态语中非常富有表现力的一种语言。不同的手势可表达不同的含义。手是商务人员的第二张名片，切不可给人留下一种"指手画脚"的印象。手势语的基本要求是自然优雅、规范适度。常见的手势语有指示性手势、情绪性手势和象征性手势。

（一）指示性手势语

一般用来介绍、邀请，或指示方向、地点，指点物体。正确的做法是：四指并拢、伸直，拇指自然分开，掌心侧斜向上，与地面成45°，手臂与指尖成一条直线并适度伸出，指向目标。谈到自己时，可用右手轻按自己的左胸部，显得沉稳可信。常用的手势有以下几种：

1. 横摆式

在表示"请进""请"时常用。处于交叉式站姿时，适用此手势。正确的做法是：五指伸直并拢，手心向上，肘部弯曲，腕低于肘；以肘关节为轴，手从前抬起向右摆动至身体右前方；同时，脚站成小"丁"字步；头部和上身微向伸出手的一侧倾斜，另一只手放于腹前；目视宾客，面带微笑，如图2.4所示。

2. 前摆式

当双手处于自然下垂的站姿来表示"请"的意思时，适用此手势。正确的做法是：五指并拢，手掌伸直，由身体一侧由下向上抬起，以肩关节为轴，手臂稍曲，到腰的高度后向身前右方摆去，摆到距身体 15 厘米且不超过躯干的位置时停止；目视来宾，面带微笑，如图 2.5 所示。

3．双臂横摆式

面对较多来宾说"请"时，可采用"双臂横摆式"。即两手从腹前抬起，双手上下重叠，手心向上，同时向身体两侧摆动，摆至身体的侧前方，上身稍前倾，微笑施礼向大家致意，如图 2.6 所示。也可以双臂向一个方向摆出，即两手从腹前抬起，手心朝上，同时向一侧摆动，两手臂间保持一定距离。

图 2.4　横摆式　　　　　　图 2.5　前摆式　　　　　　图 2.6　双臂横摆式

4．斜摆式

请来宾就座时，手势应指向座位的地方，可使用斜摆式。手先从身体的一侧抬起，到高于腰部后，再向下摆去，使大小臂基本成一条斜线，如图 2.7 所示。

5．直臂式

给来宾指方向时，可采用直臂式。手指并拢，掌伸直，屈肘从身前抬起，向应到的方向摆去，摆到肩的高度时停止，肘关节基本伸直。当手势指向的方向与面对方向相反时，身体与双脚应自然扭动，转向指向的方向，如图 2.8 所示。不应大幅扭动腰肢，上身转动而下身不动。

图 2.7　斜摆式　　　　　　图 2.8　直臂式

（二）情绪性手势语

用来表达情绪、态度。如表示欢迎、感谢时鼓掌；表示无奈时，双手摊开等。

（三）象征性手势语

通常用来表示某种抽象的概念。这种手势语往往约定俗成，而且具有民族性和地域性特征。商务人员在日常交往中，特别是在涉外交往中，更要注意正确使用和理解各种手势语。

1. 打招呼、致意、告别的手势

当双方距离较近时，五指自然并拢，抬起小臂挥一挥；距离较远时，可适当加大动作幅度。

2. 地域不同的象征性手势语

（1）竖大拇指。大多数国家和地区表示"夸奖或称赞"，也表示"感谢、准备妥当"。我国通常表示"高度赞赏"。但在希腊，急速竖起大拇指，是让对方"滚蛋"的意思。

（2）向上竖大拇指，余指握拳，大拇指朝身体右侧偏一点，是"搭便车"之意。

（3）"OK"手势。用拇指和食指组成一个圆圈，其余三指竖起来，这个手势在美国人眼中表示"好、顺利、平安"；在日本人眼中则表示"钱"；在南美洲一些地区，表示"粗俗、下流"；在中东地区表示"同性恋"；在泰国表示"没问题"；在法国南部表示"零"或"毫无价值"。

（4）"V"形手势。在欧美国家表示"胜利"。在欧洲一些国家（如英国、希腊），如果掌心向内，则是"下贱"之意。

（5）手掌向下挥动。这在中国或日本，是招呼别人过来的意思，没有恶意；但在美国，却是唤狗的意思，切不可对人使用。

（6）竖食指。这是引人注意的手势。在开会时，若想发表意见和看法，可用这个手势；在餐厅等公共场所召唤服务人员时，也可用这个手势，但不可加上打响指。

（四）商务人员的手势

在人际交往中，商务人员的双手位置范围不应宽过 80 厘米，这样能给人稳重、安定之感。即高不过耳、低不过腰，否则会给人张狂、轻浮或猥琐、小气之感。

温馨提示

商务人员在与人交往时，手势宜少不宜多。过多的手势会给人留下装腔作势、缺乏涵养的感觉。

一定要避免出现如下手势：当众搔头皮、掏耳朵、抠鼻子、咬指甲、手指在桌上乱写乱画、玩弄头发等；手指不伸直并拢，呈弯曲状；手臂僵硬，缺乏弧度；动作速度太快，缺乏过渡；手势与身体姿态、面部表情、眼神配合不协调；用手指指点人等。

> **小锦囊**
>
> **商务人员如何用手接送物品**
>
> 接收物品时，应双手五指并拢，两臂适当内合，自然地将双手伸出。
>
> 递送物品时，应双手将物品拿在胸前递出，若是剪刀之类物品，尖端不可指向对方。
>
> 不可一只手拿着物品，更不能直接往对方手里丢放物品等。单手递送或接收物品都是缺乏素养的表现。

三、体态语

体态语是人们日常工作、生活中通过身体姿态及其变化所传递出来的一种肢体语言。商务人员的体态语要求姿势规范、得体、优雅。要使自己的站姿、坐姿、行姿、蹲姿及乘坐轿车的姿势利于塑造一个良好的职业形象，必须经过专业的学习和训练。

（一）挺拔的站姿

站姿是最容易表现一个人姿势特征的姿势。它是人体动态造型的基础。良好的站姿能衬托出一个人美好的气质和风度。在正式场合，站姿应当挺拔、端庄而自信，这样才能使人产生尊重和信赖。

常见站姿

图 2.9 标准站姿

1．标准站姿

标准站姿，如图 2.9 所示。具体要求如下。

头正：两眼平视前方，嘴微闭，收颔梗颈，表情自然，稍带微笑。

肩平：两肩平正，微微放松，稍向后、向下沉。

臂垂：两臂自然下垂，手指并拢、自然微屈，中指对准裤缝。

躯挺：胸部挺起、自然舒展，防止缩肩含胸。

腹收：腹部内收。

腰立：腰部正直，脊椎、后背挺直。

臀收：臀大肌微收缩，向内、向上收紧。

腿直：两腿并拢，膝关节用力挺直，髋部上提。

脚并：两脚跟靠拢，两脚夹角呈 45°或 60°，身体重心在两脚正中间。

训练方法如下。

顶书法：找一本较厚的书放在头上顶着，不能掉下来。这样就必须保持上身、颈部挺直，下巴微收。

顶书夹纸法：头上顶书，两膝之间夹一张纸，书和纸都不能掉下来。这样就必须保持上身挺直，两腿并紧，两脚靠拢。

背靠墙法：要求后脑、双肩、臀部、小腿和脚后跟全部紧贴墙壁，每次坚持 20 分钟。

背靠背法：两人一组，背靠背站立。两人的头部、肩部、臀部、小腿和脚后跟全部紧靠在一起，每次坚持 15～20 分钟。

> **小锦囊**
>
> **男士与女士的站姿**
>
> 男士与女士站姿风格不同。男士应显得干练洒脱，舒展挺拔；女士应显得秀雅端庄，亭亭玉立。

2．叉手站姿

女士和男士叉手站姿要求不同。

女士右手微握左手放于腹前，左手大拇指内侧靠近肚脐的位置，两臂微端，不要紧贴身体，也不要过于端着以免显得僵硬；胸部挺出，双肩尽量外扩舒展，避免内扣；气沉丹田，收腹提臀。双脚可呈"V"字步，脚跟靠拢，两脚尖相距 10 厘米左右，形成 45°角；也可呈"丁"字步，两脚一前一后，一只脚的脚跟靠近另一只脚的脚弓，身体重心集中于后一只脚上，切勿两脚分开甚至呈平行状，如图 2.10 所示。

男士左手勾住右手交叉于腹前，两臂不需要端着；两脚分开，不要超过肩宽，这样显得沉稳大气、不做作，如图 2.11 所示。

3．前后手站姿

女士和男士均是一只手置于腹前，另一只手背在身后。女士两脚呈"V"字步或"丁"字步，男士两脚分开，不超过肩宽，分别如图 2.12 和图 2.13 所示。

4．背垂手站姿

女士和男士均是一只手背在身后，另一只手下垂置于身体一侧。女士两脚呈"V"字步或"丁"字步，男士两脚分开，距离不超过肩宽，分别如图 2.14 和图 2.15 所示。

图 2.10　女士叉手站姿　　图 2.11　男士叉手站姿　　图 2.12　女士前后手站姿　　图 2.13　男士前后手站姿

图 2.14　女士背垂手站姿　　　图 2.15　男士背垂手站姿

5．背手站姿

这是男士特有的一种站姿。双手置于身体后侧交叉，两脚分开，显得威武霸气，适用于保安、保镖等职业，不适用于商务人员。

温馨提示

商务人员应避免的站姿：两脚分叉太大；交叉两腿而站；一个肩高一个肩低；松腹含胸、屈膝；脚在地上不停地画弧线；和别人勾肩搭背地站着。

（二）优雅的坐姿

无论在生活中还是在工作中，坐姿都是一种经常保持的静态造型。不管开会、交谈、处理各种公务都离不开坐，而坐姿稳重沉静、安详优雅又是商务人员良好修养的重要表现。

常见坐姿

1．正确的坐姿及要求

入座时，不要抢座，要注意先后顺序，应该让客人、上司、年长者、女士先坐，自己再坐。要注意方位顺序，从左侧入座。还要注意姿势，动作要轻缓平稳，不能风风火火，"大起大落"。女士穿着裙装入座时要身正腰直、双膝弯曲、双手拢裙，缓慢坐下，不能躬腰哈背、突出臀部。

落座时，向旁边的人致意，并以背部接近座椅，背部最好不要靠在椅背上；在尊者面前，不要坐满椅面，最好占椅面的 3/4 或 2/3；上身挺直、双肩放松、双手掌心向下自然地放在膝盖上，或椅子、沙发的扶手上。女士不管怎么坐，都必须双膝并拢，双腿正放或侧放，双脚并拢、交叠或呈小 "V" 字形。

离座时，要事先用语言或动作向他人示意后再起身；若是辞行则应先离座，若是送客则应后起身；动作要轻缓无声，从座位的左侧离开。

正确的坐姿有以下几种。

（1）标准式坐姿。两腿并拢，上身挺直，双肩平正，小腿与地面垂直，手置于双膝上。

女士标准式坐姿如图 2.16 所示。男士双脚可略分开"一脚"之距，不可宽过肩，如图 2.17 所示。

（2）侧摆式坐姿。女士双膝并紧，上身挺直，两脚同时向左或右斜放，双手叠放，置于左腿或右腿上，如图 2.18 所示。男士小腿垂直于地面，上身左倾或右倾，左肘或右肘关节支撑于扶手上。

图 2.16　女士标准式坐姿　　　图 2.17　男士标准式坐姿　　　图 2.18　女士侧摆式坐姿

（3）开关式坐姿。双膝并紧，两小腿前后分开，两脚前后在一条线上，两膝并紧，双手放在腿上，如图 2.19 所示。男士两小腿可前后分开，也可左右分开。

（4）交叉式坐姿。两腿前伸，脚踝交叉，一脚置于另一脚上，在踝关节处交叉，为前交叉坐姿。也可小腿后屈，前脚掌着地，在踝关节处交叉，如图 2.20 所示。女士用一脚挂于另一脚踝关节处，为后交叉坐姿。注意：双膝不可分开，双腿不可伸得太长。

（5）后点式坐姿。双脚后缩，前脚掌着地，两手掌心向下并交叉放在腿上，如图 2.21 所示。

（6）重叠式坐姿，俗称"二郎腿"。在正坐的基础上，两腿向前，一条腿提起架在另一条腿上。女士一般则采用侧斜重叠式坐姿，即上面的小腿尽量向里收，贴在另一条侧向一边的腿上，脚尖也自然地侧贴，如图 2.22 所示。特别要注意的是，这种坐姿只适用于非正式场合。

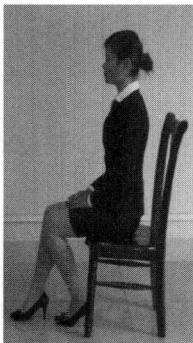

图 2.19　开关式坐姿　　图 2.20　交叉式坐姿　　图 2.21　后点式坐姿　　图 2.22　重叠式坐姿

小锦囊

不同坐姿表示不同的含义：

正襟危坐，上身紧张，表示严肃、认真；

深深坐入椅中，腰板挺直，表示心理上处于优势；

不停地抖动腿或脚，表示内心的不安和急躁；

张开两腿而坐的男性，表示充满自信，具有支配欲；

爱跷二郎腿的女士，表示对自己的外貌有信心；

频频变换架腿姿势，表示怀疑、不稳定；

在会场上或公开场合，坐着时捂嘴、掩嘴、摸下巴，表示以"评判"的态度在听对方的发言。

2. 优雅坐姿的训练方法

挺胸立腰是标准坐姿的关键，开会、打字或其他适宜的时间都可以练习，每次练习15～50分钟，长期坚持一定可以养成良好习惯。

温馨提示

并膝而坐是一个女士坐姿优雅的重要方面。在社交场合，为了使坐姿更优美，女士可采用略侧向的坐法，头和身子朝向对方，双膝并拢，两脚相并、交叉或一前一后。坐下后，把裙子向腿下掖好。

女士注意以下几种情况：把双手夹在腿中间，会给人一种没有自信的感觉；双手放在臀部下面会显得幼稚、不自信，很难委以重任；大腿并拢，小腿分得太开，也是有损形象的坐姿。

男士注意以下几种情况：架成"4"字形腿，给人一种张狂、缺乏涵养之感，是职场大忌；两腿长长地伸出去，无所顾忌，毫无职场应有的状态；两腿过于叉开也是非常不雅的。

（三）潇洒的走姿

走姿是最引人注目的形体语言，也是最能体现人的精神面貌的一种姿态。商务人员应该是稳重、干练又朝气蓬勃的，因此，有意识地锻炼自己的走姿，能帮助自己展现一种良好的职业风貌。

1. 规范走姿的要求

规范的走姿应当是直行、匀速、轻盈。具体要求如下所述。

头正。双目平视，收颌，表情自然、平和。

肩平。两肩平稳，上下、前后不能摇摆，双臂前后自然摆动，向前的摆幅约为35°，向后的摆幅约为15°，两手自然弯曲，在摆动中距双腿不超过一拳的距离。

躯挺。上身挺直，收腹立腰，重心稍前倾。

步位直。两脚落地的位置要直，女士的行走轨迹是一条直线，男士的行走轨迹则是两条平行线。

步幅适当。行走中两脚落地的距离大约为一个脚长。但男女不同、身高不同、着装不同，步幅也会有差异。

步速平稳。保持均匀、平稳，不要忽快忽慢，应自然舒缓、有节奏，这样显得成熟、自信。

2. 潇洒走姿的训练方法

潇洒走姿的训练方法如下。

（1）可以将一本书放在头顶，双手放在身体两侧，从基本站立姿势起步，慢慢变为走姿。这样虽然有些不自然，却是极有效的一种训练方法。要点是走路时要摆动大腿而不是膝关节，这样才能步伐轻盈。

（2）画一条直线，沿着直线走，上身挺直（要求与站姿一样）、重心稍稍前倾、迈开双脚，双膝内侧稍有摩擦感。反复练习，定有成效。

温馨提示

行走时，不要晃动肩部和上半身，要伸直背肌，维持规范的行走姿势与步位，步幅与步速也要与腿的长度相适应。

头部：头部与躯干应呈一条直线，勿东张西望。不可边走边看，否则很容易撞到他人或其他物品。

肩部：双肩平正舒展，不可一边肩高、一边肩低地行走，也不要两肩过于端着，这样显得身体僵硬、不自然。

胸腹部：胸部向外挺，勿将双臂过于后张而使胸部过于突出，腹部不可腆起凸出。

双手：行走摆动双手时，手臂不能过于僵直，要自然协调地摆动，不可一侧的手臂摆动而另一侧的手臂不摆动。手臂摆动的幅度不要太大，否则腰部及臀部都会因过度扭曲转动而使人觉得不雅。

双膝：行走时应用大腿发力带动小腿，而不是膝关节发力。

双脚：走路外八字是常见的不雅行姿，给人衰老之感，所以脚尖一定要正直向前，脚后跟应随着步伐向上抬起，切勿在地面上拖着走。

小锦囊

商务人员走姿特例

陪同、引导来宾时：应注意方位、速度等方面。双方并排行走时，引导人员应居于左侧，让来宾走在右侧。遇到较狭窄的走廊时，引导人员应居于来宾左前方1米左右的位置，走路的速度要与来宾相协调。要处处以来宾为中心，遇到拐角、楼梯或光线昏暗的地方，要提醒来宾留意。

走进会场、走向话筒、迎向来宾时：步伐要稳健、大方。

进入办公机关、拜访他人时：在室内脚步应轻而稳。

办事联络时：步伐应快捷、稳重，体现效率、干练。

参观展览、探望病人时：脚步要轻而柔，不可出声响。

参加喜庆活动时：步态要轻盈、欢快。

参加吊丧活动时：步态要缓慢、沉重，表现出悲哀的心情。

（四）斯文的蹲姿

蹲姿是人们在地上取物时常用的一种姿态，但人们常常不太在意它。尤其是作为职业女性，斯文的蹲姿能体现出一种良好的职业素养。

常见蹲姿

规范的蹲姿是上身尽量保持正直，头、颈、腰、背、臀应保持在一条直线上，两腿合力支撑身体，靠紧下蹲。蹲姿一般分为高低式蹲姿和交叉式蹲姿两种。

1. 高低式蹲姿

下蹲时左（右）脚在前，右（左）脚稍后（不重叠），两腿靠紧向下蹲。左（右）脚全脚掌着地，小腿基本垂直于地面，右（左）脚脚跟提起，脚掌着地。右（左）膝低于左（右）膝，右（左）膝内侧靠于左（右）小腿内侧，形成左（右）膝高右（左）膝低的姿态，臀部向下，基本由膝低的腿支撑，如图 2.23 所示。

2. 交叉式蹲姿

下蹲时，右（左）脚在前，左（右）脚在后，右（左）小腿垂直于地面，全脚掌着地，左（右）腿在后与右（左）腿交叉重叠，左（右）膝由后面伸向右（左）侧，左（右）脚跟抬起，脚掌着地，两腿前后靠紧，合力支撑身体。臀部向下，上身稍前倾，如图 2.24 所示。

图 2.23　高低式蹲姿　　　　图 2.24　交叉式蹲姿

温馨提示

女士无论采用哪种蹲姿，都要将腿并紧，穿短裙时更要留意，以免露出内裤而尴尬；当要下蹲捡拾或拿取物品时，应先走到要捡或拿的东西旁，再蹲下拿取。

下蹲时，脊背挺直，左手轻挡前胸，以免走光，右手略捋裙摆，不能弯腰、撅臀、叉开双腿，速度不要太快。

周围有人时，应侧身或在靠墙、人少的地方蹲下拾取，最好不要在人前或人后下蹲。

（五）乘坐轿车的姿态

商务活动中，经常会乘坐轿车接送、陪同客人或上司。尤其是职业女性，乘坐轿车应该讲究规范、优雅的姿态。

1．上车姿态

上车时，应该先把背朝向车厢，捋整裙摆后，臀部下坐，坐定后再由腿带动双脚、上提、移向车内，再调整体位，整理衣服。

2．下车姿态

下车时，应先将身体尽量移向车门，将身体重心移至一只脚上，再将整个身体移至车外，最后踏出另一只脚。若穿短裙，则应两脚同时踏出车门，再移出身体。

温馨提示

> 不雅的乘车姿势：双膝分开，单腿跨入车内，下车时东张西望。

这一单元中站姿、坐姿、走姿、蹲姿、乘车姿态等内容，主要是为职业女性准备的，因为传统的社会规范对于女性的要求更高、更多。对男性行为虽没有这么多要求，但也应落落大方、有礼有节。

实践训练

一、单项训练

1．表情语：微笑语，目光语。
2．手势语：指示性手势语，表情性手势语，象征性手势语。
3．体态语：挺拔的站姿，优雅的坐姿，潇洒的走姿，斯文的蹲姿，乘坐轿车的姿态。

实训要求：
根据不同姿态的要求，规范做好每个动作。

二、情景训练

1．星月通信有限公司公关部干事东方兴月要陪同上司去机场接待一位重要客人。他们先步行走出办公室，然后上车、下车。

实训要求：一人扮演公关部干事东方兴月，一人扮演上司。请重点演示这一过程中的走姿、上车姿态、下车姿态。

2．今天要召开年终总结大会，人事部部长安排人事助理余丹上台汇报这半年来的工作情况，并听取其他部门的工作汇报。

实训要求：一人扮演人事助理余丹，一人扮演其他部门人员，两人扮演听众；请着重演示这一过程中的坐姿与走姿。

3．销售员小毕刚走出办公室，就在过道上遇到一位向她咨询的客人，她一边回答客人的提问，一边引导他转过拐角，通过走廊，进入会客室。

实训要求：一人扮演小毕，一人扮演客人。请重点演示他们的站姿、走姿，以及交谈时的表情语、手势语。

4．今天，文员小聂穿着一套非常合体的西装短裙。她手上拿着厚厚一摞文件，准备去隔壁的总经理办公室。刚出门，一不小心，文件都掉到了地上，她赶紧蹲下捡拾文件。这时，她的身后和前面都有行人经过……

实训要求：一人扮演小聂，两人扮演过道中的行人。请重点训练小聂下蹲时的姿态。

三、综合训练

1．案例分析

（1）某公司要招聘一位市场部文员。一位营销专业毕业的本科生的简历吸引了人事部经理。该本科生做过一年的销售员工作，又做过一年的销售部秘书，有一定的工作经验。于是，人事部通知这位本科生两天后来公司面试，但面试结果出人意料，她没有被录用。事后，人事部经理说，那次面试是他亲自主持的。他发现那位本科生有个特点，就是不管什么时候都锁着眉头，不会微笑，显示出较沉闷的神情。人事部经理说，这种表情的人是典型的不擅做沟通工作的人。而作为市场部文员，沟通就是她的重要工作内容。

实训要求：谈谈你看完这则案例后有什么感想。首先讨论，然后由学生发表看法，最后由教师小结。

（2）一次，三个大学毕业生同时应聘一家公司的业务员岗位，公司人事部主任让三个同学一起面试，并请三位同学进入人事部主任办公室入座。当主任回到办公桌前，抬头一看，欲言又止，只见两位同学坐在沙发上，一个架起二郎腿不停地抖，另一个身体松懈地斜靠在沙发一角，两手攥握手指咯咯作响，只有一位同学端坐在椅子上等候面试。人事部主任起身非常客气地对两位坐在沙发上的同学说："你们两位的面试已经结束了，可以离开了。"两位同学四目相对，怎么什么都没问面试就结束了？

实训要求：看完这则案例后，谈谈你有何感想。你知道其中的缘故吗？

（3）美国有一个城市被称为微笑之都，它就是爱达荷州的波卡特洛市。该市通过了一项法令，该法令规定全体市民不得愁眉苦脸或拉长面孔，违者将被送到"欢容遣送站"去学习微笑，直到学会微笑为止。波卡特洛市每年都举办一次"微笑节"，可以想象，"微笑之都"的市民的微笑不比著名画家达·芬奇的杰作"蒙娜丽莎"中的微笑逊色。

世界著名的希尔顿饭店的总经理希尔顿，每当遇到员工时，都要询问这样一句话："你今天对顾客微笑了没有？"他指出："饭店里第一流的设备重要，而第一流服务员的微笑更重要，如果缺少服务员的美好微笑，就好比花园里失去了春天的太阳和春风。假如我是顾客，我宁愿住进虽然只有破旧地毯，却处处可见到微笑的饭店，而不愿走进只有一流设备而不见微笑的地方。"正是因为希尔顿深谙微笑的魅力，才使希尔顿饭店誉满全球。

在日本，许多公司员工都在业余时间参加"笑"的培训，他们认为这样可以增强企业内部凝聚力，改善对外服务，提高企业效益。根据日本传统，无论男人还是女人，在高兴、悲伤或愤怒时，都必须学会控制情绪，以保持集体和睦。因为日本人认为藏而不露是一种美德。但自从日本经济进入衰退期后，生意越来越难做，商家竞争日趋激烈。

于是，为招揽顾客，日本商家，特别是零售业和服务业，新招频出。其中之一就是让员工笑脸迎客。在今日的日本，数以百计的"微笑学校"应运而生。日本一些公司的员工一般在下班后去学校接受培训，时间为 90 分钟，连续受训一周。据称，经过微笑培训，日本不少公司的销售额"直线上升"。日本许多公司在招工时都把会"自然地微笑"作为一个重要条件。

实训要求：谈谈你看完这则案例后有什么感想。

2. 综合情景训练

龙创房地产开发公司招聘现场

龙创房地产公司人事部经理：程小姐

应聘者：向书静

地点：人事部经理办公室

前来应聘的是身穿 T 恤和牛仔裤，性格活泼的向书静。敲门三下，之后……

程小姐："请进。"（看着向小姐走到面前，不语。）

向书静："您好，我是向书静，哦，对了，这是我的个人简历。"（走到经理面前双手递上，并退回原地。）"我先自我介绍一下吧！"（经理示意"请"。）"本人毕业于××职业技术学院商务文秘专业，现已过了英语 A 级，我的个性比较外向开朗，善于与人沟通，我对销售员应具备的知识掌握得比较全面，如写作能力、与人沟通的能力、管理能力等，并且实习单位对我的评价也比较好，因此，我想应聘销售部经理助理一职。"

程小姐："您请先坐吧！"（手势示意。）

向书静："好的，谢谢！"（走到椅子前坐下，跷起二郎腿。）

（程小姐抬头看了一下向书静的坐姿，并停留了一会儿。）

（向书静意识到经理的目光，矫正了自己的坐姿。）

程小姐："我能问你几个问题吗？"

向书静："当然可以。"

程小姐："你认为对人最有亲和力的是什么呢？"

向书静："我觉得应该是微笑吧。"

程小姐："你可以示范一下吗？"

向书静："可以啊。"（微笑。）

程小姐："很好，还挺专业的。"……"假如现在有一位外单位的销售部经理来我们这儿，你怎样引导他进入会客室，请他坐下。"（起身走到向书静面前，向书静立即起身。）"假如我就是那位经理，你该如何接待我？"

（程小姐走到大门外，向书静走到大门口，分别扮演各自的角色。程小姐从远处走过来，向书静面带微笑。）

向书静："您好，欢迎光临本公司。"（用手示意，指向会客室方向。）

程小姐："你好！"（面带微笑，顺着所指方向，朝会客室走去。）

（向书静走在客人的左前方两步，一边走，一边与客人随意聊，遇到拐弯处，用手势指示所去方向。）

（遇到一级台阶，向书静提醒客人。）

向书静："小心，下一级台阶。"

程小姐："好的。"（面带微笑。）

（向书静开门，门朝里，她先走进去，推开门，并扶好。）

向书静："请进！"（用另一只手示意。）

（程小姐微笑致意。）

（向书静走到沙发边，用手示意。）

向书静："您请坐，我给您沏茶。"

程小姐："好的，就这样吧。你的表现还不错，现在你可以回去等我们的通知了。"

向书静："那请问我什么时候能接到您的通知呢？"

程小姐："半个月内吧，我们会与你联系的。"

向书静："好的，再见！"（握手，告别。）

程小姐："再见。"（向书静退出办公室。）

实训要求：

（1）分组训练：两人一组，交换扮演角色。

（2）综合运用生活中待人接物的常识。

（3）在演练的过程中，不要照本宣科，可以根据需要适当删改情节和人物对话，过程自然、合情合理即可。

单元二　仪装

情景导入

　　王建新是龙创商业集团旗下龙创商务信息有限责任公司的总经理。虽然现在生意难做，但王总还是凭借他的胆识魄力、聪明才智及对市场的灵活把握，把生意越做越大、越做越红火。但他始终认为要想在越来越激烈的市场竞争中立于不败之地，必须有一个相对较大的发展平台。一个这样的平台也是他一直寻求的目标。一次，他获悉德国一家知名企业的董事长来到本市进行考察访问，有寻求合作伙伴的意向。王总便想尽办法，请有关部门为双方牵线搭桥。让他喜出望外的是，对方也有合作意向，而且希望尽快与他见面。到了双方会面的那一天，王总特在公司挑选了几个漂亮的部门女下属来做接待工作。并特别指示她们穿紧身的上衣、黑色的皮裙，他认为这种时尚、性感的装束一定会让外商觉得自己对他们的到来格外重视，因此，一定会赢得他们的好感和信任。

　　这时，正在做准备工作的公司总经理办公室主任郑晨诧异地看着几位漂亮姑娘，她皱着双眉，刚要说什么又咽了回去。过了一会儿，她还是忍不住对王总说："王总，做接待工作是不适合穿这种服装的。"王总惊讶而怀疑地问道："是吗，为什么？"

项目任务

郑晨为什么认为接待人员不适合穿紧身衣、黑皮裙？

假如你是该公司总经理办公室主任，你认为接待人员应该如何着装？

任务分析

接待人员穿紧身上衣和黑皮裙是很不适宜的。因为这次接待是正式的商务接待，女性不适合穿太过性感的紧身上衣，那些衣服只能在休闲和社交场合穿着；穿皮裙更不合适，因为在西方传统的观念中，皮裙往往是一些社会地位低微、行为较轻浮的女性所爱，虽说现在人们的这种看法有所改变，但无论如何，在正式的商务场合，穿皮裙还是不适宜的。这种穿着不仅不会让外宾感觉受重视，反而会适得其反，让他们认为合作方企业人员连如此简单的涉外礼仪都不懂，那么在今后的合作过程中，合作方企业人员又会做出什么出乎意料的事情呢？这样的合作能顺利吗？这是一个值得怀疑的问题。

看起来很简单的一个衣着问题，可能关系到一个合作的成败。因此，商务人员必须掌握穿着得体的基本技能。

着装是一种无声的语言，它显示着一个人的个性、身份、涵养、经济状况、审美水平及其心理状态等多种信息。在人际交往中，着装直接影响到别人对你的第一印象，关系到对你个人形象的评价，同时也关系到企业的形象。因此，"三秒定乾坤"的说法不无道理。

一、仪装的概念

仪装即服饰的礼仪。服饰包括服装和饰品两个方面。它们包括身上穿的衣服及衣服上的饰物及领带、围巾、帽子、手表、包袋等。

服饰是一种审美信号，是人们美化自己、美化生活的不可缺少的东西。人们通过自己的形体和服饰共同体现着美，从而达到一种赏心悦目的效果。

二、着装原则

服饰能体现商务人员的文化修养、审美情趣、气质品位等。选择与自己个性、身份、场合、年龄、周围环境都适宜的服饰，才能达到真正美的境界，才能为自己、为企业塑造良好的公众形象。作为商务人员，在着装上要与服饰发展的历史趋势一致，过分地超前或滞后都会给公众留下不良的印象。应该符合以下几方面的原则。

（一）和谐原则

美的最高法则就是和谐。服饰应该与自己的职业、社会地位、文化修养相协调，也应该与自己的年龄、体型、肤色、发型、相貌特征协调。作为商务人员，着装时首先要考虑的就是自己的社会形象。

1. 款式、色彩及搭配的和谐美

服饰美首先表现为色彩美、款式美和质料美，只有三方面的合理搭配、和谐统一，才真正产生美感。

色彩美要注意与肤色的和谐，注意色彩的整体搭配。要坚持"三色原则"，即服饰的色彩在总体上保持在三种以内，在色彩上提倡简洁大方，而不是杂乱繁多。

小锦囊

接待人员的服饰

服饰款式美和质料美表现在服饰样式的端庄典雅、做工精细严谨等方面，看上去要显得文质彬彬、沉稳干练。

2. 服饰与自身条件的和谐美

要了解自身的条件，如身高、身材、肤色、脸型等因素，要用服饰来达到扬长避短的目的，也就是要用服饰来遮掩自己的缺陷，从而使自己更加漂亮、优雅。

（二）TPO 原则

TPO 原则是国际上公认的穿衣原则。TPO 是英文 Time（时间）、Place（地点）、Object（目的）三个单词的缩写。

"T"就是指每一天的早、中、晚三个时间段，也包括每年春、夏、秋、冬的季节更替，以及人生的不同年龄阶段。时间原则要求着装考虑时间因素，做到随"时"更换。

"P"就是指所在地点、位置不同，着装应有所区别，特定的环境应配以与之相适应、相协调的服饰，才能获得视觉和心理上的和谐美感。例如，穿着只有在正式的工作环境才合适的职业正装去娱乐、购物、休闲、观光，或者穿着牛仔服、网球裙、运动衣、休闲服进入办公场所和社交场地，都是与环境不和谐的表现。

"O"就是指服饰打扮要考虑此行的目的。自己的着装给对方的印象如何，应该有一定的预期。服装的款式在表现服装的目的性方面起着较大的作用。一个人身着款式庄重的服装前去应聘，说明他渴望成功。

三、服饰色彩

（一）色彩的特性

1. 色彩本身的特性

良好的色彩感是商务人员的基本素质和审美需要。

红色：一种热烈、浪漫的颜色。它引人注目，使人联想，给人以兴奋快乐。红色在我国是一种吉祥和幸福的象征。我国自古以来就有结婚时穿红色衣服的习惯，虽然现在许多年轻人结婚时喜欢像西方国家的人一样穿白色婚纱，但在结婚宴会上，新娘仍然要换上红色的旗袍或套装，以示喜庆。红色与黑色相配的服装非常浪漫，而且适合各种场合。红色、白色和蓝色三色相配，通常会显得适合、得体、美观。

蓝色：给人以宁静、清冷、安详、智慧或冷漠的感觉。很容易使人联想到大海、天空、湖泊、远山等。蓝色易和其他多种颜色相配，白色是蓝色最好的配色，能给人以强烈的印象。

黄色：最明亮、最活泼和最引人注目的颜色。它给人以崇高、智慧、神圣、辉煌、华贵、威严和慈善的感觉。黄色的服装使人显得年轻、活泼、充满活力。黄色自古以来就是中华民族最重视的颜色，它代表大地和皇权。黄色与白色是夏季凉爽的配色；黄色与白色、灰色相配显得高雅；黄色与红色相配则为大众化的流行色；黄色与黑色相配对比强烈，十分显眼，但要注意黄色面积的比例。

紫色：高明度的色彩，是高贵、华丽、美好的象征，并带有神秘的异国情调。紫色曾是法国历史上宫廷的御用颜色，在现今生活中紫色仍被视为华贵和威严的象征。紫罗兰色的衣服仍是许多女性的选择。

绿色：绿色是大自然的颜色，被誉为生命的颜色。它充满朝气和生机，给人以凉爽和舒适的感觉。绿色象征着生命与希望，所以又被称为和平色和环保色。

灰色：标志着稳重、可靠，给人以平凡、朴实的感觉。既平易近人，又稳重文雅。

白色：无色彩系，是由所有可见光均匀混合而成的，是光明的象征，表示明亮、纯洁、坦率、朴素、高洁等。

黑色：无光彩之色，给人以庄重、肃穆、洒脱的感觉，显示出沉稳、高雅。黑色也是人们生活中选用较多的一种颜色。

在服装颜色的搭配上，白色和黑色是比较好搭配的两种颜色。

橙色：一种明亮的色彩，给人明快、富丽的感觉。它属于暖色调。

在服装的色彩搭配上要取得成功，重要的是了解服装色彩的特性。

2. 色彩的冷暖特性

物体表面色彩可以给人们或温暖或寒冷或凉爽的感觉。暖色给人以热烈、兴奋等感觉，如红、橙、黄等颜色。冷色给人平静、寒冷等感觉，如蓝、青等颜色。中性色彩使人产生休憩、轻松的情绪，可以避免产生疲劳感，如黑、白、灰色。

3. 色彩的轻重特性

各种色彩给人的轻重感不同，从色彩中得到的重量感，是质感与色感的复合感觉。浅色是轻感，密度小，给人一种向外扩散的运动现象、质量轻的感觉，如白色；深色是重感，密度大，给人一种内聚感，从而产生分量重的感觉，如黑色。

4. 色彩的缩扩特性

色彩的缩扩特性是指不同色彩给人视觉上带来的收缩和扩张的感觉。一般来说，深色、冷色属于收缩色，暖色、浅色属于扩张色。前者可以使人看起来更苗条，后者使人显得更丰满。

（二）学会色彩的搭配

作为商务人员，若想穿出优雅大方、搭配得体的服装，就必须学会色彩的搭配。

1．同色搭配

这是指配色时尽量采用同一色系中明度不同、深浅不同的色彩进行搭配，这种方式搭配出来的服装效果较好，给人以端庄、高雅的感觉，适合许多礼仪场合，能创造出和谐之感。

2．对比搭配

配色时运用色彩特性对比度较大的色彩进行搭配，可以使着装在色彩上反差较大，从而形成个性。但是也要注意，这种搭配要和谐才有美感。

3．主色调搭配

选一种主要的色彩作为基调，相配其他的色彩。采用这种方式搭配时，首先要考虑主色调选用什么特性的色彩，其次考虑辅助色彩的选择，再次考虑主色调的位置和所占比例。只要和谐即可。

> **温馨提示**
>
> 在考虑色彩搭配时还要考虑个人的肤色。因为某些色彩和某些肤色是不能搭配的。例如肤色较黑、较暗的人就不能搭配黑色、褐色、暗紫色等；肤色偏黄的人最好不要选择和自己肤色相近的或较深、较暗的颜色，如棕色、深灰色、土黄色等，容易显得没有生机；肤色白净的人适合各种色彩的服装。

四、女装

职业女性应依据自己的工作性质、职务高低、个性特征、身材条件、肤色特征等因素，找准自己的形象定位。把职业服装和时装混为一谈的做法是不明智的。

职业女装主要有三种类型：西装套裙；两件套裙或连衣裙；职业衬衫加休闲裤。

（一）职业女装

1．西装套裙

著名设计师韦斯特任德曾说过："职业套装更能显露女性的高雅气质和独特魅力。"而在女性的所有服装中，西装套裙是所有职业女士在正式场合穿着的首选，也是标准职业装。

西装套裙在色彩方面应当以清新、雅气而凝重的冷色调为主。例如黑色、深蓝色、灰蓝色、中灰色、驼褐色等，均是具有信任度的沉稳颜色。其他颜色，如暗酒红、大红、樱红、灰珊瑚红等色彩的服装更适合在庆典时穿着。在最正式的工作状态，一定要穿全身同色的套裙出席，套裙显得更为正式。

面料方面要选择质地好一些的,要有垂感。

2. 两件套裙或连衣裙

在一般的办公场所可以穿两件套裙和连衣裙,但在正式场合有失庄重。

两件套裙可以是西装上衣和随便的一条裙子,也可以是自由搭配的两件。这种随意型裙装可以是一色,也可以是不同颜色的,但要避免杂乱无章。面料要选择丝绸或人造丝及混纺亚麻等,因为纯棉和亚麻的都很容易起皱,显得过于随意。

套裙的上衣和裙子的长短没有明确的规定。一般认为"裙短不雅,裙长无神"。最理想的裙长,是裙子的下摆在膝盖上下的地方。一般来说,身份地位越高的人,往往裙子的长度越长(一般在小腿肚子处较适宜),而身份地位越低的人的裙摆往往越短,但最短应不短于膝盖以上15厘米。

3. 职业衬衫加休闲裤

商务人员在正式场合要准备一到两套正式的职业服装,以便在重要的社交场合和工作中穿着,还要准备两三件高档的纯白色衬衫,这属于万能配的服装,可以和职业套装搭配,也可以和牛仔裤搭配,还可以和便装外衣、夹克衫、毛衣外套、帽衫、毛背心、小马甲等许多服饰组合。

带风帽和不带风帽的针织夹克衫、亚麻便西装、薄呢外衣、法兰绒外套的里面还可搭配圆领、V领、高领的针织衫、T恤衫、羊绒衫等多种服装。也可以在毛衣外套、毛背心里面配穿绸质衬衫、纯棉衬衫。下装除可配牛仔裤、法兰绒裤外,还可配长裙、中长裙、短裙等。关键是搭配后是否符合个人风格。每一位女士要在全面了解自己之长和自己之短的前提下,找准自我的感觉,才能真正成为优雅、自信、懂生活的女性。

在工作中,人们都愿意和着装具有职业风范的人打交道,因为首先要判断对方是否具有职业感和可靠性。一般比较保守的职场管理者希望同事及下属的着装得到社会各界的认同。

(二)职业女装的搭配

1. 衬衫的搭配

为职业套装准备方便搭配的服装:两三件纯棉白色衬衫,其中一两件样式保守、质地考究,另一件款式可以时尚些。其他适合自己肤色的素色的、条纹图案的、圆点图案的、格子图案的、花纹图案的衬衫等,根据自己的喜好选择。面料除纯棉外,还可选丝绸类、混纺类,保守样式的衬衫搭配职业正装,其他款式、色彩、图案的衬衫可在平常时段穿着。

根据自身脸型、脖颈形状选择衬衫领型。圆脸型、宽脸型、短脖颈的女士,应选择尖领型衬衫、小西装领型衬衫及其他带有向下延伸感觉的衬衫。总之,两边的领角不可横向打开,应是向下垂的款式。这类体态不适合在颈部堆积重叠的衣领,外衣选择有领或无领、低扣位(一粒扣、两粒扣)的款式,最好是外衣有领、内衣无领,或者是外衣无领、内衣有领的搭配方式。长脸型、长脖颈的女士,可选择横向扩开的方领型、方圆领型的衬衫款式或立领的衬衫款式,使脸型和脖颈不会产生过于延长的感觉。

在春、秋、冬工作时段里,在职业套装里面搭配高领、低圆领、V领的薄羊绒衫、针织衫，是既保暖又有品位的选择。但不要让别人看见层层叠叠的各种领子。夏季可在职业套装里面配卡肩、吊带、背心式内衣，样式简洁、利索，以丝绸、纯棉针织的面料为佳。

小锦囊

职场女性着装策略

职场女性要想穿出自己的着装风格，就要进行自我修炼，掌握穿衣策略，即你喜欢的、适合你的和你需要的。

① 不分季节的衣服最值得投资，它们几乎整年都可以穿。例如轻薄的羊毛衫、羊毛混纺衫或针织衫、不使自己脸色变暗或身体变胖的颜色的衣服、精致的能够搭配各种饰品的白衬衫等。

② 逐步建立自己的审美体系，寻找适合自己肤色的色彩。选择白色、黑色、米色等基础色作为日常着装的主色调，再配以丰富多彩的饰品，这有助于建立自己的着装风格。一般情况下，这类色彩不会冲撞，可提高衣服间的搭配指数。

③ 即使你的衣服不是每天都洗，也要在条件许可的情况下争取每天都更换一次，两套衣服轮流穿 3 天比一套衣服连着穿一周会更让人觉得你整洁、有条理。

温馨提示

夏季上班时穿的内衣最好不要有蕾丝、皱褶等明显的装饰性，避免有内衣外穿的感觉。职业场合工作的女性，要避免穿着带有性感暗示的服装，尤其服装的领口不要低于从腋下向前胸部拉过来的水平线。

2．鞋的搭配

最好穿半高跟皮鞋（三厘米左右较适宜），鞋上不要有过大、过多的饰品，不要穿鞋跟太细太高的高跟鞋，以防走路不稳，鞋跟不要钉金属钉，以防发出烦人的"咔咔"声。不要穿凉鞋、松糕鞋，避免露出脚趾。鞋的颜色最好比裙子下摆的颜色深一些或与裙子的颜色一致。

3．袜子的搭配

穿裙装时一定要穿丝袜。袜子的颜色要接近肤色或稍深一些，肉色的袜子最合适。若希望腿部看上去苗条些，可以选择比自己肤色略深的颜色。建议腿部较粗的女士不穿黑色丝袜，穿上黑色丝袜后会使腿部细的部位显得更细，粗的部位显得更粗了，反而起不到扬长避短的作用。白色、花色、带网眼和鲜艳色彩的丝袜不适合在职场中穿着。还要注意，穿袜子时裙摆与袜口之间不能露出腿。

温馨提示

女士如果穿旗袍，则更要注意。因为旗袍的边叉开得较高，应穿长筒丝袜或连裤袜。夏季应随身备一双丝袜，以便随时更换。

4. 包的搭配

包款式要与自己的身材和谐。身材较高大的女士不适合选择精致、小巧款式的工作包，以免反衬出自己身材过于"雄壮"。身材小巧玲珑的女士也不能使用过于大、过于笨重的包。提包的款式可以依自己的兴趣、需要选择。

会搭配的女性，很注重服饰间的呼应关系。身上的服装及饰物中至少要有几处是同颜色、同质地的，这样看上去有整体感，如包、鞋、腰带、表带是几个呼应的关键点。即使不能做到四部分的呼应，至少也要追求两个地方相似，如包与鞋或包与腰带最好是同颜色、同质地的。若配不到相同款式的，则可以配同一色系或相近色系及款式的。

5. 丝巾或围巾的搭配

丝巾是女士常用的饰物。不管什么场合，利用飘逸柔媚的丝巾作为点缀，都能让你的穿着更有品位。挑选丝巾重在其颜色、图案、质地和垂坠感。丝巾可以衬托脸部气色，如红色系可映得面颊红润。丝巾可以突出整体打扮，如衣深巾浅、衣冷色巾暖色、衣素巾艳。但佩戴丝巾要注意：如果脸色偏黄，则不宜选用深红、绿、蓝、黄色丝巾；如果脸色偏黑，则不宜选用白色、有鲜艳大红图案的丝巾。丝巾不可放在洗衣机里洗，也不可用力搓揉，只要放入稀释后的清洁剂中浸泡一两分钟，再轻轻拧出多余水分并晾晒即可。

长方形围巾的质地多种多样。有适合搭配高档服饰的真丝围巾、羊绒围巾。将真丝围巾做巧妙的斜角折叠、扇状折叠后，都可系出颇具风格的围巾结。在冬季，羊绒围巾、羊毛围巾部分放在大衣领下，两端长长地垂下来，随着走路，会留下一道亮丽的风景。

6. 其他饰品的搭配

根据出席事由、外形条件和个性喜好，女性佩戴一些饰品也是必要的，如胸针、领针、项链、耳环、手镯、围巾别针、腰带扣、金属纽扣等，但不能将这些同时佩戴在身上，否则会给人炫耀、杂乱和俗气的感觉。作为商务人士，最多两件即可，"少就是多，少就是妙"是一个经典的搭配原则。

（三）缺陷补救技巧

1. 颈短补救技巧

（1）最好不要穿高领衫或立领衫，因为领口直接到下巴会显得特别不美观。如果一定要穿高领衫或立领衫，可选择肉色、米色、白色的。

（2）不要穿深色圆领衫。因为穿黑色圆领衫时，黑色衣服与白色颈部皮肤会形成鲜明的对比，效果就好像将脖子切短了一半。可以穿白色圆领衫，因为浅色领口与浅色皮肤顺利过渡，就不觉得脖子短了。

（3）最好选浅色 V 领衫，它会令短颈显长一些。

2. 腰长腿短补救技巧

（1）把人们的注意力往上移，即将上衣的焦点放在领口，如穿荷叶领衣服或戴七彩丝巾等，再穿上暗色长裤便可以了。

（2）穿高腰直脚裤。如果穿喇叭裤，则后果"不堪设想"。

（3）穿一双坡跟鞋，可间接加长双腿。

（4）穿裙子时要注意不要穿窄直裙。因为从后面既可以看见臀部的位置，又会显得腰很长，这样都不好看。最好穿高 A 形裙，这样可以隐藏臀部位置。

（5）穿长裤时切忌折起裤脚，否则腿就像短了 20%；如果穿对了衣服，两条腿就会比穿错衣服时加长 20%。

3．个子矮补救技巧

（1）选择腰带裙装，要选择低调内敛、腰带比较收缩的。这样才能让你的腰看起来纤细，给人修长的感觉。

（2）选择高腰设计，高腰设计让别人的视线向你的身体上部转移，使得你在别人的视线里增高了。

（3）不要穿黑色服装，黑色虽然看起来显瘦，但同时也会让你看起来变矮，穿浅色衣服比较好。

（4）多穿短裙，短裙和高腰有相同的功效，因为你的腿看起来变长了，你看起来就会比较高。

（5）牛仔短裤或紧身短裤，搭配束胸上衣，会让矮个子女生显得高挑。

（6）使用小巧的东西来搭配，如小巧的手袋、精致的发型等。

五、男装

男士的服装种类通常比女士的要少很多，职业装主要有两种类型：西装、夹克和长裤。如果说女士考虑最多的是色彩和款式的话，那么男士考虑更多的是着装上细微之处的变化，以此来体现男士的个性特征，如面料、色彩、图案、款式、版型、做工等细节。

（一）西装的选择

1．面料的选择

面料应力求高档。在一般情况下，西装面料的首选就是毛料。纯毛、纯羊绒的面料及高比例含毛的毛涤混纺面料，皆可用作西装的面料，垂感好，也很挺括，显得较儒雅、有档次。

2．色彩的选择

在正式场合，西装的色彩必须庄重，一般选择单色的、深色的，首选色就是藏蓝色，其次是铁灰色、黑色、墨绿色等深色系列。东方人肤色偏黄，除非非常擅长搭配，否则最好不要选择深咖啡色、米色或卡其色。如果经常与外商打交道，一定要准备一套黑色西装，婚丧喜庆、各式宴请、晚会、听歌剧等活动均可穿着。

3．图案的选择

职业男士的西装一般无图案最好，这样更能显示出职业男士的成熟、稳重。竖条纹的"牙签呢"西装也较适合商务活动，条纹越细密越佳。在欧洲国家的商界，往往深灰色、条纹细密的竖条纹西装最体面。

4．款式的选择

按照西装的件数来划分，西装有套装与单件之分。西装套装，指的是上衣与裤子成套，其面料、色彩、款式一致，风格上相互呼应的多件西装。通常，西装套装又有两件套与三件套之分。两件套包括一衣和一裤；三件套包括一衣、一裤和一件背心。三件套显得更正规、更正式一些。因此，职业男士在参加高层次商务活动时，以穿三件套的西装为好。单件西装，是指一件西装上衣与一条不配套的裤子的搭配。这种搭配往往适用于非正式场合，正式的商务交往中，以西装套装为好。

按照西装上衣的纽扣数量来分，西装上衣有单排扣的与双排扣的。单排扣的西装上衣，最常见的有一粒纽扣、两粒纽扣、三粒纽扣三种。一粒纽扣和三粒纽扣这两种单排扣西装上衣穿起来比较时髦，而两粒纽扣的单排扣西装上衣则显得更为正统一些。双排扣的西装上衣，最常见的有两粒纽扣、四粒纽扣、六粒纽扣三种。两粒纽扣、六粒纽扣两种款式的双排扣西装上衣属于流行的款式。

5．版型的选择

目前，世界上的西装版型主要有意式、英式、美式、日式四种。

意式西装（即意大利式西装，也叫欧式西装）。主要特征是有比较夸张的垫肩，不强调腰部，上衣偏长，没有开衩儿，双排扣样式居多，西裤为卷边裤型。能穿意式西装的男士一定有健美运动员一样的身材（即扇形的肩部、收缩的腰腹部和长长的腿部）。假设没有这样的身材，而穿着不开衩儿的款式、偏长的上衣，会使原本饱满的腰腹部、偏短的腿部暴露无遗。所以，身材偏胖、个子偏矮的男士选择意式西装时要慎重。双排扣西装可以使身材过于细长、瘦削的男性显得丰满，但是身材过于丰满的人要尽量避免穿着，以免有大腹便便之感。

英式西装。主要特征是剪裁十分合体，肩部垫肩明显，领型简单，腰部收缩，身侧双开衩儿。英式西装较适合普通身材条件和精致身材的男士穿着。英式西装的款式一般都带兜盖，明显的兜盖形式会突出腰腹部位，魁梧、高大及腰腹部过于丰满的男士应避免选择。精致身材的男士穿着英式西装会显得十分干练、利索。由于款式的剪裁非常合体，双开衩儿的款式则是为了便于身体的活动而设计的。英式西装以高位三粒扣和低位三粒扣款式居多。建议头部偏大、脖颈偏短的男士不要穿着这种款式。因为扣位太高，领带、衬衫的形式和西装领型都挤在脖子下面，会使身体上部有明显紧缩的感觉，而胸部以下又没有明显的形式感，整体服饰的疏密度会有失衡的感觉。

美式西装的主要特征是：美式西装肩型自然，较为宽松，领型略大，扣位偏低，略有掐腰，后摆单开衩儿。穿起来十分舒适、随身、自然，是西装中最容易与休闲装搭配的款式，也是最显得有男人气质的西装。身材魁梧、高大的男士最能将美式西装的特点表现出来，尤其是偏胖男士，最适合穿美式西装。在重要的社交场合或商务场合，建议不要选择过于宽松、自然的款式。合体的款式会带来更严谨、更有分量的感觉。

日式西装的主要特征是：上衣呈"H"形，即不过分强调肩部与腰部。垫肩不高，领子较短、较窄，不过分地收腰，后摆也不开衩，多为单排扣式。

小锦囊

西装各版型的特点

意式西装洒脱大气，英式西装剪裁得体，美式西装宽大飘逸，日式西装贴身凝重。意式西装要求穿着者高大魁梧，美式西装穿起来稍显得散漫，英式西装与日式西装更适合中国人穿着。

6. 做工的选择

在挑选西装时，检查其做工好坏，应从以下六方面着手：一是看其衬里是否外露；二是看其衣袋是否对称；三是看纽扣是否缝牢；四是看表面是否起泡；五是看针脚是否均匀；六是看外形是否平整。如果不符合这些要求，则以放弃为好。

温馨提示

西装要挂在木制西装衣架上，以利其恢复形状。不可用简单的塑料衣架、铁丝衣架悬挂西装，那会改变西装的款式。

7. 数量的选择

初入职场的人不需要准备太多西装，只要两套质感较佳的西装即可。颜色一般选择一套深色、一套浅色。男士裤子较易磨损，可同时购买一件同色（款）的，轮流穿。当职位提升，当上经理或副经理时，与客户的接触面扩大了，这时就应该准备四五套西装了。西装容易毁损、掉色，这无疑会影响你的职业形象。

8. 收纳的选择

收纳西装时，不要过于拥挤，以免衣领不挺、肩头变形。同一套西装最好不要连穿两天，要让西装有休息时间，穿过之后用比较厚实的衣架挂起来，面料好的西装会自己恢复形状。上装不需常洗，否则易磨损变形。

（二）西装的穿着注意事项

职业男士在穿西装时应该注意以下几方面。

1. 拆除衣袖上的商标

在西装左边袖子的袖口处，通常有一块商标。在正式穿着之前，一定要将商标拆下来。

2. 熨烫平整

要定期对西装进行干洗，每次穿着之前，还应熨烫，使其显得平整挺括、线条笔直。

3．扣好纽扣

西装纽扣是有一定扣法的。在最正式的场合应扣上全部的纽扣。一般情况下，处于站立状态时，两粒纽扣的话，不要扣上最下面的一粒纽扣，这是穿着男士西装的一项默认规则；如果是三粒纽扣的话，可以不扣最下面的一粒纽扣，或者不扣最下面的一粒和最上面的一粒，而只扣中间一粒纽扣。若处于坐姿状态，则应把西装纽扣解开，以防走样。只有在内穿背心或羊毛衫，外穿单排扣西装时，站立时才可以不扣上衣纽扣。

4．巧配内衣

西装的标准穿法是，衬衫里不穿棉纺或毛织的背心、内衣。特殊情况要穿的，一定要注意如下三点：一是数量以一件为限；二是色彩要与衬衫的色彩相仿；三是款式上应短于衬衫，领型应是"U"或"V"形领为宜，袖口不可长于衬衫暴露出来。

5．少装东西

为使西装不走样，西装口袋里尽量少装东西或不装东西。

西装上衣左侧的外胸袋除可以放置一块装饰性的真丝手帕外，不准再放其他任何东西，尤其不应当把钢笔、眼镜放在里面。内侧的胸袋可用来别钢笔、放钱夹或名片夹，但不要放过大、过厚的东西。外侧下方的两只口袋以不放任何东西为佳。

在西装背心上，口袋多具装饰功能，除放置怀表外，不宜放置别的东西。

西装裤子两侧的口袋只能放纸巾、钥匙；其后侧的两只口袋一般不放东西。

小锦囊

穿西装的程序

梳理头发 —→ 更换衬衣 —→ 更换西裤 —→ 穿着皮鞋 —→ 系领带 —→ 穿着上装

（三）西装的搭配

俗语道："西装的韵味不是单靠西装本身穿出来的，而是将西装与其他衣饰精心组合搭配出来的。"由此可见，西装与其他衣饰的搭配，对于西装的穿着来说多么重要。

男士西装要注意与衬衫、领带、鞋袜和公文包之间的搭配。

1．衬衫的搭配

穿西装时，衬衫应当是正装衬衫。正装衬衫具备以下一些特征。

面料：以纯棉平纹高支纱及棉涤混纺高支纱为衬衫的首选面料。纯棉斜纹织物、牛津布、粗纹理面料、绒质织物属于休闲衬衫面料，应尽量避免在正式的商务场合穿着。

色彩：正装衬衫必须为单一色彩的。在正规的商务应酬中，白色衬衫可谓商界男士的首选。除此之外，蓝色、灰色、棕色、黑色有时亦可以考虑。杂色、红色、粉色、紫色、绿色、黄色、橙色等穿起来有失庄重之感的衬衫，尽量不选。

图案：正装衬衫大体上以无任何图案为佳。印花衬衫、格子衬衫及带有人物、动物、植物、文字等图案的衬衫，均非正装衬衫。较细的竖条衬衫在一般的商务活动中可以穿着。但禁止同时穿着竖条纹的西装。

衣领：衬衫的领型多种多样，适合在较正式的商务场合穿着的衬衫领型主要有标准领型、方领型、尖领型和扣领型四种。

> **小锦囊**
>
> **选择适合的衬衫领型**
>
> 圆脸的人选择长尖领衬衫，会给脸带来拉长的效果，从而弱化脸部过胖的缺陷；脸型适中或脸型较长的人，平领是不错的选择，因为这样有稍微拉宽脸部的感觉；脖子又长又瘦的人应该考虑高的镶边衣领或比较短小的衣领；椭圆脸的人穿什么都可以，中号的衣领更适合。

衣袋：正装衬衫以无胸袋者为佳。如果衬衫有胸袋，也尽量不要往胸袋里塞东西。

衣袖：正装衬衫应为长袖衬衫。袖长应在手腕骨偏下一点的位置，比西装袖口要长出一些。袖口最好不松不紧，职业衬衫的袖口应选择袖衩上带纽扣的款式。而装饰性袖扣也早已成为商界男士在正式场合的重要饰物，可以增添高贵而优雅的风度。

穿着正装衬衫与西装时，有如表 2.1 所示的注意事项。

表 2.1　穿着正装衬衫与西装注意事项

事　项	说　明
领部要高出	衬衫领部要高于西装领部 1.5 厘米左右。系领带时，领部一定是闭合状态的，否则会给人以不正式的感觉
衣扣要扣上	穿西装时，衬衫所有纽扣都要扣好。只有在穿西装而不打领带时，才必须解开衬衫的领扣
袖长要适度	穿西装时，衬衫的袖长最好长短适度。最美观的做法是令衬衫的袖口恰好露出来 1 厘米左右，过长或过短都不合规范
下摆要合身	穿长袖衬衫时，不论是否穿外衣，均须将其下摆均匀地掖进裤腰内，不要使它在裤腰处皱皱巴巴
穿着要适时	在自己办公室内，可以暂时脱下西装上衣，直接穿着衬衫、打着领带，但外出办事时，这种穿着是不合礼仪规范的

2．领带的搭配

领带素有"男人第一张名片""西装的灵魂"的说法。由此可见，领带是服饰中最易引人注意的焦点，是全套西装中最重要的组成部分，它的重要性仅次于一个人的面部。根据领带的图案、色彩、样式、长度，可以看出此人的性格和习惯。

（1）领带的质地。最适合做领带的材料是真丝和纯毛，混纺交织物、棉布、亚麻及人造纤维等也可以制作领带，只是档次较低。真丝领带实用、功能最多，可以常年佩戴。

> **温馨提示**
>
> 领带最好不要熨烫，也不要为图方便不解开领带结，这样会使领带变形。可以将领带卷起来放上一夜，第二天就会平整了。不要水洗领带，因为水洗后会留下难看的水渍，应该在专业的干洗店里保养领带。

（2）领带的图案。

纯色图案：这是许多商界男士的首选。因为它是最具搭配功能的领带，可以配多种颜色的西装和衬衫。以暗色调、浊色调的色彩为多。深蓝色的提花丝绸领带是不张扬、保守传统人士的经典选择。

条纹图案：可使佩戴者显得严谨、有条理。条纹图案的间隔、宽窄应以身材条件为依据，身材高大健壮者适合戴宽条纹、中等条纹的，一般身材和稍矮身材者适合佩戴偏细、较窄条纹的。

圆点图案：可使佩戴者显得性格温和、儒雅。偏小的圆点图案配经典的西装，在商务场所、半正式社交场所或休闲场所都很适合。过大圆点的图案则显得张扬而奇怪。

花饰图案：这种领带多在半正式社交场合、休闲场合佩戴。挑选花饰图案是对男士们审美品位的一大挑战，时尚人士常常以此来张扬自己的个性。

方格图案：方格图案的领带大都是在休闲场合为了表现随意而佩戴的，不适合在正式场合佩戴。

（3）领带的打法。

领带打得漂亮与否，关键在于领带结打得如何。打领带结的基本要求是挺括、端正，在外观上呈倒三角形。领带结的大小要与衬衫衣领的大小成正比。

领带打法演示

温馨提示

打领带，最忌讳领带结不端不正、松松垮垮。在正式的商务场合，务必提前收紧领带结，千万不要为使自己爽快而将其与衬衫的衣领"拉开距离"。

下面介绍几种领带的打法。

① 平结。这种领带结的形状是偏于窄长的三角形，能显示出严谨、缜密、有条理及可信任的感觉，也可帮助修饰男士的脸型和脖颈线条，如图 2.25 所示。

图 2.25 平结的打法

使用这种打法时，领带图案一般要是简洁、单色、暗色的，再配合尖领型或扣领型的衬衫才会协调美观，不适合方领型、大领型的衬衫。

② 双交叉结。这种领带结的形状是不松不紧、饱满的等边三角形，可在它的下面压出一道小沟或小窝，这是当今最流行的所谓"男人的酒窝"的打法，更能体现男士的修养和经典的风格，如图 2.26 所示。

图 2.26 双交叉结的打法

使用这种打法时，领带图案有较宽泛的选择余地：单色、斜条纹、圆点、花饰、几何图形等都可以。但最好依据自己的职业特点、外形特点等做出选择。此打法不适合方领型衬衫，其他款式衬衫都可以配搭。

③ 温莎结。这种领带的形状偏大，最好选择较薄质地面料的领带来打这种结。温莎结一定要以优雅、经典的气质及健硕的体态为选择前提，如图 2.27 所示。

图 2.27　温莎结的打法

这种打法要配合大一些的标准领衬衫、方领型衬衫。

小锦囊

领带与身体的比例关系

　领带的长至皮带扣中间较合适。不同男士应根据自己的具体身高条件打出比例和谐的领带。身材高大的男士可打得长些，领带尖在皮带扣下方的位置。身材不够高大的男士可以打在皮带扣上方，以免看上去有失衡的感觉。

3．皮带的搭配

穿着西装时请一定配西式皮带，颜色以黑色为主，皮带扣以简洁的、金属的为佳。浅色、帆布质地、复杂的皮带扣样式配半休闲、全休闲服饰才合适。

4．皮鞋的搭配

穿西装时只能穿皮鞋，旅游鞋和长筒靴不适合在商务场合穿着。配西装的皮鞋以黑色、深棕色为好。最好准备两双黑色的、一双深棕色的。系带皮鞋能显示出你是一个可靠人士；有鞋带的厚底皮鞋、底边有缝线的皮鞋，在一般的上班时间可以穿着。但是镂空的、带流苏款式的皮鞋就不适宜在正式的商务场合穿着了，因为那是为休闲时段设计的。带有极亮光泽的、薄皮底的黑色漆皮鞋是为参加舞会或搭配晚礼服而准备的，最好不在职业场合中穿着。

5．袜子的搭配

穿着成套西装时，要选择中长款的西装袜，袜子的长度至小腿中部，以免坐着跷起腿时，露出腿部皮肤。袜子的颜色以深色为主，以接近西裤的颜色为好，如深灰蓝、暗炭灰、灰栗色、黑色等。不适宜穿短筒、浅色的袜子配西装。袜子的质地最好是纯棉、纯毛的，或是以棉、毛为主的混纺袜子，不要选择尼龙袜、丝袜。

（四）其他饰品的搭配

1．手帕

手帕可分为两种：一种是装饰性手帕，另一种是普通手帕。装饰性手帕是将各种单色手帕折叠，放在礼服或西装上衣左胸口袋中的。手帕折叠样式有一山型、二山型、三山型。装饰性手帕不可当作普通手帕来使用。普通手帕是用来擦汗、擦手、擦嘴的，但不可在他人面前使用不洁净的手帕或皱巴巴的手帕。目前，纸巾已有取代普通手帕的趋势。

2．公文包

公文包是男士的隐形名片，男士应选择适合自己职业及身份的公文包。它的面料以真皮为宜，牛皮、羊皮制品为最佳，其他的如棉、麻、丝、毛革等的公文包，难登大雅之堂。色彩以深色、单色为佳，黑色、棕色是最正统的选择，浅色、多色公文包不适合商界男士；若公文包的颜色与皮鞋、皮带的色彩一致，就十分完美、和谐了。公文包最标准的样式是手提式、长方形的。

3．手表

手表是一种常用的计时工具，又是一种重要的饰品，还是身份的象征。在佩戴手表时，应讲究一定的品牌和款式。一是风格庄重；二是外观上多为正圆、正方、椭圆、长方等，色彩上一般为"全黄表""全银表""全黑表"；三是男女有别，男式表、女式表要区分。

小锦囊

男士着装"三个三"原则

（1）三色原则。穿西装时，包括上衣、西裤、衬衫、领带、鞋子、袜子在内，全身的颜色不应超过三个色系。

（2）三一定律。在重要场合，男士穿西装时身上要有三个要件是同一个颜色。这三个要件分别是鞋子、皮带、公文包，而且首选颜色是黑色。如果佩戴金属表带的手表，那么金属表带的颜色应该和眼镜镜框、皮带扣的颜色一致；如果戴的是真皮表带的手表，那么它的颜色应该和鞋子、皮带、公文包一样。这样才浑然一体、和谐美观。

（3）三大禁忌。其一，袖子上的商标一定要拆掉。其二，重要的涉外商务交往中忌穿夹克并打领带。因为夹克一般属于休闲装，除非是制服式夹克（以示统一）或领导参加内部活动时（为了显得平易近人）。一般情况下，这种搭配并不协调。其三，忌穿白袜子和尼龙袜子。穿西装、皮鞋时，袜子和皮鞋颜色相同最好看。袜子最好选择棉袜或毛袜，尼龙袜不吸湿、不透气，易产生异味。

实践训练

一、情景训练

1．赵琦是某公司销售部成员。这天，她参加完公司成立十周年庆典后，晚上又安排了一个晚宴，宴请嘉宾及各方领导。她正在为自己该穿什么衣服而发愁，请你为赵琦支招儿。

实训要求：一人扮演赵琦，一人扮演支招人。

2．李青是某公司办公室干事。一天，总经理让他陪自己到外地出差，行程三天。李青感觉穿西服太过正式，好像不合适，但穿什么才好，他又拿不准。请你为李青解决这个问题。

实训要求：一人扮演李青，一人扮演解决问题的人。

3．在一次宴会上，我看到一个打扮很扎眼的女孩。只见她戴了四枚戒指，一枚是绿色翡翠的，一枚是黑色玳瑁的，一枚是咖啡色玛瑙的，一枚是彩色玫瑰金的。由于穿着高领衫，没看见项链。耳环则有两组：一紫一蓝。人家很大方地问我："好看吗？"我说："你想听真话还是假话？"她说："啥意思？"我说："那就跟你简单说吧，反正这些东西都是好东西。"她说："那是什么意思？"我说："放一块不好看。"她说："为什么呀？"我说："远看像棵圣诞树，近看像个杂货铺。你戴的饰品质杂、色彩乱，串味儿了。"

实训要求：

（1）为什么说这个女孩的打扮"串品味儿"了？

（2）假如你是这个女孩，你该如何打扮？

二、综合训练

1．案例分析

（1）李静是龙创商业集团旗下龙创商务信息有限责任公司营销部的助理。她工作一向认真踏实，细致周到，深受上司重视。由于她刚参加工作不久，在着装方面还总是一副休闲或运动装的学生模样打扮。营销部主任几次都想带她去参加一些商务活动，如商务谈判、工作宴请，但每次看到李静一副学生模样，便打消了念头。后来也几次暗示她，要她买几套正装。李静也意识到了这个问题，就专门买了两套西装套裙。一天，主任正要到一个外商那里去商谈一个重要工作，想带着李静一起去。当看到李静穿着得体的驼褐色西装套裙，正要开口说"跟我一起去吧"时，突然发现她的脚上穿着一双黑色旅游鞋、黑色短筒袜，主任的眉头顿时皱了起来，然后自己一个人提着公文包走了。

实训要求：请思考主任为什么一个人走了，李静的着装出现了什么问题。

（2）小刘和几个外国朋友相约周末一起聚会娱乐，为了表示对朋友的尊重，星期天一大早，小刘就西装革履地打扮好，打着漂亮的领结前去赴约。北京的八月天气酷热，他们来到一家酒店就餐，边吃边聊，大家好不开心快乐。可是不一会儿，小刘已是汗流浃背，不住地用手帕擦汗。饭后，大家到娱乐厅打保龄球，在球场上，小刘不断为朋友鼓掌叫好，在朋友的强烈要求下，小刘勉强站起来整理好服装，拿起球做好了投球准备，当他摆好姿势用力把球投出去时，只听到"嚓"的一声，上衣的袖子扯开了一个大口子，弄得小刘十分尴尬。

实训要求：请分析小刘的问题。

（3）美国商人希尔清楚地认识到，在商业社会，一般人是根据一个人的衣着来判断对方实力的。因此，他首先找裁缝为自己定做服装。希尔订做了三套高档西装，需花费 275 美元，而当时他口袋里连 1 美元都没有，但他凭借往日的信用而获得延期付款。随后，他又购买了一整套极好的衬衫、领带及内衣，这时他的债务已达到 675 美元。

每天早上，他都穿着一套全新的服装，在同一时间与同一位出版商"邂逅"，希尔每次都和他打招呼，并偶尔聊上一会儿。

这种例行性会面大约持续一周以后，出版商开始主动与希尔搭话，并说："你看来混得相当不错。"接着，出版商便想了解希尔从事哪一行业。因为希乐的衣着表现出来一种极有成就的气质，加上每天一套不同的衣服，已引起出版商极大的好奇心，而这正是希尔期待的。

于是，希尔轻松地告知出版商："我正在筹划一份新杂志，打算在近期争取出版，杂志的名称是《希尔的黄金定律》。"出版商说："我是从事杂志印刷和发行的。也许我也可以帮到你。"当希尔购买新衣服时，他便期盼着这一刻的到来。

出版商邀请希尔到他的俱乐部，与他共进午餐，在咖啡尚未端上桌前，便已说服希尔答应与他签约，由他负责印刷和发行希尔的杂志。希尔也提出了同意他独家出版发行的条件是提供不收取任何利息的资金，出版商欣然应允。

发行《希尔的黄金定律》所需资金至少在3万美元以上，而每一分钱都是从体面的新衣服所创造的"广告效应"获得的。所以，得体的着装在社交场合是不容忽视的。

实训要求：请思考看完这则案例后，你有什么感想。

2．综合情景训练

（1）请指出班上同学着装中，分别属于同色搭配、对比搭配和主色调搭配的有哪些？他们是如何搭配的？

实训要求：

● 说出款式、色彩、饰品的搭配都是怎样的；

● 说出是否符合其性格和喜好。

（2）请在班上利用同学们现有的衣着现场搭配三套你认为最协调的服饰，并说一说为什么。

实训要求：

● 款式、色彩、饰品的搭配都要协调；

● 尽量符合每个同学的性格和喜好。

单元三　仪容

情景导入

活泼可爱的苏绮刚毕业不久。在校学习期间，她一直是"清纯少女"的打扮。自从来到龙创商业集团旗下龙创房地产开发公司当了总经理助理以后，为便于今后的工作，她觉得应该改变过去的学生形象了。于是，她特意到商场购买了两套西装套裙，两双深色半高跟皮鞋，准备去掉自己身上的学生味儿，以一个"白领丽人"的形象出现。但对于"白领丽人"必备的化妆技巧，她却知之甚少。面对琳琅满目的化妆用品，如何选择适合自己的，什么样的场合适宜什么妆容，她却不太清楚。

项目任务

假如你是总经理助理苏绮，你应该如何化妆？
作为一个商务人员，不同的场合应采用怎样的妆容？

任务分析

人们根据交际场合、交际目的、交往对象及当时所处角色地位的不同，通常会有不同的妆容，这是人们在交际过程中形成的自然规律。若违背了这个规律，就会使人对你产生异样，甚至不良的印象。例如，在正式的商务场合，应该化淡妆；在舞会上，可以化浓妆；在隆重的晚宴上，可以或淡或浓；在休闲场所，往往采用清新雅丽的风格等，这都需根据场合来确定妆容的浓淡程度。而且每个妆容都应该精细雅致、得体适宜，不能粗枝大叶。要做到这一点，就必须了解自己，了解自己长相的优点和不足，再利用各种化妆技法进行弥补，在视觉上给人以美的感觉。这就是化妆的技巧，也是化妆的目的。

作为商务人员一定要掌握化妆技法，巧妙运用，赢得人们的好感和美誉。

根据经验，当我们第一次看到某人时，我们就会寻找线索，如仪容修饰、个人风度及对着装的选择，我们以此辨别该人是否值得信任、信用如何、办事效率怎样等。职场中，面部修饰如何、发型如何、妆容是不是有品位、体味是否明显等仪容构成要素，都是他人能否对你形成良好印象的重要细节。所以，仪容是个人职业形象的重要组成部分。

仪容指人的外表、外貌。在商务交往中，良好的仪容既能体现商务人员自身素养，又能体现对商务活动和交往对象的重视与尊重，会产生积极的宣传效果，若稍有疏忽就可能产生不良影响。因此，商务人员一定要注意自己的仪容。而干净整洁是仪容最基本的要求。

一、个人卫生

作为商务人员一定要注意个人卫生，这是良好仪容的基础，也是维护个人形象的根本。

1. 头发适时梳洗

头发要勤洗、勤理。一般两天洗一次头，每月修剪 1～2 次。男士的头发要没有头屑、汗味，要干净整洁，发型要大方得体、不怪异。女士的头发要有自然光泽，发型要高雅、协调，"刘海"不要遮住眼睛和脸。不同发质有不同的护理方法，见表 2.2。

表 2.2　头发的护理方法

发质类型	表　现	成　因	护　理
油性	头发细长、发丝油腻、需要经常清洁；洗后第二天，发根出现油垢；头皮厚，容易头痒	荷尔蒙分泌紊乱、精神压力大、遗传、过度梳理头发、常吃高脂肪食物	缓解精神压力、勤洗发、调解内分泌平衡、少吃高脂肪食物

续表

发质类型	表 现	成 因	护 理
干性	头发缺乏光泽、干燥、油脂少；易打结、难梳理、易生头皮屑；一般发根稠密、发梢稀薄、时有分叉，头发僵硬、弹性较小	皮脂分泌不足、头发缺乏水分、经常漂染或高温吹干、天气干燥等	多摄入高脂肪食物和水分、少漂染头发、少用高温吹干，最好自然风干，勤于梳理
中性	头发不油腻、不干燥，柔软滑顺、有光泽，只有少量头皮屑	皮脂分泌正常，日常护理良好	无须特别护理，按常规方法进行护理即可
混合性	头皮油腻、干燥、靠近头1厘米以内的头发有很多油，越靠近发梢越干燥甚至分叉	经期女性或青春期少年体内的激素水平不稳定；过度烫发或染发等	少烫发或染发，在护发专家的指导下进行护发

2．面部保持清洁

首先，要保持面部干净。应当做到日常护肤六步曲。早三步：洁肤→爽肤→护肤；晚三步：洁肤→爽肤→润肤。这就需要选用适宜的洗面奶洗脸，最好使用柔和、弱酸性的乳液状清洁品，这样才能有效去除面部的油脂和毛孔中的污垢。

其次，注意眼部卫生。要及时去除眼角不断产生的分泌物；戴眼镜的人一定要使自己的眼镜时刻保持洁净光亮。

最后，要经常修剪不雅的体毛。体毛主要指胡须、鼻毛、耳毛等。男士每天要刮脸、刮胡子；女士如果穿吊带装，也应修剪腋毛，否则露出来会给人很不雅的感觉。

3．口腔清洁卫生

要清洁牙齿，每天定时刷牙，可用牙线清洁牙齿。还要勤漱口，去除口腔异味。工作前最好不要食用葱、蒜等具有强刺激气味的食物。还要注意保持唇部的滋润干净，不可有白沫留在嘴角，防止嘴唇因干燥而开裂。

小锦囊

去除口腔异味的方法

一是用淡盐水漱口，在晚上睡觉前和早上空腹喝一杯淡盐水。

二是嚼口香糖。但需注意，职业人员在工作场所当着他人的面嚼口香糖既不优雅，也会失礼于人。

4．手部要保持洁净并注意养护

商务人员经常与人握手、用手传递东西、做手势等，因此，作为商务人员"第二张名片"的双手一定要得到清洁和护养。一要勤洗手，保持双手洁净；二要经常修剪指甲。

二、化妆的原则

1. 符合审美的原则

无论是男性还是女性，都应符合大众审美的一般标准，做到不怪异、不另类。

2．符合自然的原则

天生丽质的相貌固然令人赏心悦目，但我们往往会存在一些先天的缺点。化妆能通过某些技巧和手段来弥补、遮掩或转移人的注意力，达到一种视觉错觉而产生一种美。因此，自然和谐的美才是化妆的最高境界。

3．符合协调的原则

即"3W 原则"（When 什么时间，Where 什么场合，What 做什么）。化妆应与时间、场合和目的相协调，否则会起到负面作用，影响个人或组织的形象。

4．相对保守原则

在商务活动中，无论是男性还是女性，仪容都应当是相对保守的，做到淡雅、端庄、秀美，又不分散和转移参与者的注意力。

温馨提示

商界女士在商务活动中更要注意自身仪容，不过分突出女性的性别特征，以淡妆为主，不过分引人注目、不过分招摇。如果在工作场合浓妆艳抹，会使人产生粗俗的感觉。

三、化妆步骤

（一）沐浴

洗头、洗澡清洁全身，浴后再用润肤露保养全身肌肤，同时不能忽略手部的清洁与护理。

（二）做发型

将洗净的头发吹干后，用发乳、摩丝等用品做出适宜的发型。

（三）化妆内容

1．基础护理

（1）洁面。选用适合自己肤质的洗面奶除去油污、灰尘与汗渍，用温水清洁面部。

小锦囊

了解你的皮肤类型

清晨起床前，准备三张干纸片，分别擦拭你的额头、鼻子、面颊。然后观察，把观察结果与下列内容对照：

满纸油迹：油性。

极少油迹：干性。

额头、鼻子有油迹，脸颊几乎没有油迹：中性。

额头、鼻子有较多油迹，脸颊没有油迹：混合性。

（2）护肤水。取适量护肤水，均匀地轻拍在面颊上。

（3）护肤霜。取适量护肤霜，由下而上、均匀地涂抹在面颊上。

（4）眼霜。取适量眼霜（通常一颗米粒大小即可），用无名指由外侧至内侧轻抹在眼睛周围，并做适当按摩（仍是由眼外侧向内侧一圈一圈地轻推），使眼部完全吸收眼霜营养成分（有的眼霜适合在护肤水之前用，视具体情况而定）。

（5）隔离霜。由于外界空气污浊，对皮肤有一定的伤害和刺激，建议外出时使用适量隔离霜，使用方法与护肤霜一致。

2. 彩妆

（1）施粉底。粉底可以改变皮肤色泽与质地，也可部分地遮盖住皮肤的瑕疵。要选择接近肤色的粉底，千万不可不顾自己的肤色而只认准白色粉底，结果可能适得其反。方法是取适量粉底，用手指或化妆棉少而均匀地轻轻拍在面颊上。颈部，也要擦上适量的粉底。

（2）施定妆粉。定妆粉可减少脱妆现象，也可使不易抹均匀的粉底显得均匀、细腻、有光泽。方法是用粉扑沾少许粉，轻轻揉去多余的粉，然后把粉扑在额头、鼻尖、下巴等易出汗的地方，然后扑其他部位。要用粉扑轻轻地按，最后用粉刷轻轻地把浮粉扫掉。粉不能扑得太多，不要忘记涂抹颈部。

⬡ **温馨提示**

因为浅色有放大作用，深色有收缩作用，所以在额头、鼻梁、颧骨三个高光点选用浅色粉底和定妆粉，其余部位依据脸型的特征，用深色粉底收缩，用浅色粉底放大。

（3）画眼线。画眼线是为了使眼睛显得更明亮有神。一定要把眼线画得紧贴睫毛，上眼线从内眼角到外眼角，由细渐渐变粗；下眼线一般只从外眼角画至距内眼角 1/3 处收笔，外眼角的眼线稍粗，渐渐细到没有。上下眼线在外眼角处不连接，上眼线稍长出眼角，这样，眼睛才显得大而有活力。

（4）抹眼影。化淡妆时，只需沿眼线到外眼角上方涂抹浅咖啡色、深紫色或深蓝色眼影。颜色鲜艳的眼影容易使眼睛显得浮肿，不太适合东方人的肤色。

（5）上睫毛膏。上睫毛膏之前，可用睫毛夹对眼睫毛进行"上翘"的加工，然后轻轻涂上睫毛膏，增添眼睛的神采。注意上睫毛膏时不要弄花眼线。涂的时候，对上睫毛横着向上刷，下睫毛横着向下刷，这样可使睫毛变得黑而翘起。

（6）描眉。先把眉毛修出适宜的形状，一定要顺着眉毛生长的方向一根一根地画，不要一笔画到底。画完后，用小眉刷顺着眉毛的方向轻轻刷几下，去掉明显的笔痕。

（7）涂腮红。腮红又叫胭脂，用来增加面部的红润，还可使面部的轮廓更优美。腮红颜色应与眼影、唇膏颜色属同一色系，以有和谐之感。宽脸庞的人要从颧骨最高处向斜上方抹向发际，再从颧骨向下晕染。窄脸庞的人要先从颧骨抹向耳边，再上下略做晕染。

（8）描唇线。在涂抹口红之前，可用唇线笔画唇线。唇线笔的颜色要略深于唇膏。方法是：嘴自然而放松地张开，用笔从嘴角沿着上唇的轮廓线，描画到唇中，下唇也是如此。如果唇型明显，嘴唇长得也比较丰满、周正，不画唇线也可以。

（9）涂唇膏。描完唇线之后，再涂上唇膏。涂完后，检查一下嘴角是否涂到，多余的唇膏可用纸巾吸去。现在唇膏的类型很多，有传统的唇膏、唇彩、唇油等。作为商务人员，在正式的商务场合是不适合使用太过鲜亮的唇彩或唇油的。

3．手部护理

手是最能体现一个人身体高雅尺度的器官。手部护理时应注意：

（1）修剪指甲。商务人员的指甲要定期修剪，指甲里面更不能藏污纳垢。修剪完之后，还应该用指甲刀进行修磨，使之自然光滑，以免在与人握手时剐伤别人或钩损衣物。如果留长指甲，最好不要超过指甲本身长度的1/3，指甲比较软的人不适宜留长，否则会弯曲下垂；而指甲比较硬的人，留得太长，很容易刺到别人或剐破自己的衣服。所以，一定要根据自己的实际条件来留指甲。一旦留了指甲，一定要修剪成形，否则会给人不舒服的感觉。男性切不可留长指甲。

（2）涂护理霜。每当清洗双手后，还应将护手霜涂抹在手背和手掌上，使手滋润、细嫩、光滑，这样更能增添女性的魅力。

（3）美甲。女士不宜在工作场合涂抹彩色指甲油，如果要用的话，也只能使用无色、透明的指甲油。

4．喷香水

香水大致可分为四种类型：第一种是浓香型香水，一般适合人们在舞会时使用；第二种是清香型香水，适合于一般交际应酬；第三种是淡香型香水，适合上班时使用；第四种是微香型香水，在浴后或进行健身运动时使用。商务人员适当地使用香水是身份与品位的象征，值得提倡。

使用香水的位置有两个：

一是手腕、耳根、颈侧、膝部等处。

二是服装上既不会污损面料又容易扩散香味的地方，如衣领、口袋、裙摆的内侧，以及西装插袋巾的下端。

四、淡妆

职业女性上班时应当化淡妆，这不仅体现了女性美，还体现了职业女性的敬业爱岗精神。工作时化淡妆已经成为一种礼仪。

由于日常生活和工作节奏加快，不可能按以上步骤一一去做。一般在 15 分钟以内就可以化完淡妆。

1．化淡妆的步骤

（1）基础护理尽量不要少。

基础护理尽量不要少。基础护理是对皮肤的基本护养，也是滋养皮肤、延缓衰老的必要手段。

（2）打粉底。

气色好或天热时可以不用粉底，或者用不脱色的粉底液，也可直接用干湿两用粉饼，把海绵粉扑用水浸湿，挤干，包上面巾纸再挤一次，除去多余水分。然后沾少许干粉，轻按在脸上，重点是额头、鼻子、下巴，再用大粉刷把浮粉扫掉。

（3）上定妆粉。

对额头、鼻子、下巴容易出油的部位先按上一些粉，再轻按其他部位，然后用粉刷扫掉多余的粉。（如果用的是干湿两用粉饼，此步骤可省去。）

（4）上睫毛膏。

用一种可起定型作用的睫毛膏，轻轻涂在睫毛处。方法与前面介绍的上睫毛膏的方法一致。

（5）涂唇膏。

选用接近自己肤色的唇膏。

（6）喷香水。

上班时喷一点儿淡香型香水可增添你的神采与品位。

2．化淡妆更简便的步骤

涂润肤霜，上睫毛膏，涂唇膏。

温馨提示

抹润肤霜是使皮肤滋润的必要步骤，这一步千万不可少。上睫毛膏可使眼睛更有神，最好不省略。而嘴唇是除了眼睛以外最引人注目的部位，如果干燥、脱皮或无血色，都会让人觉得你气色不好、没有精神，所以唇膏也不能不涂。

五、浓妆

在灯光的照射下，淡妆是没有效果的，所以晚上的活动（如晚宴、舞会、音乐会等）中要化浓妆。浓妆的具体操作步骤如下。

1．粉底霜

选用遮盖力较强的粉底霜，还可以用深浅两色粉底霜修整面部轮廓。脸庞宽的人可以把深色粉底涂于腮部，把浅色粉底涂于面部中间部位和额头、鼻梁、下巴等处，脸就显得瘦一些。脸型瘦长的人要把深色粉底涂在下巴下方，使脸变得稍短一些。

2．涂腮红

腮红也有改善脸型的作用。颧骨稍突出一点儿，给人以华美、冷艳之感。东方人的颧骨一般都不高，脸部缺乏立体感。为改善这种情况，可用双色胭脂，一明亮一深沉，把亮色腮红涂于颧骨最高处，扫向发际，把深色腮红涂于颧骨下方，注意两色要连接得自然，不能涂抹成截然分明的两个色块。

3．涂眼影

眼影要有层次感，厚薄不分的眼影让人觉得呆板。应该由浅而深地在眼窝处先打底，由内眼角沿睫毛向上、向外描，以不超过眉角和眼角连线为宜，宽度以稍微超过眼皮为原则。涂眼影时，以眼球最高处为线涂暗色，越靠眼睑处越深，越向眉毛处越浅。

4．上睫毛膏

平时上班时，睫毛膏不宜刷得太浓；化晚妆时，则可以稍微浓密一些。上睫毛膏时，手边准备好棉花棒，随时擦净弄脏的地方，干了以后就难以清除了。先用睫毛夹把睫毛夹得翘起来，再从下往上刷，如果觉得不够浓密，等睫毛膏干了以后再刷一遍（颗粒状睫毛膏则不必如此，多刷几次即可）。有时睫毛会黏在一起，可以等它干了以后，用小睫毛梳轻轻梳理一下。防水睫毛膏比较好。

5．鼻影

化淡妆不必画鼻影，化浓妆时也不是所有人都要画鼻影。只有鼻梁确实不够挺者才需要。鼻影的颜色与眼影的颜色一样，浅咖啡色较合适。鼻子较短的人，从眉头开始向下晕染，一直延伸到鼻翼。鼻子较长的人，不要从眉头开始，要往下一点，从内眼角处开始向下，越来越淡，逐渐消失，不要画到鼻翼。鼻影要画得自然，从侧面看不能有明显的界线。

6．唇膏

晚妆，特别是舞会妆，唇膏的颜色不应太暗，以粉红、桃红色系为宜。因为舞厅中的灯光五颜六色，如果用深色的，如棕色的唇膏，当那些蓝色、绿色的灯光照在脸上时，颜色就显得太暗了。

7．描眉

浓妆时可以夸张一些，但是还要与眼睛、眉骨的形状相配。

8．香水

女性可使用浓香型香水，男士也可使用一点儿清香型香水。

六、补妆

经过一段时间的工作，脸上的妆容易脱落，这时就需要补妆。一般一天补两次为宜，即中午饭后和傍晚下班前（油性皮肤比干性皮肤更易脱妆，补妆的次数因人而异）。午饭后要补唇膏，脸上出油，特别是额头、鼻子、下巴这个 T 字带常常发亮，也应修整一下。快下班时，面色疲劳，补一下妆，可增添精神。

补妆时只需用面巾纸轻轻按在脸上出油的地方，把油吸掉，再扑一点儿粉，涂一点儿口红，前后一分钟即可搞定。不需要从头到尾再描一次，那样颜色加浓，就变成浓妆了，还容易把脸化"脏"。

七、发型的选择

"完美形象——从头开始"。作为一名商界人士，要重视头发的护理，要根据自己的形体、气质、身份选择适当的发型，充分表现出自己的良好仪容。因为在当今社会，头发更多地反映了一个人的道德修养、审美水平、知识层次、行为规范及工作和生活态度。

商务人员的发型除了应与自身的自然条件相协调外，还要大方得体、方便工作。对发型的要求是：

1. 发型的风格

发型要趋于保守，不追求过于新潮的发型。

2. 头发的类型

可以烫发。直发容易垂下，尤其是在处理办公事务或给上司送文件、给客户倒茶水时，会造成诸多不便。有些女性习惯不停地用手捋头发，这是非常影响工作的。因此，女性如果留直发，最好将头发盘起。

3. 头发的颜色

头发的颜色要深一些，黑色或栗色最佳，千万不可染成过于鲜艳的颜色。

小锦囊

体型与发型

如果你的身材高大，不宜留超短发型。

如果你身材矮小，不宜留披肩长发。

如果你很瘦，宜留中长发和略有变化的发型。

如果你很胖，发型宜简洁流畅。

如果你头颈长而细，宜留中长发、长发或烫蓬松的大花。

如果你颈短而粗，不宜留披肩长发，宜露出耳朵和脖子。

如果你肩过窄，宜留中长发或长发，且两侧不宜太蓬松。

如果你肩过宽，宜留中长发或盘发。

八、整体形象的塑造

商务人员常常引人注目。因为他们仪表堂堂、风度翩翩、服饰得体、举止优雅、谈吐文明，在待人接物方面显得训练有素，会给人留下深刻印象。那么，如何塑造出适合自己的良好形象呢？

1．选择得体的服饰

这是整体形象的"焦点"。

2．让你的言谈举止"美化"你的形象

言谈举止是一个人精神面貌的体现，应开朗、热情、平易近人，让人感觉随和亲切，容易接触。一些人在社交中常担心自己没有出众的言谈来打动大家，以至于在交谈时精神紧张、表情僵硬。因此，应放松心情，保持自己固有的个性与特质，不要矫揉造作。

言谈要有幽默感。在交际场合，幽默的语言极易迅速打开交际话题，使气氛轻松、活跃、融洽。因此，商务人员平时应该多积攒一些妙趣横生的幽默故事，遇到有分歧的尴尬场面时，幽默、诙谐便可成为紧张情境中的缓冲剂，使朋友、同事摆脱窘境或消除敌意。

3．充分展示性别美

男人具有一种阳刚之气，是一种粗犷的美、内涵的美。男士切忌狭隘和嫉妒心理，不应斤斤计较，更不可睚眦必报。传统观念中，女性应温柔、娴静，但现代职场女性不能嗲声嗲气、矫揉造作，而应干练聪慧、大大方方。作为女性职员，还应柔和明朗、细致周到。

4．发挥微笑的魅力

在社交场合，微笑可以吸引别人的注意，也可使自己及他人心情轻松，微笑是一个人有魅力的最重要的标志。

因此，作为商务人员，在待人接物时应时刻面带微笑（不是时时刻刻都咧着嘴笑，而是那种不出声、不露齿，又让人感到你的脸上挂着笑意），这才能为交往创造一种轻松的环境。

总之，整体形象是内涵修养与外在形象的结合，关键在于后天的训练和培养，人们常说"腹有诗书气自华"，就是这个道理。

实践训练

一、情景训练

1．信达公司成立十周年，要举办一个隆重的庆祝仪式。女助理杨静被选为礼仪小姐，负责接待工作。

实训要求：一人扮演女助理杨静。她应该如何化妆？请演示化妆过程。

2．销售部赵主任（男）与其下属白琳（女）接受有合作关系的嘉达机械公司的邀请，参加该公司主办的一场舞会。

实训要求：一人扮演赵主任，一人扮演白琳。两人应分别化什么妆比较合适？请演示化妆过程。

3．龙创商业集团总经理办公室行政助理李欣白天全程陪同来访的美国友好代表团游览

观光后，到下午 6：00 左右才忙完。回到公司，她感到很累，可又被通知晚上 8：00 将与公司的王总经理等人一同出席美国代表团的答谢晚宴。在总经理办公室里，王总经理看到她一脸憔悴的样子，叫她马上回家去收拾打扮。李欣说就这样凑合算了。可王总经理一听马上命令她立即回家，还让司机专程送她，免得挤公交车耽误时间。李欣一听王总经理如此重视形象问题，马上回家认真打扮了自己，然后神采奕奕地出席了当晚的宴会。

实训要求：请思考如果你是李欣，你会如何进行晚宴前的仪容装扮。

二、综合训练

1．案例分析

（1）曾有心理学家做过这样一个试验：分别让一个戴眼镜、手拿文件夹的青年学者，一个打扮时尚的漂亮女士，一位提着菜篮子、面色疲惫的中年妇女，一位头发怪异、穿着邋遢的男青年在公路边搭车。结果显示，漂亮女士、青年学者的搭车成功率很高，中年妇女次之，打扮怪异的男青年则很难搭到车。

实训要求：请思考你如何看待外貌给人的第一印象。

（2）宋航是某高校商务管理专业的高才生。他看到当地一家大型合资企业正在招聘业务主管，便做好各方面准备，前来应聘。面试那天天气不好，风很大，还下着雪。当他头发凌乱地出现在面试现场时，负责面试的人事部经理（澳大利亚人）对他的第一印象大打折扣，并直率地指出：一个部门主管，其仪表是非常重要的，既能反映个人身份又能体现公司形象。因此，不予聘用。

实训要求：请思考你看完这则案例后，有什么感想。

（3）某公司招聘商务助理人员。由于待遇优厚，应聘者很多。文秘专业毕业的小赵前往面试，她的背景材料可能是最棒的。大学四年在各类刊物上发表了 3 万字的作品，有小说、诗歌、散文、评论、政论等，还为六家公司策划过周年庆典，语言表达也极为流利，书法也堪称佳作。小赵五官端正，身材高挑、匀称。面试时，小赵穿着迷你裙，露出藕段似的大腿，上身是露脐装，涂着鲜红的唇膏，轻盈地走到一位面试官面前，不请自坐，随后跷起二郎腿，笑眯眯地等着问话，熟料，三位面试官互相交换了一下眼色，主面官说："赵小姐，请下去等通知吧。"她喜形于色："好！"挎起小包飞快出门。

实训要求：请思考小赵能等到录用通知吗。为什么？

2．综合情景训练

节目主持礼仪。

角色：主持人两名（一男一女）。

男嘉宾：

  一号：恒信公司李立副总经理；

  二号：恒信公司办公室龚和平主任；

  三号：恒信公司行政助理冯健。

女嘉宾：

一号：三江电台主持人雅丽；

二号：（外资）畅联企业助理艾清小姐；

三号：（外资）畅联企业公关部长黄梅小姐。

女主持人：礼仪并非只体现在某些重大场合中，在日常生活中，注重礼仪尤为重要。

男主持人：你的坐姿、你的站姿、你的衣着，都有无数双眼睛盯着呢！

合：我们选择了"娱乐节目"来体现礼节，体现日常礼仪。

女主持人：下面有请嘉宾出场！（背景音乐响起。）

女主持人：第一位出场的是一号男嘉宾，他是来自恒信公司的李立，李立是恒信公司的副总经理。大家欢迎！

男主持人：一号女嘉宾是三江电台主持人雅丽，有请！

女主持人：接下来是二号男嘉宾，是来自恒信公司的龚和平主任，欢迎你！

男主持人：这位是二号女嘉宾，她是来自（外资）畅联企业的助理艾清小姐。

女主持人：最后一位男嘉宾是来自恒信公司的行政助理冯健先生。

男主持人：最后出场的是三号女嘉宾黄梅小姐。大家欢迎！

女主持人：下面进入第一个环节——男女嘉宾互问。先请女嘉宾提问。

一号女嘉宾：请问二号男嘉宾，为什么你老在那儿抖脚呢？这是你的习惯吗？

二号男嘉宾：没有没有！我只是看到这么多漂亮小姐，有点紧张，平时我行为很端庄，很注意形象的，实在不好意思！

一号男嘉宾：请问三号女嘉宾，作为公司公关部部长，你对属下职员的仪表有什么要求？

三号女嘉宾：我们公司要求每位公司成员都穿公司统一发的职业套装，不允许男职员留长发、留胡子，女职工留长发的应该把长发盘起来，我们要求每位职工仪表整洁，给客户提供最好的服务。

二号女嘉宾：请问三号男嘉宾，你们公司对职员的着装有什么要求？

三号男嘉宾：最重要的是得体大方，衣着不能太过随便，也不要太时尚，要有职业女性的味道。不知我的回答你是否满意？

二号女嘉宾：很好，谢谢！

女主持人：经过嘉宾互问，我想大家相互之间更了解了，接下来的环节是才艺表演。先由一号男嘉宾邀请一位女嘉宾表演一个节目。有请！来点儿背景音乐！

（一号男嘉宾走到一号女嘉宾前："小姐，能请您一起来表演几种规范的手势吗？"一号女嘉宾应邀站起来，一起面带微笑表演横摆式、前摆式、双臂横摆式、斜摆式、直臂式，两人问候致意，相互挥手等。谢幕后，男嘉宾送女嘉宾入座。）

男主持人：欣赏过了规范的手势，接下来由二号男嘉宾选择一位女嘉宾表演一次。

（二号男嘉宾走到三号女嘉宾前："小姐，陪我走一段路，好吗？"在背景音乐的烘托下，他们表演了规范的走姿。男嘉宾送女嘉宾入座。）

女主持人：接下来最后一组嘉宾上场！

（三号男嘉宾邀请二号女嘉宾："小姐，能与我一起表演一下几种规范的坐姿吗？"二号女嘉宾应邀站起来，两人面带微笑，分别表演男女稍有不同的标准坐姿、侧坐、开关式坐姿、交叉式坐姿、重叠式坐姿等。同样，谢幕后，男嘉宾送女嘉宾入座。）

女主持人：大家都表演了丰富的节目，相信各位嘉宾互相之间肯定有了更深的了解。最后请大家互送名片，以便今后联系。

（男女嘉宾交换名片。）

（背景音乐响起。）

合：各位嘉宾，各位观众，今天的娱乐节目就到此结束了。

女主持人：我们希望大家在这个节目中能获得一些关于礼仪方面的常识，以便在以后的日常生活、工作中加以规范。

男主持人：塑造自身良好的社交形象，努力成为一个受欢迎的人！

合：谢谢各位嘉宾的参与和各位观众的收看！再见！

请把这一接待过程演示出来。

实训要求：

（1）分组训练：每 9 人一组，分别扮演其中 8 个角色，另一个是旁白，并负责播放音乐。

（2）在演练的过程中，每一位同学要认真对待，注意服饰、举止与仪容的协调，交谈的声音、语调、话语内容要适宜。

知识小结

仪态是指人的体态礼仪。仪态包括表情语、手势语和体态语三方面：

表情语包括微笑语、目光语；

常见的手势语有指示性手势、情绪性手势和象征性手势；

体态语包括站姿、坐姿、行姿、蹲姿及乘坐轿车的姿势等。

着装原则：和谐原则、TPO 原则。

职业女装主要有三种类型：西装套裙，连衣裙或两件套裙，职业衬衫加休闲裤。

男士考虑更多的是着装上细微之处的变化，以此来体现男士的个性特征，如面料、色彩、图案、款式、做工等细节。

仪容指人的外表、外貌。商务人员一定要注意自己的仪容：要掌握个人卫生、化妆原则、化妆步骤及整体形象塑造方法。

模块 三

商务接待礼仪

习训目标

知识学习目标：

了解和掌握接待礼仪中的见面礼仪、方位次序与距离礼仪、日常接待礼节及不同对象的接待礼节等接待礼仪基础知识。

能力培养目标：

培养规范运用接待礼仪的能力；

熟练应用接待礼仪，养成规范行为、礼貌待人的良好习惯。

素质拓展目标：

使学生具有热情待人的态度，养成讲文明懂礼貌、诚实守信、有错即改的品格；

让文明礼貌、诚实守信的品格融入学生言谈举止的日常行为中，真正提升自身的综合素质。

单元一　见面礼节

见面礼仪

情景导入

　　龙创商业集团在市场经济的高速发展下，观念不断创新，项目不断增加，利润不断增长，获得了同行关注，成为当地一家极具发展潜力的企业。王帆是龙创商业集团总经理；赵建中是一位资深的总经理办公室主任，赵主任为人平和，处事经验丰富，关心和重视年轻人的成长，注重商务人员外在形象和内在素质的综合提高；周洁是总经理办公室的一位资深主管；刘怡是大学毕业不久、刚刚踏上工作岗位的一位销售助理。

　　一天，龙创商业集团的合作伙伴、华兴集团总经理周健先生有重要事宜与王帆总经理商谈，并已约好见面的时间和地点。赵建中主任把这次的接待服务任务交给了刘怡，特意叮嘱一定要圆满完成任务，不能出现任何差错。刘怡心里清楚，这既是上级布置下来的一项重要工作，也是对自己工作能力的一次锻炼和考验。自己虽从营销专业毕业，但由于缺乏实际工作经验，使她对这次的接待任务有些惶惶不安，生怕出现差错而影响公司的声誉。为此，刘怡特意向主管周洁请教。

项目任务

　　假如你是销售助理刘怡，你该如何圆满完成这次接待工作？

任务分析

　　接待工作包括许多环节，其中最先遇到的就是见面环节。这是交往的开始，也是建立良好关系的前提。若处理不好，就可能造成不良影响，不利于今后工作的顺利进行。见面礼仪涉及致意与问候、称呼与介绍、握手与递送名片等几个方面。例如，无论见到谁都问候"吃了没有？""你到哪里去？"会让人感觉很老套或有打探他人隐私的癖好；若采用了不适当的称呼，就会引起别人的反感；若用左手与他人握手就会让人感觉受到轻视；等等。作为单位形象的窗口，是不允许出现此类失误的。

　　因此，销售助理刘怡若想圆满完成接待服务任务，首先必须从最基本的见面礼节开始，认真处理好每一个接待环节，才能保证今后工作的顺利开展。

　　见面礼仪是人与人在商务交往中的第一礼节，这个第一礼节可能会对今后彼此的交往产生重要影响。举止庄重大方、谈吐幽默文雅，在商务交往之初能给对方留下良好的第一印象，对日后的交往产生积极影响。

　　日常见面礼仪涉及致意与问候、称呼与介绍、握手与递送名片等几个方面。

一、致意与问候

（一）致意

致意是一种用非语言方式表示问候的礼节，也是最常用的礼节，表示问候和尊敬之意。致意时应该表情和蔼、诚心诚意；不可面无表情或精神萎靡，这会给人一种应付了事之感。

致意的次序一般是下级先向上级致意，晚辈先向长辈致意，男性先向女性致意，主人先向客人致意。但在实际交往中，不一定要拘泥于以上次序。有时，上级、长辈先向下级、晚辈致意，更能展示自己的谦虚随和。致意的方式很多，如微笑、点头、举手、躬身、起立、脱帽等，针对不同场合、不同对象，可以单用一种，也可几种并用。

1. 微笑致意

微笑致意时，目视对方，表情和蔼，嘴角略微向两侧翘起。微笑与点头致意结合起来使用效果更佳。微笑致意适用于熟人或不太熟悉的人在距离较近但不宜交谈或无法交谈的场合。

2. 点头致意，即颔首礼

在面带微笑目视对方的同时，头部略向下轻轻一点。不宜反复点头，点头幅度也不必过大。点头致意适用于路遇熟人、在公共场合不宜交谈、在同一场合多次碰面或遇到多人无法一一问候等场合。

3. 举手致意

举手致意时，右臂向前上方伸直，右手掌心朝向对方，轻轻向左右摆一两下。举手致意可分两种方式：远距离时，将手臂伸直，举过头顶或略高于头顶举手致意；近距离时，只要将手臂肘弯曲摆动即可。注意，不可将手上下摆动，也不可将手背朝向对方。举手致意通常适用于与对方有一定距离时的致意。

4. 躬身致意

躬身致意是身体上半部分微微一躬。这种致意方式表示对他人的恭敬，在见到位尊者或长者时使用。

5. 起立致意

起立致意是站起身来致意，表示对来访者或离别者的敬意。一般适用于较正式的场合，尊者、长者要到来或离别时，在场者应起立表示欢迎或欢送。使用这种方式要注意：对来访者，要待来访者落座后，自己才能坐下；对离别者，要待他们离开后才可落座。

6. 脱帽致意

脱帽致意适用于戴有帽子的一方向他人致意。脱帽致意时应微微颔首欠身，用右手脱帽，将其置于大约与肩平行的位置，同时与对方交换目光。一般是下级遇见上级，男士遇见熟悉的女士或被介绍给女士时，或者在一些较正式的升降国旗、演奏国歌等情况下使用。

（二）问候

问候是用语言表达友好与敬意的一种见面礼仪，如"你好""早上好"；或者用"称呼+问候语"来问候，如"张总，下午好""李处长，晚上好"。路遇同事、上司时应主动问候，这是商务人员为人处事的一种基本礼貌。

一般情况下，问候与致意一起使用，次序与致意一样，内容也因对象、场合、时间、地点的不同而不同。

小锦囊

商务人员的问候语

商务人员最好采用时效性问候语，如"早上好""周末愉快""春节好"等，这样显得更加专业。

二、称呼与介绍

（一）称呼

在商务活动及各种正式场合中，对人的称呼一定要准确，这表明了双方的关系和身份，以及你的态度。因此，称呼是一种非常重要的礼仪。如果称呼都不对，对方很可能失去了交谈的兴趣。在比较正式的场合，常用的称呼主要有以下几种。

1. 泛称

对男性的称呼：在社交场合、公共场合，对于男性都可用"先生"这个称呼。对于从事体力劳动的男士，用"师傅"更容易被接受；在我国的党政机关内，称"同志"更合适。

对女士的称呼：未婚女性称"小姐"；已婚女性称"夫人"或"太太"，"夫人"是尊称，适用于正式场合，"太太"适用于一般社交场合。对于成年女性，不明确其婚姻状况的可用"女士"这个通称，这种称呼在商务交往、公关活动和国际交往中普遍使用，在工作中必须准确把握。

在这些泛称之前可加上对方的姓氏。尤其是在双方被介绍后，更应该加上姓氏来称呼对方。如"李先生""赵女士""泰勒小姐"，这样可以减少双方的距离感。

2. 姓+职业、职称或学衔

可用作称呼的职业有"医生""护士""律师""老师""警官""会计""秘书"等，如"秦医生""刘律师""钱警官"等。

可用作称呼的职称并不很多，如"教授""副教授""高级工程师""工程师"等较高职称才能用于称呼，如"汪教授""赵工"（"工程师"的简称）等。

可用作称呼的学衔很少，常用的就是"博士"。国外对这一学衔很重视，它说明一个人的学识和能力。所以在公务活动中，一定要以"姓+博士"来称呼，如"赵博士"。

3．姓+职务

在商务活动中，这种称呼的使用是最普遍的。例如"董事长""总经理""经理""部长""主任""处长""科长"等，都可以在其前面加上姓氏，如"马总经理""刘部长""孙主任"等。在某些非正式场合也可使用"姓+职务简称"的方法，如"程董（事长）""李总（经理）""王处（长）"等。

4．姓名称呼

（1）直呼其名。这种称呼一般适用于老师对学生、上级对下级、同事之间、同学之间。

（2）"老"或"小"+姓。这是同事之间常用的称呼。一般来说，年纪相对大的人用"老+姓"来称呼，如"老周""老丁"。对于年纪比较年轻的人，用"小+姓"称呼，如"小郑""小袁"。

（3）姓+"老"。这种称呼常常用于文化界和政界的某些德高望重的长者，是一种非常恭敬的称呼，如"夏老""曾老"。特别需要注意的是，使用这种称呼时一定要注意年龄和身份的对应，对于刚刚退休的人，最好不要使用。因为提前把他们划入"老"的行列，哪怕是尊称，他们也不一定接受，75岁以上的老者方可使用。

（4）只称名，免去姓。对于两个字的名，双方关系又比较近，常常免去姓，只称名。例如对"赵莹莹"就只称为"莹莹"，"高博文"只称为"博文"。对于单名的人，在公务场合则不采用此法，应连名带姓一起称呼。

以上介绍的是在不同场合对不同身份的人的各种称呼，并不包括亲属间的称呼。

温馨提示

简称一般只在非正式场合使用，如"潘总""于董"等。正式场合最好用全称，这样才显得庄重得体。

商务人员在任何情况下，都不能无称呼就开始交谈，或者以"喂""哎"等来招呼对方。

（二）介绍

介绍可以为人与人的相互认识搭起一座桥梁。与对方第一次见面，我们常常要把自己的情况介绍给对方。作为一名商务人员，还要经常在各种场合充当介绍人，规范、得体地介绍别人。

见面介绍

介绍可分为自我介绍、他人介绍和为他人介绍三种。

1．自我介绍

自我介绍的内容要根据交往的具体场合、目的、对象的特点等实际情况来确定，不可盲目。

公务场合中，正式的自我介绍主要包括以下几个要素：问候、姓名、单位、部门、职务。例如，"你好，我叫尚洁雅，是东方集团公关部助理。"有职务的一定要报出职务，如果职务较低或无职务，则可报出自己所从事的具体工作，以便对方心中有数。例如，"你好，我叫叶鑫晶，在东方集团策划部做活动策划工作。"

社交场合中，对彼此不太熟悉的人，若一时没有合适的人为自己做介绍，则可采用自我介绍的方式，并且一定要说明与主人的关系。例如在朋友的一个生日聚会上，你可以这样介绍自己："大家好，我是叶鑫晶的大学同学，我叫张绮。"

小锦囊

看场合确定自我介绍内容

在社交场合进行自我介绍，内容应简明扼要，表情应自然大方。若对方积极热情，你便可以与对方交谈；若对方反应冷淡，你应礼貌告辞。若是到公司求职，自我介绍就要详细些，除问候，以及通报姓名、年龄、特长外，还应说明自己的专长、曾获得的荣誉和自己应聘的岗位等。

2．他人介绍

他人介绍是指在社交场合由他人将你介绍给另一个人。有时你很想认识某人，但又不方便去做自我介绍，可找一个既认识自己也熟悉对方的人来介绍。想结交上级领导或商务活动中的重要人物，采用这种介绍方式更容易建立信任感。

作为被介绍者（除年长者外），一般应起立致意，主动问候对方，如"您好""认识您非常高兴""幸会""久仰大名"等；如果不方便起立，则要微笑欠身表示礼貌。介绍时双方既可以握手，也可行致意礼，还可互换名片。

3．为他人介绍

为他人介绍是指作为中间人为所认识的双方做介绍，这要求介绍者对双方的情况都比较了解。由谁来充当介绍者也是有讲究的。一般情况下，介绍者由单位专门负责此事的相关人员，如秘书、办公室主任、公关礼宾人员担当。若来访者身份较高，一般由东道主一方在场人士中身份最高者来介绍，以示对被介绍者的重视。有时，需要征求身份较高者的意见，看他是否愿意把自己介绍给某人。

（1）站立的位置和姿态。介绍人应站在两个被介绍人之间。介绍时，应微笑着用自己的视线把另一方的注意力吸引过来。手指并拢，掌心向上，手臂自然地伸向被介绍者。

（2）介绍顺序。在为他人介绍时，先介绍谁、后介绍谁，是一个比较敏感的问题。虽然我们提倡人人平等，但在商务交往中，还是应该遵守"尊者优先"的原则，即尊者有优先知情权。先把位低者介绍给位尊者，后把位尊者介绍给位低者，以便位尊者优先了解对方的情况。国际上公认的为他人介绍的顺序是：先将职位低的人介绍给职位高的人；先将年轻者介绍给年长者；先将男性介绍给女性；先将主方介绍给客方；先将晚到者介绍给早到者。

温馨提示

应注意的是，当所要介绍的双方符合其中两个或两个以上顺序时，应按先职位再年龄、先年龄再性别的顺序来介绍。例如要为一位年长的、职位低的女士和年轻的、职位高的男士做介绍时，就应先将这位女士介绍给这位男士。

（3）介绍语。介绍时应准确称呼、内容简明。介绍内容一般包括尊称、单位、部门、职务、爱好等，应使用礼貌用语。还可对被介绍者的特定情况或其他个人情况做出积极评价，这种评价要与公务场合相适应。例如，"陶总，请允许我向您做介绍。这位是兴亚公司的销售部经理陈清语先生，这位是辉宏公司总经理陶俊乐先生。陈经理不仅工作业绩好，还是一位电脑高手呢。"或者说："张小姐，我来介绍一下，这位是……"

（4）介绍时的失误处理。介绍时若突然忘记被介绍者的姓名，应立即承认，诚恳道歉。例如，"对不起，看我这记性，一下子想不起您的名字了。""实在抱歉，我突然想不起您的名字了。"

如果别人为你介绍时说错了你的姓名，或者提供了不准确的信息给对方，而你又非常希望今后能进一步发展与对方的交往，这时就可以礼貌地纠正。例如："对不起，我是三横'王'，不是黄色的'黄'。"注意纠正的态度和语气，一定要诚恳，避免使介绍人尴尬。

记住并准确地称呼出对方的姓名可能会让你有意想不到的收获。记住并准确地称呼出对方的姓名，不仅是一种礼仪需要，而且能成为开启友谊之门的钥匙、寻找合作伙伴的桥梁。美国的比特·杜波尔曾说："如果你能记住一个人的姓名，他就可能给你带来一百个新朋友。"

小锦囊

记住姓名的小窍门

（1）重复一遍姓名。重复一遍他的姓名来确认自己是否记住和发音正确，如果他的姓名比较难记，可多重复几遍。

（2）多使用姓名。与对方交谈时，尽量多使用对方的姓名，以帮助记忆。

（3）姓名与人对应上。将你记忆中的姓名与对方的相貌相互对应，心里重复并且记忆多次。

（4）使用与其姓名相联系的词语。如果对方姓名和你所知道的某些词语或与你的朋友的姓名有相似之处，就赶快记住这个相似点。

（5）把姓名写下来。把姓名写在工作笔记本上，多翻几次，久而久之这些名字就会自然而然地印入你的脑海。

（6）把面孔当作线索来回忆姓名。记住面孔往往比记住姓名容易。因为记忆面孔只需辨认以前是否见过即可，因此，记姓名时还需花精力去记对方的面孔特征，以及面孔特征和姓名之间的关系。把姓名和面孔进行比较，有助于把姓名和面孔联系在一起。

三、握手与递送名片

（一）握手

握手是常见、通用的礼节。它看似简单而平常，但握手的方式、时间的长短、用力的大小、面部表情等往往传达出你对对方的态度，稍不注意，就会给个人或集体带来负面影响。握手之前要审时度势，选择恰当时机行握手礼。何时握手也是一个微妙的问题，它涉及双方的关系、现场的气氛及当事人的心理因素等。

1. 握手的场合

握手的场合，如表 3.1 所示。

表 3.1　握手的场合

场　合	表达的意思或情感
社交场合彼此会面与道别时	表示对对方的欢迎与惜别
遇到久别重逢的熟人时	表示因久别重逢而欣喜万分
向他人道贺、恭喜时	表示恭贺
向他人表示感谢、理解、支持时	表示自己的诚意
在赠送或接受礼品、颁发或接受奖品时	表示郑重或感谢
向他人表示安慰时	表示慰问

2. 握手的顺序

握手的顺序应根据双方的社会地位、年龄、性别及宾主身份来确定，一般遵循"尊者决定"的原则，即握手的主动权掌握在"尊者"手中。具体体现是：上下级之间，上级先伸手；长辈与晚辈之间，长辈先伸手；女士与男士之间，女士先伸手；主人与客人见面时，主人先伸手；客人与主人道别时，客人先伸手。对于不想握手或不习惯握手的人，可以点头、欠身或鞠躬致意；若对方主动、热情地伸出手来，应立即回握，拒绝别人的握手是很失礼的行为，也会极大地伤害对方的自尊。

小锦囊

握手的顺序

在公务场合握手的顺序主要取决于双方的身份、地位，而在社交休闲场合则主要取决于双方的年龄和性别。例如，一位年长的、职位低的女士与一位年轻的、职位高的男士的握手，在公务场合中，应该男士先伸手，而在社交休闲场合，则应该女士先伸手。

3. 握手的体态语

（1）表情：握手时，要面带微笑，目视对方的脸，表现出你的诚恳、热情和自信。同时要有相应的问候语，如"你好""见到你很高兴""祝贺你"等。

（2）距离：行握手礼时，两人相距约1米。

（3）姿势：双脚立正，上身向前微倾，伸出右手，四指并拢，拇指张开，掌心向内，手掌与地面垂直，肘关节微曲，手的高度约至腰部。相握时，双方虎口相触，放下拇指，手掌相握，适当用力，上下轻摇几次。这是标准的握手姿势，也叫平等式握手。

（4）力度：握手的力度要适中，稍许用力。握得太紧或太猛，会给人过分热情或故意示威之嫌；握得柔软无力或伸而不握，给人缺乏热忱或敷衍之感。不同的对象使用不同的力度，也能传达不同的心意。久别重逢的亲朋好友间握手的力度可稍微大些；异性或初次见面的朋友则不可用力过猛。

（5）时间：握手的时间因人、因地、因情而异，可根据双方的关系、亲密程度灵活掌握，一般在3秒左右。

4．握手礼的方式

在日常交往中，人们会有意无意地通过不同的姿势、力度、时间长短表现出不同的性格和心理状态。

（1）控制式握手。掌心向下握住对方的手，表示自己的主动和支配地位，显示出强烈的支配欲和控制欲。

（2）谦恭式握手。与前者正好相反，掌心向上与对方握手。这种方式表示自己的谦虚和谨慎。

（3）双握式握手。用右手紧握对方的右手，同时再用左手加握对方的手臂或肩部。这种方式表达了一种真挚、热情、诚恳、友好的感情。通常用于亲朋好友之间，初识者或异性之间不宜使用。

（4）捏指式握手。只握住对方的手指部分，而不是两手的虎口接触。这种方式表达了双方的稳重与矜持，通常用于异性之间的握手。

5．握手的禁忌

（1）忌东张西望。握手时应热情地注视对方，不可左顾右盼、心不在焉。忌坐着握手。除年老体弱的人或残疾人可以坐着行握手礼外，其他人都应站立行礼。

（2）忌用左手握手。单手相握时，应伸出右手与对方相握，左手自然下垂，不可插在口袋里或插在腰间。阿拉伯人、印度人认为左手是不洁净的，切不可用左手与之相握。

（3）忌交叉相握。多人在场时应一一握手，不能交叉握手，也不能用两只手分别与不同的人握手。

（4）忌戴着手套与人握手。除了女士戴与礼服相配套的装饰性手套时或军人身穿制服执行公务时，一般不能戴着手套握手。

（5）忌用不洁之手与人相握。如果由于手湿、手脏或手部有残疾不能行握手礼，应说明原因并道歉。

（6）忌与他人握手之后立即擦拭自己的手掌。

（7）忌拒绝与他人握手。即使有人违背握手顺序的原则，也应迎握对方，否则就是失礼。

（8）忌戴着墨镜握手。除患眼疾或眼部有缺陷者外，其他人不得戴着墨镜与人握手。

（9）忌异性间久握不放。特别是男士握住女士的手久久不放，这是极为失礼的。

（二）递送名片

现代社会交往中，名片是人们相互了解、保持联络的重要工具。

名片递送

1．名片的设计

这里只谈公务名片的设计和使用。

（1）规格。目前国内通用的名片规格是9厘米×5.5厘米。形状奇异的名片不便于携带和保存。

（2）色质。最好选用质地柔软、耐磨、美观、大方的白板纸、布纹纸。以白色、米色、淡蓝色、灰色等庄重朴素的颜色为主，最好只用一种基础色，杂色令人眼花缭乱。

2. 名片的类别

常用的名片有公务名片、社交名片和应酬名片三种。

（1）公务名片。公务名片是指在政务、商务、学术等正式场合使用的个人名片。标准的公务名片包括单位信息、个人信息、联系方式等内容。公务名片的正面如图 3.1 所示。

> **大阳商务信息有限责任公司**
> **赵　刚**　总经理
> 单位地址：长沙市五一路×××号
> 联系电话：0731-2626261
> 传真：0731-2626261
> 邮政编码：410002

图 3.1　公务名片的正面

单位信息包括单位标识、单位名称、所在部门等。单位名称、所在部门要用全称。

个人信息包括本人姓名、职务、职称或学术头衔等。可根据实际情况取舍，内容不要太多、太杂。

联络方式包括通信地址、邮政编码、办公电话、传真号码、邮箱地址等。一般不提供家庭地址及电话。本人手机号码可根据自己的实际情况来确定是否提供。

也可在名片的背面印上本单位的经营范围，如图 3.2 所示。

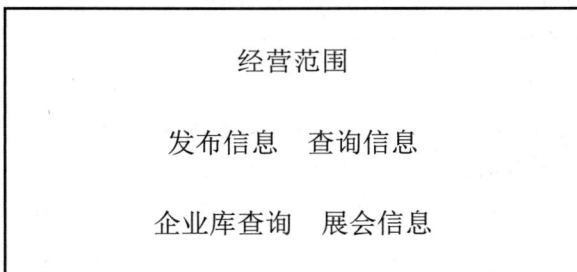

> 经营范围
>
> 发布信息　查询信息
>
> 企业库查询　展会信息

图 3.2　公务名片的背面

（2）社交名片。社交名片用于自我介绍和保持联络。内容主要有本人姓名、联系方式。社交名片不印办公地址，以示公私分明，如图 3.3 所示。

> **孙 秋 雪**
> 家庭地址：长沙市香樟路×××号
> 电　话：0731-2626381
> 电子信箱：sunqiuxue@163.com
> 邮政编码：410018

图 3.3　社交名片

社交名片上的联系方式一般包括家庭地址及电话、手机号码、电子信箱、邮政编码等，可根据需要确定提供哪些信息。

（3）应酬名片。应酬名片内容通常只有个人姓名一项，如图 3.4 所示，也可加上本人的籍贯与字号。这种名片主要用于社交场合的一般性应酬，如拜会他人时说明身份、馈赠时替代礼单，或者做便条、短信之用。

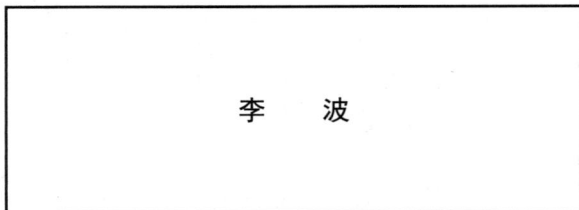

李　　波

图 3.4　应酬名片

3. 名片的交换

（1）递送名片的顺序。递送名片的顺序没有太严格的规定。一般由职位低的人先向职位高的人递送，来宾先向主人递送，晚辈先向长辈递送，男士先向女士递送。当同时与多人交换名片时，应按照职位由高到低的顺序递送，或者由近及远依次递送。

（2）名片的递送。递送名片时应起身站立，面带微笑，走上前去，上身稍前倾，目视对方，双手食指和拇指分别捏住名片上端两角，将名片的正面朝向对方，并说一些客气话，如"这是我的名片，请多关照""很高兴认识您，这是我的名片，希望常联系"等。

如果双方同时递送名片，身份低的人应该把自己的名片从对方名片的下方递过去，或者先双手接住对方的名片，然后递出自己的名片。

（3）名片的接收。接收他人递过来的名片时，应起立，面带微笑，双手接住名片的下方两角，并说"谢谢""很高兴认识您"等寒暄语。接过名片后，一定要认真看一遍，可以把名片上的重要内容读出声来。如果对方单位或个人知名度很高，也可重读单位名称或对方姓名。

温馨提示

如果对对方名片中的某些内容有不清楚的地方，可以当面请教，对方一定很乐意告诉你。切不可在手中摆弄名片，也不要把名片随意放在桌上，更不能在名片上压置东西，这是对对方极不尊重的表现。

接到对方名片后，应立即出示自己的名片。如果自己没有名片或没带名片，应向对方表示歉意，说明理由，并手写姓名、地址、联系方式送给对方。当别人索要你的名片，而你不想给对方时，应委婉拒绝。如"对不起，我忘了带名片"或"抱歉，我的名片用完了"。

（4）名片交换的时机。可以在初次见面时递送名片，以便对方更清楚地了解你。也可在告辞时出示名片，表明你希望与对方保持联络的诚意。用餐时不要出示名片，应等用餐结束后交换。在社交场合不要大肆派发名片，否则有把社交聚会当作推销会之嫌。

当与陌生人交往时，还应细心观察对方有无交往的诚意，然后找准时机递送自己的名片。

如果对方没有继续交往的意愿，就不要递送名片。

（5）名片的管理。随身携带的名片应放在专用的较精致的名片夹、名片包里。男士可将名片放在左胸内侧的西装口袋里，女士可将名片放在随身携带的手提袋里。放在其他衣袋，甚至后侧袋里，都是失礼的表现。

名片承载着许多公司和个人的重要信息，是一个信息资源库。因此，非常有必要经常整理，否则就会变成一堆杂乱无章的卡片。

小锦囊

名片保存要分类

要按照一定的次序，把名片分类归档。例如可以按企业名称、业务范围、关系的性质（工作关系或私人关系）等你认为可最方便、快捷地查找的方法进行分类保存。一定要将自己的名片与他人的名片分开放置，以免将别人的名片当作自己的名片送出。

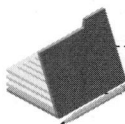

实践训练

一、单项训练

1．致意
点头的规范做法；
微笑规范做法；
招手的规范做法。

2．致意、问候、称呼

"你好""张处长，你好""赵先生，你好"，几个人同时遇到时，可用"你们好"或按职务先高后低的次序打招呼。另外，"早晨好""晚上好"等是用在不同时间的问候。年轻人可能比较喜欢这种方式——"嗨"，至于要不要说出对方的姓名，好像并不重要。

3．介绍
自我介绍；
他人介绍；
为他人介绍。

4．握手。

5．递送名片。

实训要求：分组训练。两人或三人一组，有操作的，有观摩的，相互指正，互帮互学。

二、情景训练

1. 李华与周丹是大学同学，她们一同就职于一家机械设备销售公司。李华任办公室秘书，周丹是销售部成员。由于平时工作繁忙，她们难得聚在一起。今天公司召开年终总结大会，全体职员都要参加。于是，二人相遇了。

实训要求：

（1）请表演见面情景，李、周二人是关系非常好的大学同学，这次她们远远地看到对方。

（2）请表演见面情景，李、周二人是同一年级、不同班级但彼此认识的大学同学，这次她们距离较近地相遇了。

2．郑娟是长风商务集团总经理办公室文员。今天到外地出差，顺路代总经理去拜访和看望他的一位老朋友鲁总，并捎一些土特产给鲁总。郑娟从未见过鲁总，鲁总也不认识郑娟。郑娟便特意带上名片前往。

实训要求：一人扮演郑娟，一人扮演鲁总，表演两人见面的情景。

3．黄莹刚刚进入一家公司做文员，领导带她熟悉周围环境，并介绍给部门的老同事认识。她非常恭敬地称对方为老师，大多数同事都欣然接受了。当领导把她带到老职员李佳面前，并告诉黄莹，以后就跟着李佳学习，有什么不懂的就请教她时，黄莹更加恭敬地称她为老师。李佳连忙摇头说："大家都是同事，别那么客气，直接叫我名字就行了。"黄莹仔细想了想，觉得叫"老师"显得太生疏了，但是直接叫名字又觉得不够尊敬，她不知道该怎么称呼对方比较合理。

实训要求：

（1）请思考假如你是黄莹，你该如何称呼李佳。

（2）请正确展示这一过程。五人一组。一人扮演黄莹，一人扮演领导，两人扮演部门同事，一人扮演李佳。

三、综合训练

1．案例分析

（1）曾畅是鹏程商务信息有限公司文员。一天，她参加一个行业企业协会，看到了久闻大名的同行老前辈罗建江（××信息咨询有限公司总经理）。罗建江素有儒雅绅士之称，且工作业绩突出，同行内几乎无人不知。曾畅很高兴地走上前来，伸出手与罗建江握手，并说："罗总，您好！久仰久仰！"罗建江也伸出手迎握了曾畅，并与她寒暄了几句才离开。但握手之后，曾畅心里很不是滋味。因为她感到罗建江在握手时，只轻轻触握了曾畅四个手指尖一下，便松开，这让曾畅感觉她很不受重视。

实训要求：请思考这是为什么。在男士与女士握手时，到底应该如何把握分寸？

（2）某电子商务公司副经理赵凯与下属郑明的关系处得很好，平时进进出出，郑明都对赵经理以赵哥相称，赵经理也觉得这种称呼很亲切。这天，赵经理陪同几位来自香港的客人一同进入办公室，郑明看到赵经理一行人，又热情地打招呼："赵哥好！几位大哥好！"谁知随行的香港客人觉得很诧异，其中有一位还面露不悦之色。

实训要求：请思考郑明对赵经理一行的称呼是否恰当。应该怎样称呼？

（3）著名歌手李远航来北京参加国际艺术节，应邀来到南达大酒店，参加歌厅的开张仪式并表演节目。当他第一次到达大酒店时，站在门口的迎宾员立刻向他微笑致意，说："您好！欢迎您光临我们的酒店。"第二次李先生来酒店时，迎宾员也认出他来了，边行礼边热情地说："李先生，欢迎您再次光临，我们经理已有安排，请上楼。"随即陪同李先生一起上了楼。时隔数日，当李先生第三次进入酒店大厅时，那位迎宾员脱口而出："欢迎您第三次光临，我们酒店感到十分荣幸。"事后，李先生对酒店负责人说："贵酒店的迎宾员真不错，不呆板、不机械，你们的服务水平真高！"

实训要求：请思考看完这个案例你有何感想。为什么？

2．综合情景训练

情景1：一次，长沙××职业技术学院文法系张老师（女）到湘潭××职业学院去上"普通话"培训课。该校的一位教务干事李爽带张老师到教务处去见他们的主任（男）。见面后，李这样介绍张老师："赵主任，这是长沙××职业技术学院的张小姐。张老师，这是我们教务处赵主任。"张老师听了心中十分不悦。

实训要求：

（1）讨论：这是为什么？

（2）请演示正确规范的做法。

情景2：在一家饭店的前台，一位女服务员正在值班台服务。这时，一位美国小姐从她的房间里走出来，准备出饭店。服务员主动与她打招呼："小姐，您好！您出去啊？"这位美国小姐只懂得简单的中文，她说："你说的'小姐您好'我懂，那'您出去啊'是什么意思？"这位服务员便解释道："我们平时见朋友，习惯问'你出去啊''你去公园啊''你去工作啊'等。"

这位小姐只听懂了"出去""公园""工作"这几个词，其他都听不懂。服务员越解释客人越恼怒。之后那位客人向总经理投诉，要求饭店做出解释。总经理了解了事情的来龙去脉后，认真跟客人解释，并代表饭店向客人道歉。

实训要求：

● 讨论：这是为什么？

● 请演示正确规范的做法。

单元二　方位、次序与距离礼仪

情景导入

张颖是龙创商务信息有限责任公司总经理办公室新来的干事。一天，总经理办公室郑晨主任让她安排湘源电子信息有限责任公司钱劲力总经理一行四人来访的工作。当天张颖陪同公司孙卓副总经理到机场迎接时，看到钱总从机场走出来，就马上热情问候，然后带着他们来到公司安排的车前。张颖马上安排钱总在前排视野开阔的副驾驶座位上，但钱总当时犹豫了一下，然后说他有些不舒服想坐在后排休息一下，便与孙总一起坐在了后排。可上车后，钱总与孙总一路谈笑风生，没有一点不舒服的迹象。张颖这才意识到，刚才她可能在座次的安排上做得有些不妥。那么，在后面的会场布置及一系列接待过程中，还会出现一系列座次安排问题，张颖不想再出现任何差错。

她知道出席这次会议的有湘源电子信息有限责任公司的钱劲力总经理、赵林副总经理、公关部郭莉部长和干事文明明，以及本公司的王建新总经理、孙卓副总经理、办公室郑晨主任及张颖本人。

📜 项目任务

假如你是张颖，你该如何解决这次会场布置及一系列接待工作中的方位、次序问题？

💻 任务分析

张颖请湘源电子信息有限责任公司钱劲力总经理坐在副驾驶座位上很显然是不妥的。因为，在专职司机开车的情况下，副驾驶座位是"下座"（也叫随员座），是安全系数最低的一个座位。

以职务、身份决定礼宾次序是商务礼仪最显著的特点。次序问题是商务活动中体现对交往对象是否尊重的重要方面，切不可疏忽大意。一旦出现问题，很可能影响客人的良好心情，以至于可能影响整个工作的顺利进行。

礼宾次序包括主席台座次、会见座次、会谈座次、乘车座次等，每一种都不可出现问题。作为商务人员，必须掌握礼宾次序礼仪技能。

方位次序礼仪是指对参加社交活动的个人、团体或国家，按照一定的惯例进行排列的先后次序。它是接待工作中应遵守的规则，体现着接待方对宾客是否尊重。

一、方位礼仪

凡两个及两个以上的人在一起行走、站立、就座时，都有一个方位次序，谁在左边、谁在右边、谁在前面、谁在后面，都有一定的原则，那就是"中间为尊""前排为尊""以右为尊"。

"中间为尊"即在会议、合影、行走时，应以中间的位置为尊。

"前排为尊"即在会议、合影、行走时，应以前排的位置为尊。

"以右为尊"即当两个人就座、行走时，右边的位置比左边的更尊贵，应当让职位高者、长者、客人和女性处于右侧，以表示对他们的尊重。当几个条件同时存在时，应当视场合而定。如果是商务场合，应以职位高者为尊，让其在右侧；如果是社交场合，应按先年龄再性别的顺序进行安排。

（一）主席台座次

主席台上的座次顺序略有不同，它是按"中间为尊""以左为尊"的原则来确定的。也就是两个人中，左边的座位应是职位高的，右边的应是职位低的。"中间为尊"就是把职务最高者居中，然后按"以左为尊"的顺序依次向两边递延，如图3.5、图3.6所示。这是我国传统的"以左为尊"观念的体现，我们应当遵循。

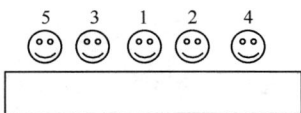

图 3.5　人数为单数时主席台位次示意图　　图 3.6　人数为双数时主席台位次示意图

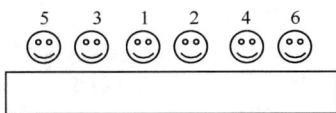

小锦囊

主席台上的人数若是双数该怎么办

　　主席台上的人数若是双数，只要把最后一个位次暂时去掉，使人数变成单数，按照"中间为尊"确定第一号人物，再按"以左为尊"先左后右地进行排序。排完之后，再把最后一个位次依照刚才的排序方法加在最后即可。

　　主席台座次方案要送交有关领导审定。我们也应当随时关注来宾人员的变化，不可出现人来而无座或有名签而人未到的现象。

（二）会见座次

　　会见、会谈、接待、拜访等许多场合都涉及座次问题，我们都按"以右为尊"的原则来安排。但由于会客室桌椅摆放各不相同，所以其体现方式也不尽相同。

　　各单位的会客室大小不一，门所在的位置、方向也不相同，这些都影响了桌椅的摆放方位，上座、下座的确定也不相同了。一般来说，主要有以下几种方式：并列式、相对式、自由式。

1．并列式

　　并列式是指主、客双方并排面对门而坐，门通常在主、客的正前方。会见时第一主人应该请主宾坐在他的右侧（上座），主宾双方的其他人员则按其身份高低依次排列就座，翻译或记录人员可在其两边或后侧就座，如图 3.7 所示。

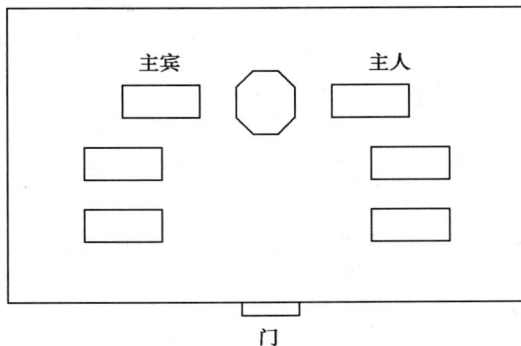

图 3.7　会见并列式座次

2. 相对式

相对式是指主人与客人相对而坐。这要依据门的位置来布置会客室。离门远、面对门的一侧是上座，离门近、背对门的一侧是下座。应该让客人坐在离门远、面对门的上座。具体还要根据门的方位与桌子的摆放来确定上座或下座。

进门后桌子横摆，那么离门远、面对门的是上座，应该让客人坐，如图 3.8 所示。

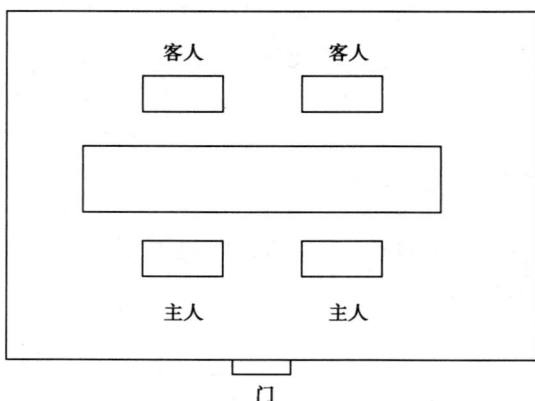

图 3.8　会见相对式座次 1

进门后，桌子竖摆，即桌子的窄端面对门的时候，以进门后面对桌子窄端时右手一边为上座，如图 3.9 所示。

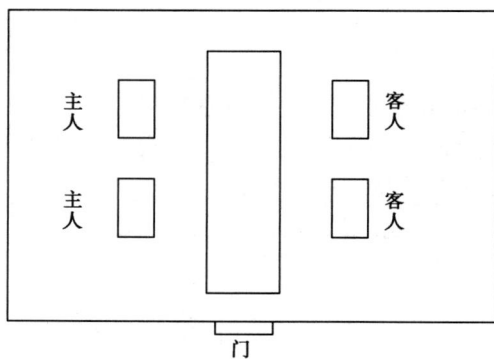

图 3.9　会见相对式座次 2

如果在办公室接待来访者，那么离办公桌远、靠窗户近、比较安静的座位是上座，如图 3.10 所示。

3. 自由式

自由式即宾主自由选择座位，不排座次。这种座次方式通常用于宾客比较多，不便于排座次时；或者宾主双方关系比较密切，不需要排座时。这种座次方式也能营造出一种轻松的谈话氛围。

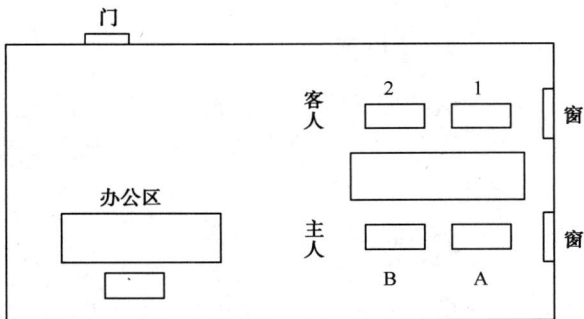

图 3.10 会见相对式座次 3

（三）会谈座次

会谈是由主客双方或多方就共同关心的问题交换意见和看法，寻求解决办法的一种沟通形式。会谈的氛围一般比较严肃，座次安排更加规范。

1. 相对式

相对式一般使用长形或椭圆形谈判桌，宾、主各自列于桌子两侧，主谈人员居中，其他人员按"以右为尊"原则，依职位高低由近而远分坐于主谈人员两侧。根据谈判桌的摆放和门的方位，通常有两种座次安排方法：

一是谈判桌的窄端面向门，进门后右侧为上，让客人坐；左侧为下，主人坐，如图 3.11 所示。

二是谈判桌横放，面对正门的一方是上座，让客人坐；背对门的一侧是下座，主人坐，如图 3.12 所示。

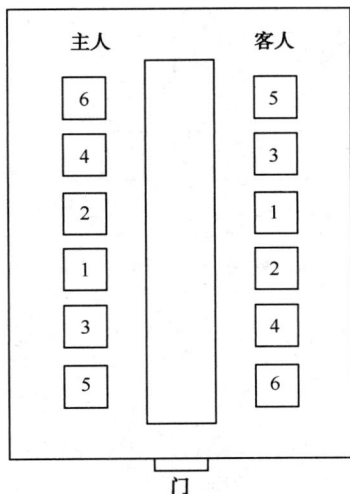

图 3.11 会谈相对式座次 1

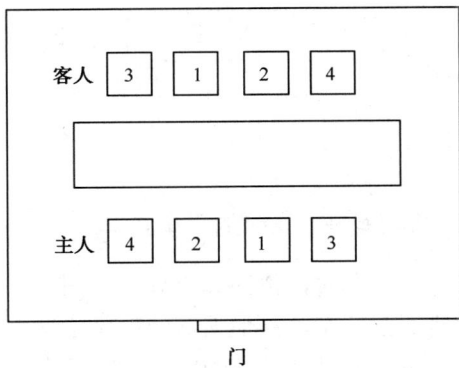

图 3.12 会谈相对式座次 2

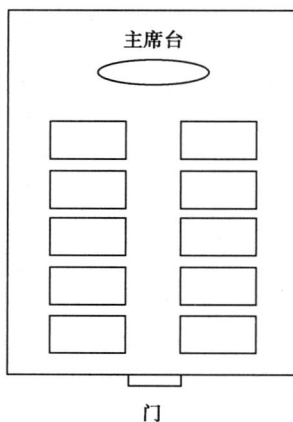

图 3.13　会谈主席式座次

2．主席式

这种形式适合三方或三方以上的多边会谈。在会场里面设一个主席台，发言人轮流到主席台上发表意见、陈述观点，如图 3.13 所示。

3．自由式

这种形式中，与会各方（三方或三方以上）不排列顺序，可以随意坐。会场通常是圆桌式的会场布置，表明各方平等的关系。一般东道主坐在背靠门的下座，表明对客方的尊重。

（四）乘车的座次

乘车礼仪

商务人员在接待工作中常常为宾客安排乘坐轿车等事宜，乘车座次如何安排也是体现工作人员工作是否周密、对来宾的尊重程度的一个重要方面，因此不可小视。

由于各国交通规则不同，在不同的国家，轿车座次礼仪也不相同。英、美等国车辆靠左行驶，我国则靠右行驶。以我国为例，乘坐轿车的位次原则如下：右高左低，后高前低。另外，情况不同，也有不同的安排。我们应既要按原则办事，又要尊重他人的选择。

1．驾驶者是专业司机时的乘车座次

双排五座轿车，除司机外，其他人员的尊卑位次是：后排右座，后排左座，后排中座，前排副驾驶座，如图 3.14 所示。

若非常讲究座次的话，则后排只坐两人，如图 3.15 所示。

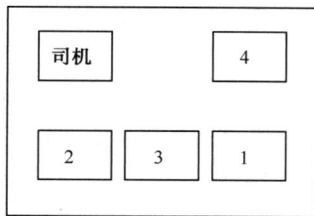

图 3.14　驾驶者是专业司机时的座次 1

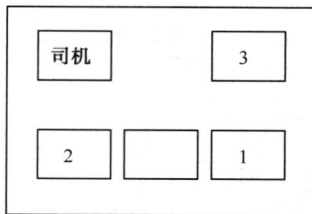

图 3.15　驾驶者是专业司机时的座次 2

2．驾驶者是主人时的乘车座次

当主人开车时，位次尊卑顺序不同。

双排五座轿车，其他人员的尊卑位次是：副驾驶座，后排右座，后排左座，后排中座。主宾应该坐在前排副驾驶的座位，与身份相当的主人并排而坐，也表示了对主人的尊重，如图 3.16 所示。

若非常讲究座次的话，则后排只坐两人，如图 3.17 所示。

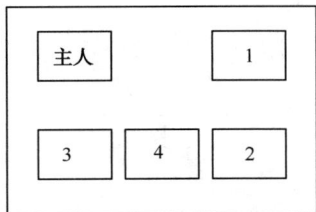

图 3.16　驾驶者是主人时的座次 1

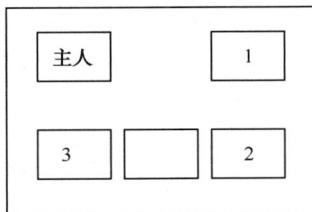

图 3.17　驾驶者是主人时的座次 2

二、次序礼仪

（一）行走的次序礼仪

行走次序是指人们在步行中的位次。商务人员在陪同领导、宾客时，要特别注意这个问题，不可违反，否则有不礼貌之嫌。

行走原则一般如下。

1．二人行

前后行：前为尊，后为次。左右行：右为尊，左为次；沿路行：内侧为尊，外侧为次。

2．三人并行

中为尊，右为次，左为下。

3．男女同行

女在右，男在左；或女在内侧，男在外侧。

4．主客同行

主人应让客人走在内侧，主人走在外侧；若路况不好或路灯不明时，主人应走在客人前面，照顾和提醒客人。

（二）乘坐电梯的次序礼仪

有电梯工值守时，应让尊者、客人先进或先下。没有电梯工值守时，主人应先进电梯，按住电钮，请尊者、客人后进或先下，防止被门夹住。

（三）上下楼梯的次序礼仪

上楼梯时，应让上司、客人、年长者、女士走在前面，随员走在后面。下楼梯时，身份低者、年轻人、男性、主人应走在前面，上司、年长者、女士、客人走在后面。这种次序礼仪是使尊者、需要照顾者总处在上方，万一他们不小心踏空摔倒，走在下面的人能很快将他们扶住。上下楼梯的次序如图 3.18 所示。

上下楼礼仪

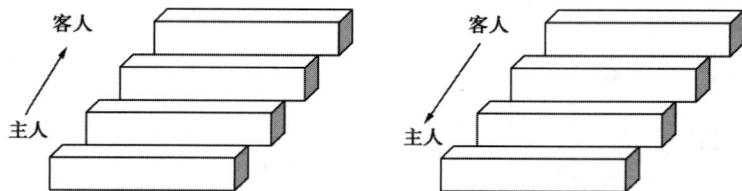

图 3.18　上下楼梯的次序

温馨提示

　　如果接待的是女士，而她又穿着短裙。这时上楼梯，接待人员就要走在前面。这是为防止女士所穿短裙高高在上，有"走光"的危险。

（四）进出门的次序礼仪

　　在接待工作中，工作人员经常要引导客人进出房间。如果房间门朝内推，工作人员应走到前面，进门并把房门推开，扶好，等尊者进门后，再把门关好；如果房间门朝外拉，工作人员也应走上前去把门拉开，扶好，等尊者进门后，自己再跟进来，并把门关好。

三、距离礼仪

　　在人际交往中，距离是一种无声的语言，它可以显示出人与人之间关系的亲疏。在商务活动中，人们更注重亲疏有别、距离有度。关系不同、场合不同，人与人之间的距离也不同。常见的几种不同的距离如下。

1. 私人距离

　　两人之间的距离在 50 厘米之内。这一距离适用于家人、恋人、亲密朋友之间。

2. 社交距离

　　双方距离在 50～150 厘米。这一距离适用于同事、一般朋友之间。这是人际交往中，或站或行所保持的一种最正规的距离。

3. 礼仪距离

　　也叫尊重的距离。即双方的距离在 150～300 厘米。适用于讲课、演讲、会见、会谈、仪式等比较严肃、庄重的场合。

4. 公共距离

　　双方保持 300 厘米以上的距离。这个距离是在公共场合与陌生人相处的最佳距离。双方互不干扰，各自都感到轻松、自然。

　　距离礼仪示意图如图 3.19 所示。

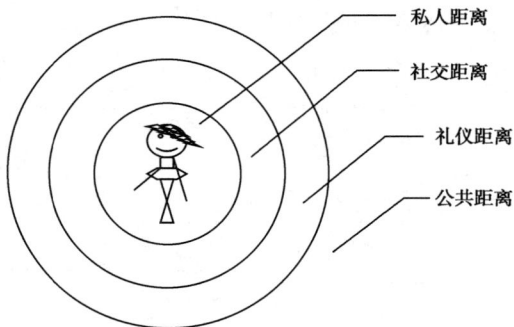

图 3.19　距离礼仪示意图

实践训练

一、单项训练

1. 请给图 3.20、图 3.21 所示的主席台就座的位置排列座次顺序。

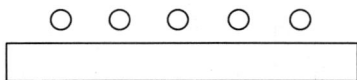

图 3.20　主席台座次情形 1　　　　　图 3.21　主席台座次情形 2

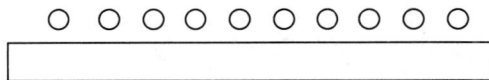

2. 请给图 3.22、图 3.23 所示的会谈安排主客顺序和座次顺序。

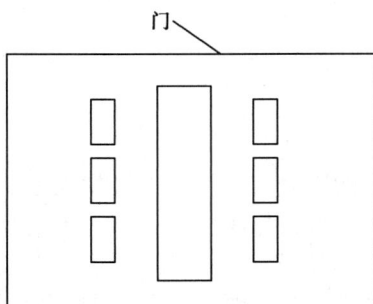

图 3.22　会谈座次情形 1

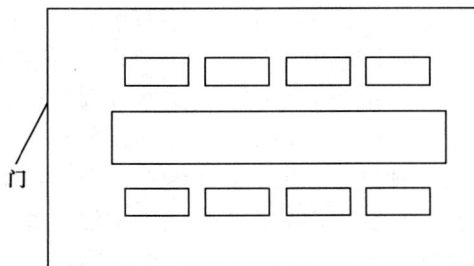

图 3.23　会谈座次情形 2

3．请给图 3.24 所示的会客区安排座次顺序。

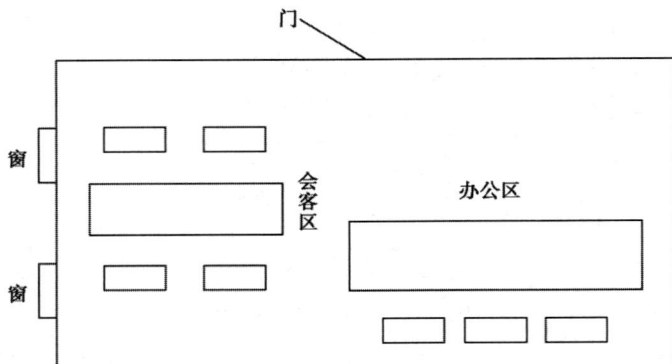

图 3.24　会客区座次情形

4．请给图 3.25 所示的双排五座轿车安排座次顺序。

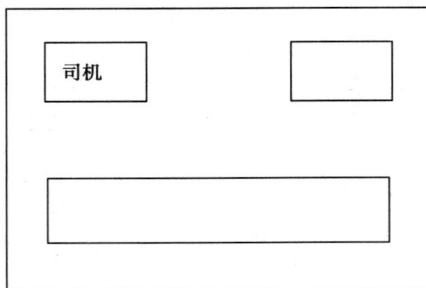

图 3.25　双排五座轿车座次情形

二、综合训练

1．案例分析

案例 1：恒盛商务信息公司的办公室文员杨书虹代表他的领导到机场迎接来公司进行考察的一行 6 人。双方见面后，杨书虹安排考察团刘团长坐在小车后排的右边，可刘团长却执意坐到司机旁边的副驾驶位置上，几经争让后，刘团长不太情愿地坐在了后排右座。之后，刘团长似乎不太高兴，杨书虹也感觉非常别扭、委屈。杨书虹想："我把后排右座这个上座安排给团长坐，难道错了吗？他为什么不高兴呢？"

案例 2：领导班子成员排名问题向来非小事，稍有不慎，可能会被人贴上人品不好的标签。李勤在公司人事部工作，聪明上进人缘又好，人们都猜测他近期可能会提升为人事主管。一次因疏忽大意，在办文时不小心把排名靠前的副总经理写在了后面，人事总监也没审核出来，文件就发出去了。而这个错误又被该副总经理发现，副总经理很恼火。李勤随后也发现了自己犯下的错误，可他抱着一种侥幸心理，认为副总经理不一定会发现他的失误，就没有及时找副总经理坦承错误、自我检讨，想装作不知情来蒙混过关。可是，副总经理对排名问题很介意，见李勤一直没有找自己解释或认错，心里更是不满。于是在研究提任人选事宜时，副总经理认为李勤不讲政治、业务能力差而反对提拔李勤，连领导排名这么敏感的事都会犯错，也不适合留在人事部工作。

实训要求：请谈谈看了这个案例，你有何感想。

2．综合情景训练

长沙某职业技术学院迎来首届秘书节。学院决定由学生社团中的秘书协会牵头，筹办一系列庆祝活动，锻炼他们的组织协调、处理事务能力。协会会长系文秘专业大三学生李阳，他工作热情高、积极主动，组织编排了一系列精彩节目，吸引了本专业及外专业的学生前来观看，借此扩大文秘专业在全院的影响，提高知名度。开幕式那天，李阳安排6名同学站在门口负责接待，邀请了文秘专业所在系部的赵主任、系学工处李书记、文秘专业教研室主任路教授及其他专业教师郑教授、钱教授、周老师、欧阳老师。另外，李阳还特邀了院学工处干事蔡老师（负责学生管理工作的年轻干事）参加。

请模拟演示这次秘书节开幕式的座次安排及接待过程。

实训要求：

（1）分组训练。把全班学生分成若干组，每组13人左右。每组再分成两个小组，一个小组扮演教师，另一个小组扮演秘书协会成员，负责接待工作。

（2）形象要求。仪装得体，仪容得当，仪态规范大方。

（3）角色互换。每组演示一遍之后，角色互换，再演示一遍，相互指正和点评。

单元三　日常接待礼仪

情景导入

沈唯音是龙创大酒店总经理办公室的助理。总经理办公室只有主任郑重和她两个人，一遇到郑主任外出，就只有她一人在办公室忙碌了。一天，小沈正忙着打印一份总经理急需的报告，外面走进来一个人。小沈一边忙着打字，一边抬头看了来人一下，问："你找谁？"那人回答："我找你们总经理。"小沈说："总经理正在会见重要客人，请你坐在那里等一下吧。"说完又自顾自地忙了。那位客人等了十几分钟，仍不见有人招呼他，又站起身来走到小沈身边问："你们总经理什么时候有时间啊？"小沈还是一边忙着手头上的事一边说："我也不知道，刚才的客人还没有出来，你就坐在那里等吧。"那位客人一听，气愤地说："你这是什么态度啊？"说完就径直到别的科室询问有关酒店管理及营业情况。但由于没有人陪同，每个科室里的人都没有把他当回事，只是随便应付了几句，为此，他非常气愤。临走之前径直走到小沈面前说："你们公司的服务态度太恶劣了，这怎么能做好酒店呢？"

事后，小沈得知那位客人其实是一位公司的老总，为寻求当地的合作者，他特意未经预约，亲自来了解酒店的真实经营情况。但因遭到一系列冷遇，他打消了与龙创大酒店合作的念头。后来，总经理把小沈和相关科室的人叫到办公室狠狠地批评了一顿。

项目任务

沈唯音在这次接待中出现了哪些问题？假如你是沈唯音，你该如何接待这位客人？
假如你是总经理办公室助理，你该如何做好接待工作？

任务分析

助理沈唯音之所以冷淡了这位未预约的客人，主要原因是总经理正在会见重要客人，不能马上会见这位未预约的来访者，而又赶上她手头的工作比较忙，顾不上好好地接待客人，最终造成一个良好合作机会的丢失。

总经理办公室工作确实比较忙，也不能成为忽略和冷落客人的理由，可以考虑合理地增加或调整人员，不能因繁忙造成疏漏而影响正常的接待工作。作为一名合格的商务工作者，应当热情接待每一位来访者。另外，单位其他科室、部门都是集体的一部分，虽然接待工作不是本部门分内的事，但如果每一个员工都能把公司当作自己的家，把自己当成是公司的一分子的话，就应当对每一位客人笑脸相迎，热情接待。那种对来访者爱答不理、不冷不热的态度，也反映出公司的管理水平和经营策略的一些问题。

机会可能存在于每时每刻，机会也许就在每个人的手中，关键看你如何把握了。

接待工作是商务工作的重要内容之一。接待人员是一个公司的形象和窗口，接待人员的态度往往关系到单位的形象和声誉，而讲究礼仪既是密切公司与公众关系的重要手段，又是树立良好组织形象的重要方式。

一、接待人员的形象要求

接待人员代表了单位的形象，要求具有一定的文化素养、经过专门的礼仪训练、品貌端庄、举止大方、口齿清楚。接待人员的服饰妆容要求整洁端庄，头发要清洁，手部要干净。女性接待人员宜着套装或套裙，略施淡妆，这样显得比较隆重、正式；男性接待人员宜穿西装或制服。

二、日常接待工作

（一）准备工作

1. 前台接待的准备工作

前台是第一个迎接来访客人的人，在整个接待工作中起到衔接、分流的重要作用。

（1）心理准备。

一是待客诚恳。接待人员在迎接客人来访时，要有一种"欢迎惠顾""感谢光临"的心理，这样才能以自己最大的诚心、热情和耐心面对所有来宾。来访的客人无论是有预约的还是无预约的，无论是通情达理的还是脾气暴躁、爱钻牛角尖的，无论是一位客人还是一个团体，商务人员都要以诚相待、不急不躁、从容镇定，让对方感受到热情和尊重。

二是善于合作。当看到同事比较忙碌而自己正好清闲时，要主动帮助同事做一些力所能及的事情。这种互助行为能传递一种协作精神、一种真诚的情谊，有助于营造同事之间良好的合作气氛。同时，也能给客人传达一种信号，即这是一个团结协作、奋发向上、集体荣誉感很强的团队，有益于提升企业形象。

（2）场地准备。

一是环境准备。接待环境包括前台、走廊、会客室等。这些地方都应整洁、清新、明亮、美观、安静。既可以放置一些花卉、绿色植物，还可以在墙壁上挂一些雅致的壁画，让人一进门就觉得清静雅洁、身心愉悦。

二是物品准备。接待室沙发、办公桌的质地要好一些，样式要线条简洁流畅，摆放要整齐，桌面要干净。办公用品的摆放也要整齐，小件用品不可随意乱放。茶具、茶叶、饮料应该事先准备好，茶杯要干净，不可有污渍，不可有残破的缺口。临时客人可使用一次性杯子，但重要客人还是使用正规茶具为好，这样显得正式、庄重一些。

2．部门接待的准备工作

接待来访者是商务人员的重要工作，同时部门助理（包括经理助理）也是上司的时间管理者。

（1）为上司明确预约来访者。在商务交往中，如果想要拜访某人，就应事先打电话进行预约，提出访问要求、说明访问目的。如果上司同意，部门助理就应为上司安排合适的接待时间。

作为部门助理，应该为上司明确一天的主要工作和一个阶段的工作任务，可以通过列表方式体现出来。可根据具体工作情况，灵活设计上司的周工作计划表和日工作安排表（见表 3.2 和表 3.3）。

表 3.2　张经理周工作计划表

时间（10 月 8 日—12 日）	任　　务
星期一	例会（布置本周主要工作任务）
星期二	接待朝阳公司陈总
星期三	调查、了解关于销售额下降的原因
星期四	到总公司汇报近期的工作情况
星期五	周工作总结，听取本周工作情况

表 3.3　张经理日工作安排表

时间（10 月 9 日，星期二）	任　　务
9：00—10：00	接待朝阳公司陈总，介绍我方关于合作事宜所具备的条件
10：00—11：30	陪同陈总参观本公司
11：30—13：00	宴请陈总一行
15：00—17：30	双方具体协商合作事宜

（2）准备相关资料。预约客人的时间一经确定，商务助理就应该提前准备相关的资料，包括客人的个人情况、客方公司的基本情况、商谈的合同或协议、方案样本等各种资料。

（二）日常接待程序

接待工作是树立公司形象、体现工作效率和服务态度的重要手段。接待工作做得好，能扩大公司的对外影响，拉近公司与客户的关系，还利于上司工作的顺利开展。因此，接待人员在接待客人时，不能粗心大意、敷衍了事，一定要诚恳细致、礼貌待人。

日常接待工作步骤如下。

1．热情迎客

（1）面带微笑，起身站立，主动问候。常用的礼貌用语有"您好，欢迎光临""您好，需要帮忙吗""先生您早""赵经理好""见到您真高兴""很荣幸再次见到您""欢迎阁下莅临指导"等。

小锦囊

涉外交往的问候语

对外国人用"Good morning"或"Good afternoon"来问候较合适，而用"Hello"或"Hi"显得太随便，用"How do you do"则显得太正式。

（2）对所有的客人，接待人员都应热情周到，但在接待的方法上，则要灵活掌握。例如，对第一次来访的客人，当客人通报单位和姓名后，接待人员应复述一遍并记在心中，也显出对对方的重视；对往来较密切的客人，就可以这样招呼："×经理，您好，我们×经理正在等您。"

（3）若遇到被访者正在接待其他客人或开会，接待人员不应口头传达有来访者到来，而应用纸条进行联络。如果无法接待，应立即说明情况，主动请来访者留言或留下联系方式，并确保将留言尽快交给被访者或让被访者回来后及时与之联系。

2．热情待客

若来访者早于预约时间到达，接待人员应请其入座，并倒上茶水或饮料，递上报纸或书籍等以打发时间；在离预约时间还有五分钟左右的时候，再通知被访者。

提供茶或饮料时，可先征询客人的意愿。征询方式最好采用封闭式提问而不是开放式提问。如"您喜欢喝什么茶"或"您喝点儿什么"，这种开放式的提问方式给客人以无限的选择空间，反倒难以把握了。因此，采用封闭式提问，给出几种选择的可能，客人就能有针对性地回答了，例如"您喜欢喝茶还是饮料""您喜欢喝橙汁还是咖啡"等。

中国传统的茶道是非常讲究的。我们虽然不是在进行茶艺表演，但也应讲究上茶的礼仪。具体做法是：

（1）茶具的准备。不可使用没有清洗干净的茶具；不可使用有缺口的茶杯。

茶杯的选用

一般来宾，最好使用一次性的纸杯冲泡"袋装茶"或罐装茶，这样接待人员就不必为茶具是否雅观而担心了，客人也不会为茶具是否消毒而疑虑。但对重要客人，还是要使用清洁的瓷杯为好，显得正式、庄重一些。

（2）泡茶。不要用手拿茶叶，可用茶匙取茶叶，两茶匙即可，也可用茶叶盒盖量茶叶；要用开水泡茶，使茶叶充分展开；茶杯内的茶水至八分满即可，不可太满，以免溢出来烫到客人；送给客人时可适当提醒"小心，别烫着"。

（3）端茶。端送茶水时最好使用托盘，显得既卫生又雅观。托盘内放置一块干净的抹布，以便茶水溢出时及时擦拭。接待人员端茶时，手应端在杯子 1/2 以下的位置，手指千万不可碰触杯口。

（4）敬茶。双手敬茶。接待人员要用右手端持杯子，左手扶杯底，双手敬茶。当不能用双手时，也一定要用右手端杯敬茶。敬茶要先客后主，若客人人数较多，可以按级别先高后低依次奉上，也可以按顺序逐个奉上，再敬主方，也是先职务高再职务低，也可按顺序依次敬上。敬茶顺序如图 3.26 所示。

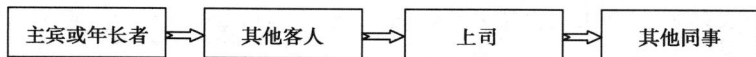

| 主宾或年长者 | ⇒ | 其他客人 | ⇒ | 上司 | ⇒ | 其他同事 |

图 3.26　敬茶的顺序

最好从客人的右后方上茶，将茶放在客人右前方，然后，后退一步，转身离开。若客人背墙而坐，接待人员要从前方把茶水放置在客人右前方的茶几上，并将杯把朝向客人，然后，后退两步，转身离开。

敬茶的同时，面含微笑，说："请用茶。"若打扰客人交谈了，要说："对不起，打扰了。"

（5）交谈。如果被访者暂时还没有到，接待人员就应与客人交谈。谈话是接待工作的重要内容，通过谈话可以增进双方间的了解，促进感情的加深。可以说一些轻松的、无关紧要的话题，不要谈论本公司的保密事宜或不利于本公司形象或声誉的话题。

（6）规范引导，适时提示。当约见的时间到了，接待人员引导来宾会见上司时，可以提示说："我们现在去赵总的办公室。"使客人思想上有所准备。

行走时双方距离要适当。与来宾同行时，接待人员通常走在来宾左前方一米左右，配合来宾的步速，并不时侧回身体招呼来宾，应答提问。遇到高低处时，主动提醒"这儿有个台阶，请小心。"遇到交叉路口或转弯时，要伸出右手向来宾示意走向，并说："这边请。"当来到会客室时，接待人员应停下来，面向客人说："这里就是。"并为其开门引进。

主动帮助客人挂放衣帽。把客人领进会客室后，接待人员应主动帮助客人把脱下的外套挂放在衣架上，或把雨具放在适当位置。

规范介绍。若被访者已经在等候了，接待人员应按规范要求为双方做介绍。

3. 礼貌送客

接待工作要善始善终，既要热情迎客，又要礼貌送客，否则无论前期工作做得多好，都可能因为送客时的疏忽大意而前功尽弃。

一般来说，道别应由客人先提出来。客人不提出道别，主人不能先提出来。主人也不能站起来来回走动、四处张望，或者看表、问时间，这样会给人一种下逐客令的感觉。当客人提出要走时，主人还应婉言相留。客人执意要走并站起身后，主人才能站起来。接待人员要提醒客人不要忘记随身携带的物品。

主人送客时还要说一些礼貌用语，如"以后多联系""好走""一路平安"等。"出迎三步，身送七步"，接待人员要根据实际情况，将客人送至办公室（或接待室）门口，或送至电梯口、单位的大门口，并与客人握手道别。但主人不能先伸手，否则有"逐客"之嫌。不管送至哪里，都应面带微笑，挥手目送客人远去。如果客人是自己开车来的，则要等车消失在视野中才能离开。

三、团体来访的接待工作

团体来访一般比日常来访的人数要多，周期也要长，涉及的部门和人员也要复杂得多，因此，一定要提前做好准备工作。

（一）准备工作

团体来访的准备工作主要有以下几个方面。

1. 了解基本情况

基本情况一般包括如表 3.4 所示的几个方面。

表 3.4　基本情况

项　　目	具　体　内　容
来宾简况	姓名、性别、年龄、民族、宗教信仰与政治倾向、单位名称、职务、职称及来访总人数，还有职务最高的领导是否携带配偶等
来访计划	来访意图、来访要求、住宿安排等
来访者抵达和离开的具体时间	日期、具体时间、车次或班次等

2. 制订接待计划

团体来访的接待计划一定要制订得详细周全。主要包括以下几个方面。

（1）确定接待规格。接待规格是从主陪人的角度来确定的。

高规格接待是指主陪人的职务比主宾职务高的接待。这种接待规格一般表示对对方特别重视，也称破格接待。通常以下几种情况采用高规格接待：上级领导派一般工作人员向下级领导口授意见；兄弟单位领导派员到本单位商谈重要事宜；下级人员来访，要办重要事宜等。这些情况一般都要求领导出面作陪。这种方式能表明对对方的态度与合作的诚意。当对方的来宾事关重大或我方非常希望与对方合作时，可以采用高规格接待。高规格接待一般情况下应慎用、少用。用多了，会影响主陪人（即领导）的正常工作。而且第一次用了高规格接待，以后也应如此，否则对方会产生受冷落之感。

低规格接待是指主陪人的职务比主宾职务低的接待。这种接待往往是由于行政职务级别的限制所造成的。常见于基层单位。如诚阳总公司的董事长到下属分公司参观，那么下属分公司职务最高的人也只是一个分公司经理，他的这种接待就是低规格接待。另外，有时主陪人临时有要事不能出席会见，只能委托一个职务稍低一点的人来接待，这也是低规格接待。但这种接待是不得已而为之，不可常用，否则会影响双方今后关系的发展。

对等规格接待是指主陪人的职务与主宾职务对等的接待。这是最常用的接待规格。在商务活动中，通常就采用此种接待方式。

温馨提示

　　接待规格要由上司最后定夺，助理只提供参考意见。接待规格一经确定，不要轻易更改。如果遇到临时突然变化的情况，如上司临时出差或生病，只能让他人代替。这时，商务人员一定要告知对方，解释原因，并诚恳致歉。也要征求一下对方的意见，看看他们是否变更主宾，形成对等访问。

对以前接待过的客人最好参照上一次的接待规格，不宜变更。

（2）拟定日程安排表。要根据工作需要和来访目的拟定日程安排表。日程安排包括日期、时间、地点、活动内容、主陪人员、工作人员等内容，一般用表格形式列出。日程安排拟好后，一定要请上司过目，修改确定后，再传真给对方，征求意见，再逐一落实，详见表3.5。

表3.5　日程安排表

时　　间		地　　点	活 动 内 容	主 陪 人 员	工 作 人 员
11月12日	9：00—11：20	主楼会客室	会见	张政总经理，李凡副总经理、曾超主任、欧阳静部长	张星助理 赵音文员
	11：30—12：30	宾馆海王星厅	中餐	张政总经理，李凡副总经理、曾超主任、欧阳静部长	张星助理 赵音文员
	14：30—17：30	主楼二会议室	会谈	张政总经理，李凡副总经理、曾超主任、欧阳静部长	张星助理 赵音文员
	18：00—19：00	宾馆海王星厅	晚餐	张政总经理，李凡副总经理、曾超主任、欧阳静部长	张星助理 赵音文员
11月13日	9：00—11：20	实验大楼	参观实验大楼	曾超主任、欧阳静部长	张星助理 赵音文员
	11：30—12：30	宾馆海王星厅	中餐	张政总经理，李凡副总经理、曾超主任、欧阳静部长	张星助理 赵音文员
	14：30—17：30	主楼二会议室	讨论	张政总经理，李凡副总经理、曾超主任、欧阳静部长	张星助理 赵音文员
	18：00—19：00	宾馆海王星厅	晚餐	张政总经理，李凡副总经理、曾超主任、欧阳静部长	张星助理 赵音文员

日程安排表确定之后，要给每一位参与者都发一份，以避免工作中出现人员不到位的情况。对一些重大接待活动，还要对员工进行服务接待礼仪的专项培训。

（3）拟订经费计划。要根据接待规格、活动内容和本单位有关接待方面的规章制度，拟订经费计划。原则上要求从简务实，节约开支。一般经费开支包括表 3.6 所示的项目。

表 3.6　经费计划表

项　　目	金额/元
工作经费	××××
住宿费	××××
餐饮费	××××
劳务费	××××
交通费	×××
参观、考察	××××
纪念品费	××××
宣传、公关费	×××
其他费用	×××
合计	×××××

工作经费是指大型活动需要租借会议室、打印资料、购买文具等的费用。

住宿费是指来宾和某些工作人员住宿的费用。有时这一项费用客人可以自行解决，此时可省略。

劳务费是指外请讲师的课酬、演讲费用、员工加班费、服务人员劳务费等。

纪念品费是指为来宾准备有一定纪念意义或有地方特色的礼品所需费用。

宣传、公关费用是指有些大型活动往往要在一些媒体上进行宣传，或者请一些知名人士出席仪式、典礼等的费用。

如果来宾的食宿费、交通费、参观、游览、娱乐等需要自理，就应把预算金额提前告知对方。

（4）落实工作人员。对大型、正式的商务接待，接待人员应本着身份对等的原则加以确定。宾、主双方身份、职位应大体相当，人数应基本相同。其他各方面的服务人员、礼仪人员都要根据接待规格逐一落实到位。

（5）预订宾馆、餐厅。根据接待规格确定宾馆和餐厅。在安排住宿时，要把年纪大、职位高的人安排在朝向好、设备好的房间。同一个单位的人尽量安排在邻近的房间。

温馨提示

安排餐饮时，一定要考虑到来宾中是否有少数民族人员和外宾，应尊重他们的饮食和风俗习惯，妥善安排。若有外宾，则不能把成年同性的人安排同一房间，而应一人一间（除非是夫妻、家人）。

（二）发出邀请函

一般应提前一周以上的时间发出邀请函。有的大型商务活动可能要提前几个月发出邀请函，以便应邀者能提前安排，做好应约准备；主办方也能因组织工作的繁杂而提早准备。

在发出邀请函的同时，随寄活动介绍、活动计划、回执、预订返程车票或机票的提示等。

（三）接待来宾

1．迎接来宾

要根据接待规格迎接来宾。重要来宾应由身份对等的人亲自迎接。如果是迎接不熟识的来宾，可以使用欢迎横幅或接站牌，准确接到来宾，且一定要确认来宾的身份。有时还由年轻女性送上鲜花，迎接来宾的到来。然后由主方秘书先把主方人员一一介绍给来宾，客方秘书再一一介绍来宾身份。

小锦囊

献花小学问

在意大利、法国、德国等国家，红玫瑰被视为爱情的象征，因此，在一般社交场合不适宜献玫瑰花。

温馨提示

介绍时一定要实事求是，只说明职务、姓名，切忌胡乱吹捧，以免领导处于尴尬境地。对于副职领导，第一次介绍时，应说清是副职，但以后再提到此领导时，可以不再出现"副"字。如第一次介绍张鹏副总经理时，可以说："这是张鹏副总经理"，以后就称"张总经理"或"张总"即可。

2．安排住宿

接到来宾后，应陪同来宾到预订的宾馆，安排好住宿。然后，主方把确定的日程安排表、就餐凭证等交给来宾，并告知下一项活动的时间、地点，稍做寒暄之后，便可离开，让来宾尽早休息。

3．安排固定引领人员

如果来宾对本地不熟悉，尤其是外宾，应该委派固定引领人员（如司机、助理或其他工作人员）负责接送。但不能进入客人房间，而应通过电话联系，确定在某个地点（如宾馆大厅）会合。

4．安排参观娱乐活动

参观、游览是很多商务活动中应有的内容。在安排活动时，应注意以下问题：

（1）尊重来宾意愿，尽量满足其要求；

（2）注意保密，如果是参观本企业，应避开涉及商业秘密的地方；

（3）要选择驾驶经验丰富的司机、车况好的车辆和可靠的有经验的陪同人员；

（4）要做好服务，如果路途遥远，要事先安排好餐饮、住宿，在车上备好水、简单食品和常用药等。

（四）送别来宾

接待工作要善始善终，与来宾话别也是必不可少的环节之一。

1．话别

对重要来宾，可安排高层领导在来宾走的前一天晚上或离开前到宾馆话别。

2．赠送纪念品

在活动结束时赠送给来宾，或在领导与来宾话别时送上纪念品。

3．按照迎接来宾的规格送客

4．电话问候

估计来宾已经到达目的地，可以打电话问候，表示关心并感谢来宾的来访。

（五）善后总结

送走来宾之后，要对此次活动的所有费用及时结算，对所有资料进行整理、归类、存档，撰写接待工作总结，向上司汇报。

接待流程如图 3.27 所示。

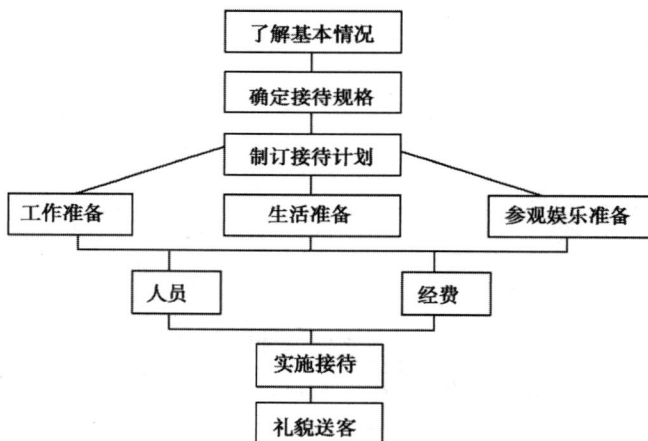

图 3.27　接待流程图

四、不同对象的接待技巧

商务人员在接待工作中，常常会遇到各种各样的人，要想处理好各种关系，针对不同的来访者要采取不同的接待技巧。

（一）预约接待与未预约接待

1. 预约接待

来访者会事先通过电子邮件或电话的方式预约见面的时间和地点，以免突然来访而造成被访者没有时间接待的局面。预约接待时被访者事先要有准备，自己的工作才不至于陷入尴尬和被动的局面。因此，我们提倡预约接待。

商务人员在安排日常预约接待时，一定要细致周到，诚恳热情，按章办事。

（1）预约接待工作程序：

① 提前了解来访者约定见面的部门或人员；

② 提前了解来访者来访的目的；

③ 告知被访者，征求约见意向；

④ 填写被访者来访接待日程表，合理安排上司与来访者见面的时间和地点；

⑤ 与来访者确定来访时间；

⑥ 如果来访者按预定时间准时到达，应立即通知被访者；

⑦ 如果来访者提前到达，商务人员应请其入座，提供茶水、饮料。对重要客人，应陪坐聊天，不能使其有被冷落的感觉。

温馨提示

若让来访者久等，接待人员要诚恳致歉，并应说明大概需要等多长时间，以便让客人自己决定等待还是另约见面时间。

（2）预约接待工作流程，如图 3.28 所示。

热情接待 → 仔细询问 → 愉快等待 → 告知被访者 → 引导前往 → 礼貌送客

图 3.28　预约接待工作流程

2. 未预约接待

我们提倡预约接待，但对没有预约的来访者也要热情、周到地接待，这既是对来访者的尊重，也是对被访者的尊重，还有利于企业良好形象的树立，有助于今后工作的顺利开展。

温馨提示

对于来访者，接待人员不能一开口就询问："您是否预约了？"这样会使没有预约的人心中产生一种不受欢迎之感。作为商务工作者，应该对预约表中的信息了如指掌，当客人通报单位和姓名之后，就应该知晓对方是否有预约。

（1）未预约接待的程序：

① 面带微笑，主动问候来访者；

② 当了解到对方没有预约时，仍要以欢迎的姿态接待对方；

③ 询问来访者要访问的部门或人员姓名；

④ 联系被访的部门或人员，询问他们是否有时间或意愿接待来访者，尽可能安排当天见面；

⑤ 若被访者确实没有时间接见（或没有合适的部门人员来接见来访者），就要努力确定下一次约见的具体时间；

⑥ 向来访者说明不能接见的原因，真诚道歉；

⑦ 主动请来访者留言或留下联系方式，以便在被访者回来或有时间的时候与之联系；

⑧ 在整个接待过程中，应使来访者感到愉快、舒适。

（2）未预约接待的注意事项：

① 对未预约的来访者不能不理不睬，应表现出热情友好和愿意提供服务的态度；

② 如果正忙于工作，应暂时放下手中的工作，招呼来访者；即便是正在打电话，也应向来客点头示意；

③ 对陌生的来访者，一定要问清其姓名和所在单位的名称；

④ 问明来访者的目的；

⑤ 来访者若询问上司在不在，不能直接回答，而应说 "请稍等，我去看看他在不在"。

⑥ 如果对方不愿通报姓名，接待人员则务必问明事由，从客人的回答中，努力判断能否让他与上司见面；

⑦ 如上司不在或联系不上，应向来访者说明原因，表示歉意；

⑧ 不可在没有征得上司同意前就自作主张另定约见时间，但可以表示出愿意为对方另约合适的见面时间。

（二）老客人的接待与新客人的接待

接待人员在接待中，经常会遇到正在接待某位客人时，新的客人又前来拜访的情况，接待人员很可能因为招呼了这个而没有招呼那个，产生一些不愉快。这时，接待人员的工作程序应该是：

1．两边兼顾

对正在接待的客人表示歉意，请他稍等，立即招呼新客人，询问其来意；

2．表歉意

如果接待新客人需要花较长时间，接待原先客人也要花较长时间，应向新客人说明情况，表示歉意，建议另约时间商谈；

3．目的相同的

如果新客人与正在接待的客人都为了同一个原因、同一个问题而来，所谈内容也完全相同，接待人员可以介绍双方彼此认识，再一起进行讨论。

4．目的不同的

如果双方的谈话内容不同，也不便让彼此知晓的话，可以安排新客人到另外的会客室等候，并告知其大约的等候时间。

温馨提示

不要因对新客人的接待而让原先的客人等候太久。

（三）内宾接待与外宾接待

内宾接待与外宾接待的异同，如表 3.7 所示。

表 3.7　内宾接待与外宾接待的异同

类　　型	相同点（上一节已介绍，此为简略说明）	不　同　点
内宾接待	1．要了解客人的基本情况，如身份、职务、来访目的、人数、性别等； 2．了解客人到达和离开的时间、所乘交通工具、是否需要接站及安排食宿等； 3．热情友好，不卑不亢； 4．合理安排各项活动日程； 5．礼貌送客	若是少数民族，应了解其宗教信仰，尊重他们的风俗习惯
外宾接待		1．了解所在国的宗教信仰； 2．与外宾见面，至少提前半天预约； 3．不要谈论年龄、收入等个人隐私话题； 4．妥善安排食宿，成年同性不可安排在一个房间（夫妻、家人除外），应每人一间； 5．可赠送一些有地方特色的礼物，不要太贵重

五、接待人员在接待过程中应注意的问题

1．对性格急躁的人

性格不同，往往处理问题的方式也不同。如果来访者是一个性格急躁的人，他可能会不断地催促你快点儿做这个、快点儿做那个，不尽如人意时可能还会发牢骚、发脾气。作为一个训练有素的接待人员，应该一直保持稳定的心态，沉着应对，不能因他人情绪的波动而影响自己正常的工作秩序。因此，遇到性格急躁的来访者，即使他不停地催促，接待人员还是要保持镇定，时时提醒自己"不要慌，不能乱""坚持原则，不能乱了秩序"，并向他解释清楚原因。如果不能马上见面的话，可以建议他另约见面时间。

2．对着装档次高低不同的人

接待工作中会遇到各种各样的人，着装档次也各不相同，有的西装革履，有的时尚前卫，有的平实朴素，有的怪异另类。接待人员不能完全从着装档次高低来判断一个人的身份和地位，还是应该按接待程序，仔细询问清楚其基本情况，再做相应的接待判断。例如，有的推销员或业务员往往西装革履，风度翩翩；而有的公司总经理可能也只是普普通通的着装，完全不像一个高级领导。

3．对同事的客人

只要来访者跨进公司大门，就是公司的客人，公司任何人都是公司的主人，代表的都是公司的形象，对客人都应该以礼相待、以诚相待。因此，对同事的客人，也应该如此。

（1）热情招待。对待同事的客人应该像对待自己的客人一样，因为他们同样是公司的合作者，只是具体的联系人不同而已。绝对不能面无表情、三言两语地把客人打发走，更不能置之不理。否则，不仅是没有责任心的表现，也是没有团队意识的体现。

（2）不要越权行事。既然不是来拜访自己的，你肯定对相关情况不太了解，只要做好接待工作即可。与他们交流时，不要问东问西或越权行事、胡乱承诺，只谈一些公司范围内允许的话题即可。那种越权行事、乱说一气的人，反而让人怀疑你的为人及公司的管理制度。

（3）及时联系相关负责人。对同事的客人，做好一个临时接待即可，问题的解决还是要靠相关负责人。所以，你应该赶紧联系相关负责人，告知来访者的单位和身份，以便让同事有心理准备。

4．对性别不同的人

性别不同，在接待中交流的话题往往也不同。例如，对同性进行接待时，可能很快就找到了共同的话题；而在对异性的接待中，若缺乏工作经验，可能会无所适从，甚至无话可说，出现冷场的尴尬局面。因此，要求接待人员要学会寒暄，要学会与不同的人说不同的话，让每一个与接触过你的人都觉得与你交谈轻松、愉快、舒适。当然，最好不要谈论政治、评价社会现象等，这样容易引起不同看法的争议，而应该谈论一些无关紧要的、轻松的话题。例如，一般来说，男性喜欢关注车（包括车型、车款、车的技术含量等），喜欢各种体育运动、户外活动等；女性喜欢谈论服装、化妆品、减肥或教育等话题。

5．对文化层次不同的人

接待人员在接待工作中还应根据不同对象的不同文化层次选用恰当的语言来交流，否则很可能会因为不能及时形成交流回应而产生误会。例如，你客气地向一位没有文化的老太太问："您的配偶呢？"对方很可能会理解成"你有没有买藕呢"。因此，一般来说，文化层次越高，越喜欢用一些典雅的言辞，文化层次越低的人往往喜欢用通俗易懂的、更白话一些的语言。如果你对文化层次较低的人使用一些雅语，他们可能会因为不能及时理解，而难以做到充分沟通与交流，这会给接待工作带来不利影响。

6．对文化背景不同的人

由于文化背景不同，对同一句话或一个行为举止的理解就会产生较大的差异。例如，我国老百姓见面时总爱说"你吃了没有"，外国人就不会理解这只是一句常用问候语，而会如实告诉你他吃了没有；还有对"爱人"一词的理解差异就更大了，我国是指"一方的配偶"，而西方则是"情人"的意思，因此，千万不可称外宾的丈夫（或妻子）为"你的爱人"，这会让他们很尴尬。对同一个手势的理解也有较大差异。例如，在大多数国家，用食指与中指形成的 V 形手势，都表"胜利"之意；但在希腊等国家，若把手心向里，则是"下贱"的意思。

因此，接待人员在接待工作中，要大方得体、不卑不亢，提前了解对方的文化背景、风俗习惯。交流时的言谈举止都应符合对方的风俗习惯，尊重他们的宗教信仰，要根据对方文化背景的差异来选择合适的话语语言和体态语言，使双方轻松、愉快地交流。

实践训练

一、单项训练

1. 塑造接待人员形象。
2. 面带微笑，起身站立，主动问候。
3. 上茶。
4. 规范引导。
5. 礼貌送客。

实训要求：

教师示范，学生模仿；互相指正，教师小结。

二、情景训练

1. 龙创大酒店总经理办公室郑重主任原本定于某天上午 9:00 接待远道而来的朋友——雅安律师事务所刘建华所长及其随行人员，但因临时有事，不能及时赶回，郑主任就安排助理沈唯音先接待两位客人，等待他回来。

助理沈唯音与刘建华所长二人从未见过；

助理沈唯音认识刘建华所长及其随行人员。

请演示这两个接待的情景。

实训要求：

（1）角色扮演，分组训练；

（2）互相指正，多次演练。

2. 如果上司正在会客时，又来了一位未预约的重要客人，并有重要事情找上司处理，你该怎么办？

实训要求：分组训练，四人一组，一个正在与上司交谈，协商要事，一个扮演上司，一个扮演助理，一个扮演来访者。

3. 助理张洁正在与一位来访者谈话，又来了一位未预约的客人。这时，张洁该怎么做？

实训要求：分组训练，三个人一组，一个扮演助理张洁，一个扮演来访者，另一个扮演刚来的未预约的来访者。

三、综合训练

1. 案例分析

1）这几天，助理张薇一直忙着协助营销部夏斌主任接待从总公司来的欧阳印董事长一行五人。想想还有一天正式日程安排就要结束了，欧阳董事长可能就要走了，张薇觉得可以轻松一阵子了。心里正高兴时，夏主任突然把她叫到办公室，说他有事要临时出差几天，而欧阳董事长因长期没回老家了，想再待几天，好好转一转、玩一玩，了解一下家乡的变化，接待工作由张薇负责。虽然欧阳董事长说的是"转一转，玩一玩"，但张薇一点也不觉得轻松。她马上就游览项目及具体节目征求主任意见，而且在夏主任临走之前做了请示。当天晚上，张薇还临时抱佛脚，请一位当导游的朋友给她好好上了一堂课。

游览当天，张薇陪同欧阳董事长游览了当地的名胜风景。一路上，她侃侃而谈，从正史到野史，从风土人情到美味佳肴，如数家珍、娓娓道来，让离开家乡多年、对家乡感到有些陌生的欧阳董事长听得如痴如醉，不停地赞叹小张见多识广。而张薇则暗自感激那位当导游的朋友。

从此，每次欧阳董事长来公司，总要和张薇一起聊聊家乡的情况。一来二去，两人变得熟悉起来。在公司里，人们对张薇的印象也不再只是职场新人。

实训要求： 请你说说作为一个商务人员，从张薇的身上，你能学习到什么。

2）一天，湖南龙创商业集团旗下的龙创商业广场总经理助理唐玉涵看到一位身着西装、手提公文包、举止文雅的人走进办公室。小唐面带微笑，赶紧迎上前去，说："先生，您好！请问您需要什么帮助吗？"来人从容不迫，不急不慢地说："我是恒达公司的李××，我要见你们总经理，请尽快安排。"小唐看他西装革履、文质彬彬，心想这应该是一位高层领导吧，再查看一下预约登记，得知他正是总经理约见的人，于是，她马上通报并带领客人会见了总经理。小唐刚返回坐在办公桌旁，就见外面又进来一位戴着一副不时尚的墨镜、衣着随便且皱皱巴巴的人。他一进门就粗声大气地喊道："你们总经理呢？我找他有急事，带我去见他！"小唐连忙上前说："先生，您好！请这边坐吧，我们总经理正在开会，您能不能稍等一下？"说着赶紧去泡茶，一边泡一边想：怎么办呢？刚才的客人刚进去，他与总经理有重要事情商谈，不可能马上出来的，而这位客人脾气好像比较火爆，性格较急躁，衣着又土里土气，他应该不会有什么重要的事情吧。再看预约登记，这是一位未预约的客人，小唐心里犯嘀咕：这可怎么办？

实训要求：

（1）请谈谈假如你是助理唐玉涵，该如何接待这位不速之客。

（2）请谈谈对不同的客人，有哪些不同的接待方式。

3）一天，助理方芳正在埋头整理文件，一位客人来了，一进门就说要找总经理。方芳一看日程安排表中并没有安排此人，可客人反复说自己有非常重要的事情要与总经理协商，口气严肃郑重，这让刚刚工作不到一个月的方芳不知如何是好。于是，她就自作主张，带着客人去见总经理了。过了一个小时，总经理才把此人送出门。然后，一脸的难看，对方芳说："你是怎么搞的，一位推销员也带他进来，足足耽误了我一个小时的时间。以后一定要对来客进行甄别，而且一定要事先征询一下我的意见。"说完就进办公室了。

实训要求： 请谈谈方芳错在哪里了。接待人员应该如何甄别客人？

2．综合情景训练

1）日常接待礼仪训练

龙创商业集团旗下的龙创商业广场市场部经理助理胡伟明（男）是一位文字功底非常好

的人，且为人处事也温文尔雅，沉着老练。一天，负责接待工作的同事唐玉涵陪同上司一起外出办事，办公室里只剩他一人了。上司临走之前，特意交代由他来处理办公室的临时事宜，若有急事再电话联系他。正当胡伟明沉浸在他的一篇为上司写的上报材料中的时候，急匆匆走进来一位陌生人（男）。来客说要找他们的领导，有要事相商，请胡伟明赶快安排见面。小胡一边带他到旁边的会客室，一边问他有什么重要事情。客人吞吞吐吐，不肯直接明说，小胡便请客人坐下，沏了一杯上好的龙井茶，彬彬有礼地说："请用茶。"然后又一步一步地询问客人的姓名、单位、职务，是什么事情让他这么着急。原本急躁不安的来客看到小胡这般沉着镇定，也慢慢平息了心情，向他一一说明了。小胡觉得事情确实重要，便给上司打了电话，简要说明原委，并征询上司的意见。上司让小胡陪客人坐一会儿，他马上回来。这时，又走进来一位衣着时尚，气质优雅，非常年轻的女士，她也说要找领导，有要事协商。小胡赶紧向原先的客人道歉，请他稍等，然后，把报架上的报纸拿下来递给他。再请年轻女士到一旁的接待室里坐下，泡茶，了解她的基本情况。之后，小胡向她解释说，上司已经约了其他客人，今天没有时间再与她见面了，并提议另约时间。女士犹豫一下，留下联系方式，说回去等待小胡的电话，然后就走了。小胡送走女士后，赶紧招呼原先的那位客人，并诚恳致歉。这时，上司回来了，小胡礼貌地为双方进行介绍，双方问候、握手后，交谈起来，小胡便退出了会客室。

实训要求：

（1）分组训练：每四人一组，一人扮演胡伟明，一人扮演男客人，一人扮演年轻女士，一人扮演上司；

（2）设计相应的接待环境，包括办公家具、办公用品的摆放；

（3）着装、举止、言谈要符合身份和场景的需要。

2）商务接待礼仪训练（共四幕）

第一幕：机场接待

第二幕：去饭店接 A 公司人员

第三幕：参观

第四幕：电梯间

角色扮演：A 公司总经理钟林，采购经理韦秋艳，B 公司总经理张其广，业务主管周丽利，经理陈雪贞，秘书赵琦，旁白，共 7 人。

背景：A 公司是一家知名的建筑公司，B 公司是一家钢铁生产商，A 公司打算通过此次接洽参观活动，决定是否与 B 公司建立长期合作关系。

第一幕：机场接待

（B 公司人员着装整齐地站在机场出站口，秘书手举着写有"欢迎 A 公司钟总经理等人"的牌子准备迎接 A 公司人员）

钟总看到后，他们一行人径直走过来）

张：您好，我是 B 公司总经理，这是我的名片（张从上衣口袋取出名片，并用双手递交给钟）

钟：（钟接过名片并放在名片夹里）张总您好，我是 A 公司总经理，这是我的名片。

（张接过名片）（双方收好名片，握手）

张：钟总，这是我的秘书小赵。

赵：钟总，您好（握手）

钟：您好。

钟：这是我们公司韦经理。

韦：张总您好（握手）

张：韦经理好。

小赵和韦经理握手。

张：钟总，我们已经在柳州饭店准备好了晚宴。

你们舟车劳顿辛苦了，用餐后，先好好休息，明天我们再到公司参观。

钟总：好的，谢谢你们！

场景二：去饭店接 A 公司的人员

赵：您好，请问是钟总吗？我是 B 公司张总的秘书小赵，我们参观的时间安排是九点三十分开始，现在我们派车去接您。

钟：好的。谢谢你们了。

（车子到了酒店）（接车时小赵为钟总和韦经理绅士地开后车门，小赵坐前排，由司机开车）

赵：钟总，您好。我们可以走了吗？

钟：好的，可以了。

车子到了公司，小赵先行下车，打开后车门，并引领 A 公司人员去总经理办公室）

赵：请往这边走。

（上楼梯）

（总经理办公室，秘书敲门）

张：请进。

（钟等人进去后）

张：钟总，昨晚休息可好，招待不周，还请你们见谅。

钟：呵呵，客气了，谢谢你们的热情招待。

张：那我们去参观吧。

请（手做引导势）

场景三：参观

张：钟总、韦经理。这是我们公司的陈经理。

陈：钟总，您好（握手），韦经理您好（握手）

张：这是我们公司的周主管。

周：钟总，您好（握手）；韦经理，您好（握手）。

张：钟总，请（作引导势，其余人随后）

这是我们公司的生产车间，让周主管为您介绍一下。

（手势示意周主管）

周：这是我们公司产品资料，请各位参考（给 A 公司人员发了资料，A 公司人员各自道谢）

请大家随我来，我们公司产品主要以优质碳素结构钢、低合金钢、钢筋钢为主。

（周主管以引导势作介绍）

张：钟总，贵公司对于我公司还有其他情况要了解吗？

钟：韦经理，您有什么问题吗？

韦：我公司近期有扩大规模的计划，不知到时贵公司的供应量能否及时跟上呢？

陈：对于这个问题贵公司尽可放心，我们正在筹建一个新的生产高炉，资金已经到位，预计明年 7 月 1 日前投入生产。估计年生产量 400 万吨，想必能满足贵公司的要求。

钟：贵公司的整体情况我们都很满意，具体的需要我们回去进一步商议一下。

张：我们真诚希望能有机会与贵公司合作。

参观这么久了，辛苦钟总了，先送您回酒店休息再谈，好吗？

钟：好的，谢谢。

场景四：电梯间

（陈经理先行一步前去开电梯，钟总与张总其次，余人随后）

陈：请进！

张：钟总，您请！（作引导势）

钟：谢谢！（先进入电梯，韦经理随后，余人进入）

旁白：十楼到！陈：十楼到了，请！（开电梯）

张：钟总，您先请（作引导势）

钟：谢谢！（先出电梯，韦经理其次，余人随后）

旁白：A 公司一行人经过协商，考虑到 B 公司的礼仪接待及经营状况，最终决定与 B 公司签约。

实训要求：

（1）分组训练：每七人一组，分别扮演其中七个角色；

（2）在情景展示过程中，不能拿着书照念台词；可以根据情节需要适当增加情节和台词，自然真实地反映工作情景；

（3）要综合运用以前所学知识；每一位同学都要认真对待，注意服饰、举止与仪容的协调，交谈的声音、语调、话语内容要适宜。

知识小结

见面礼是人与人在商务交往中的第一礼节，这个第一礼节可能会对今后彼此的交往产生重要影响。

日常见面礼节有：致意与问候、称呼与介绍、握手与传递名片。

方位、次序是指对参加社交活动的个人、团体或国家，按照一定的惯例进行排列的先后次序。

会见、会谈、接待、拜访等许多场合，是按国际惯例"前排为尊""中间为尊"及"以右为尊"的原则排序的。主席台上的座次顺序略有不同，它是按"中间为尊""以左为尊"的原则来确定的。

距离是一种无声的语言，它可以显示出人与人之间关系的亲疏远近。常见的几种不同的距离有私人距离、社交距离、礼仪距离、公共距离。

接待工作是商务接待工作的重要内容之一。讲究礼仪既是密切单位与公众关系的重要手段，又是树立良好组织形象的重要方式。

日常接待工作步骤：热情迎客、热情待客、礼貌送客。

对不同对象的接待应采取不同的方法与技巧。

模块四
商务沟通礼仪

习训目标

知识学习目标：

了解和掌握商务沟通交往的原则、作用及建立维持人际关系的原则；

了解和掌握人际沟通、电话礼仪、网络沟通礼仪等知识。

能力培养目标：

培养和提高人际沟通的能力，并自如运用人际沟通的技巧；

培养和提高电话交往、网络沟通的方法与技巧。

素质拓展目标：

注重培养学生人际沟通时互相尊重、友爱平等、诚实守信及具备良好的亲和力；

使互相尊重、友爱平等、诚实守信融入人际交往日常行为的各个细节，具备良好的亲和力。

单元一   人际沟通礼仪

情景导入

7 月是龙创商业集团的业务淡季。总经理王帆每年都会趁这个清闲的时候到集团下属单位去调研。每次的调研都由行政部主任黄磊全程安排。

7 月 15 日，王帆决定去集团下属 A、B、C 三个公司调研，其中 A、B 两个公司上一年的考核为优，C 公司仅为合格。据说王帆早就对 C 公司的经理不满意了，多次在半公开场合提出要更换 C 公司的负责人。

这次调研的陪同人员名单是王帆亲定的，共五个人，分别是陈副总、财务总监、人力资源总监、技术总监和行政助理李欣。

项目任务

如果你是行政助理李欣，在完成上述调研工作时该注意些什么？

任务分析

关于总经理王帆调研一事，助理李欣要做的工作可以分为两个阶段：一是调研前，要通知被调研单位调研活动的行程安排、人员配备等，以便被调研单位做好准备；二是调研过程中，要及时与调研单位衔接好调研活动。这两个阶段的工作，李欣都要与被调研单位——三个下属单位的负责人或其办公室进行及时和即时的沟通。李欣在与下属单位的沟通时，言语要做到客观、清晰、毋庸置疑，同时又不能摆架子、打官腔，以免下属单位心生抵触情绪而影响工作。

哈佛大学就业小组对 500 名被解雇者进行了调查，结果显示，83%的被解雇者是因为沟通不良而被解雇的，这让人想起"沟通的漏斗"的说法。所谓"沟通的漏斗"如图 4.1 所示。

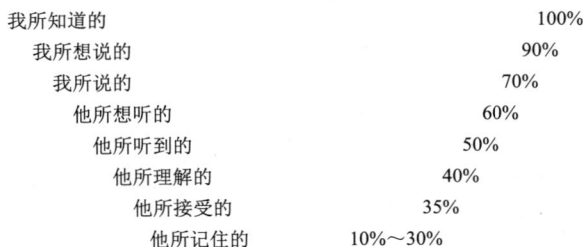

我所知道的	100%
我所想说的	90%
我所说的	70%
他所想听的	60%
他所听到的	50%
他所理解的	40%
他所接受的	35%
他所记住的	10%～30%

图 4.1   沟通的漏斗

可见，人与人之间的沟通是不易的。我们需要有意识地重视沟通，掌握沟通相关的技巧，才能成为一个沟通顺畅的人。

世界知名企业家松下幸之助说："企业的活动过去是沟通，现在是沟通，未来还是沟通。"可以说管理就是沟通，有的管理者70%的时间是用在与人沟通上。由此看来，沟通的品质决定工作的品质。想在工作中取得成绩，先要解决与人沟通的问题。机会总是光顾那些有思想准备的人。与人沟通，首先要有一个预想，也就是这次沟通要达到一个什么目的。这就需要提前准备，把沟通的时间、地点、对象、主题、方式及注意事项列出来，另外，要预测可能遇到的意外和争执。

一、沟通

（一）沟通的概念

沟通是人与人之间通过语言、文字、符号或其他的表达形式，进行信息传递和交换的过程。成功的沟通应该体现在三个维度：信息的传递、情绪的转移、感觉的互动。只有这三个维度都做好了，沟通才能达到效果。

需要强调的是沟通是双向的，有说就有听，有听才有说，所以优秀的沟通是说对方想听的，听对方想说的。

（二）有效沟通的"七C原则"

Credibility（可信赖性）是指建立对传播者的信赖。

Context（一致性）是指传播必须与环境（包括物质、社会、心理、时间等）相协调。

Content（内容的可接受性）是指传播内容必须考虑受众，要能够激发他们的兴趣，满足他们的需要。

Clarity（表达的明确性）是指信息的组织形式应该章法明了，易于被公众所接受。

Channels（渠道的多样性）是指应该有针对性地运用传播媒介发挥其向目标公众传播信息的作用。

Continuity and Consistency（持续性与连贯性）意味着沟通是一个没有终点的过程，要达到渗透的目的，就必须对信息进行重复，同时又必须在重复中不断补充新的内容，而且这一过程应该持续下去。

Capability of Audience（受众能力的差异性）意味着沟通必须考虑沟通对象能力的差异性，进而采取不同的方法实施传播，才能使传播易为受众理解和接受。

（三）沟通的作用

（1）沟通是人际关系的构成条件和促成"人和"的措施。

（2）沟通贯穿于我们生活的所有领域。

（3）沟通是人们获取知识和信息的重要途径。

（4）沟通是衔接智商和情商的重要手段，是人们以智商为基础，迈向成功的桥梁。

（四）沟通的形式

沟通按照是否面对面，分为直接沟通和间接沟通；按运用形式，分为语言沟通和非语言沟通；按沟通的组织程度，分为正式沟通和非正式沟通；按沟通消息有无反馈，分为单向沟通和双向沟通；按照传递信息方式，分为口头沟通和书面沟通。

二、沟通与人际关系

（一）人际关系的特点

1．互动性

人际关系不是一种虚无的关系，它存在于人与人之间的现实沟通中，它是人际沟通的实质，表现为人们之间的思想和行为的互动过程。

2．渐时阶段性

人际关系的建立需要一个认知过程。人际关系的发展也需要经过一系列阶段或顺序。如果一种关系没有按照预料的顺序发展，就会引起当事人的惶恐不安。

3．动态性

人际关系并不是一成不变的，它们同人类关系的发展相似。一般从"出生"起，要经过"少年""青年""成年"等阶段。在此期间，无论是人还是人际关系都不会停滞不前。

4．情意性

人际关系是含有情感和意志的沟通关系，即人际关系中包含着情感和意志等因素。

5．社会性

人本身不能离开社会而生存。人际关系也具有社会性，它是人们在社会生活中的交往关系。

6．复杂性

人际关系的复杂性由其多面性所致，即关系各方的目的及其对关系本身的看法不尽相同，而且每个方面又都是变化的。人际关系之所以复杂还表现在它们存在于社会之中和某个特殊的背景之下，当环境和背景不同时，就会发现完全不同的类型。

（二）建立与维持人际关系的原则

建立与维持人际关系的原则是指在建立与维持人际关系的过程中所必须遵循的基本行为规范。

1．平等原则

平等原则是人际关系，特别是良好人际关系建立的前提。平等是指人格上的平等，要求在交往中一定要平等地对待他人，尊重他人的自尊心和感情。

2．互惠互利原则

互惠互利原则包括三个方面：一是物质上的互利，即交往的一方付出了物质的"代价"，但他也从对方那得到了物质的回报；二是精神上的互利，即交往双方在思想、情感等精神方面的交流是对等的；三是物质—精神上的互利，即交往的一方付出了物质的"代价"，而对方以精神方面的某些内容作为报答。如一方送给另一方物质上的礼物，而对方报答以友谊的增进。

3．诚信原则

诚信原则是现代市场经济中各行各业所呼唤的一个基本原则，也是人际关系建立与维持所必须遵循的一个基本原则。"诚"即真诚、诚实，在人际交往中以真情待人，说真话，不说假话，所谓"言必信"，这是人类共同追求的一个美德，"信"即讲信用。

案例链接

1．同样的事物　不同的理解

前些日子出差，客户的公司门口有一家宠物店，看到宠物店中有一条小狗，经过一番讨价还价，把小狗买了下来带回家去。晚上给二姐打电话，告诉她我买了一条"博美"，她非常高兴，马上询问狗是什么颜色、多大了、可爱吗。晚上，大姐打电话来询问我最近的情况，小狗在我接电话的时候叫起来，大姐在电话里一听到有狗在叫，就问是否很脏、咬人吗、有没有打预防针……同样是关于一条狗的问题，不同的人反应的确差别很大。二姐从小就喜欢狗，所以一听到狗，在她的脑海中肯定会描绘出一幅一条可爱的小狗的影像。而大姐的反应却是关心狗是否会给我们带来什么麻烦，在脑海中浮现出一副脏脏凶恶的狗的影像。

案例点评：看来，同样的一件事物，不同的人对它的概念与理解的区别是非常大的。在我们日常的谈话与沟通当中也是同样的，当你说出一句话来，你自己认为可能已经表达清楚了你的意思，但是不同的听众会有不同的反应，对其的理解可能是千差万别的，甚至可能理解为相反的意思。这将大大影响我们沟通的效率与效果。在我们进行沟通的时候，需要细心地去体会对方的感受，做到真正用"心"去沟通。

2．不会沟通　同事变冤家

贾磊是我们公司销售部的一名员工，为人比较随和，不喜争执，和同事的关系处得都比较好。但是，前一段时间，不知道为什么，他们部门的李超老是处处和他过不去，有时候还故意在别人面前指桑骂槐，对跟他合作的工作任务也都有意让贾磊做得多，甚至还抢了贾磊的好几个老客户。起初，贾磊觉得都是同事，没什么大不了的，忍一忍就算了。但是，看到李超如此嚣张，贾磊一赌气，告到了经理老梁那儿。经理把李超批评了一通，从那天起，贾磊和李超成了绝对的冤家。

案例点评：贾磊所遇到的事情是在工作中常常出现的一个问题。在一段时间里，同事李超对他的态度大有改变，这应该是让贾磊有所警觉的，应该留心是不是哪里出了问题了（这同时也需要贾磊具备发现问题的能力）。但是，贾磊只是一味忍让，这个忍让不是一个好办法，更重要的应该是多沟通（人际关系中最理想的是双赢，损己利人或损人利己均是不可取的），通过案例可以看出，显然贾磊是没做到。

贾磊应该考虑李超有什么想法，是不是有误会，才让他对自己的态度变得这么恶劣。他应该主动、及时和李超进行一次真诚的沟通，比如问问李超是不是自己什么地方做得不对，让他难堪了之类的。任何一个人都不喜欢与他人结怨，当他们之间的误会或矛盾在比较"浅"的时候通过及时的沟通误会或矛盾，可能就会消失了。

结果是，贾磊到了忍不下去的时候，选择了告状。其实，找主管来解决问题，不能说方法不对，关键是怎么处理。但是，贾磊、部门主管、李超三人犯了一个共同的错误，那就是没有坚持"对事不对人"，主管做事也过于草率，没有起到应有的调节作用，他的一番批评反而加剧了二人之间的矛盾。正确的做法应该把双方产生误会、矛盾的疙瘩解开，通过加强员工的沟通来处理这件事。

我们每一个人都应该学会主动沟通、真诚沟通，如此一来就可以化解很多工作与生活中完全可以避免的误会和矛盾。

三、人际沟通礼仪

（一）微笑

微笑是与人交往的润滑剂。微笑最重要的作用就是对人表示友好，让人感受到你的善意和热忱。

微笑需要眉眼及整个面容的自然配合。面带笑意是可以训练的。我们可以对着镜子自己练习，找到镜中自己最美、最自然的那个微笑，记住并经常使用，就会形成良好的笑脸迎人的习惯。

微笑是发自内心的、真诚的，它应该是内心交往诚意的自然外化。虚情假意、皮笑肉不笑是很容易被对方识破的，而且虚情假意的微笑也达不到良好的沟通效果。

（二）倾听

人们在工作和生活中的很多情况下都需要积极倾听，倾听是交谈的重要组成部分，倾听是搞好人际关系的需要，倾听是捕捉信息、处理信息和反馈信息的需要。但我们发现，大多数人不会倾听。诸多障碍影响了我们的倾听。

1. 倾听的障碍

（1）分心。客观上，如各种噪声、频频响起的电话铃声、接连不断的人员进出等；主观上，如另有急事在身，或者心不在焉、情绪激动等，都会使人分心，不能在谈话时将注意力集中在谈话人及谈话上。

（2）急着发言。因为急着发言，于是经常打断对方的讲话，迫不及待地发表自己的意见，而实际上没把对方的意见听完、听懂。

（3）固执己见。拒绝倾听不同意见的人，注意力就不可能集中在讲逆耳之言的人身上，也不大可能和别人交谈得愉快。

（4）偏见作怪。对自己不喜欢的人、看不上的人，对其讲话也持同样不喜欢、看不上的态度，没有兴趣去聆听他讲话，哪怕他讲得很精彩。

2．倾听的层次及技巧

（1）专注地看着对方。眼睛注视说话人，把注意力集中在说话的内容上。

（2）点头微笑回应，鼓励表达。和对方谈话时稍稍前倾身子，表示对对方所说的话题感兴趣，听得很仔细。赞成对方所说的话，可以轻轻地点一点头。对他们所说的话感兴趣时，要展露一下笑容。利用肢体语言——头部、臂部的摆动表达意见，可以使对方感到愉快。总之，要向对方表示，你关心他说话的内容。

（3）不要中途随意打断对方说话。与人交谈时要注意控制自己，不要打断对方。即使对方所言或者偏离了主题，或者对你无所裨益，或者你不爱听，但出于对对方的尊重，还是要给对方说话的时间，让对方充分表达自己的思想，无拘无束地把话说完，自己绝不能有任何不耐烦的举动。这种尊重他人、甘当听者的耐心既是商务人员在谈话中应具备的品质，也是在社交中应该体现的礼节。

（4）适当的提问与复述对方的意思。对方说完话时，你可以重复他说话的某一个部分。这不仅证明你在听他所讲的话，而且可以表明你同意他的意见。例如，"正如您提出的意见一样，我认为……""原来是这样，您能详细谈谈其中的原因吗"等。这样能让对方知道你在很仔细地听他说话。

（5）说话之前先停 3～5 秒。人们谈话的目的是沟通信息、交流思想、联络感情，而不是智力测验、辩论或演讲比赛，大可不必去争话、抢答。在听人讲话时应持虚心的态度，尽可能避免听时"先入为主"；对别人的话做出评论时要持谨慎态度，避免对别人的讲话急于下结论，或者立即接过话茬加以反驳，这些偏激的做法都不可取。

（6）不仅要倾听内容，也要倾听感觉。"听话听声，锣鼓听音"，在聆听别人讲话时，应细心地体会讲话人的"话外音""弦外音"，仔细观察其他非言语信息，注意讲话人词汇的运用和选择，细细品味讲话人的微妙情感和难言之隐，弄清楚讲话人的真正意图。听出讲话人的喜、忧、哀、怒等各种感觉并对此做出相应的反应。这种察言观色、细心的听对商务工作者来说很重要，没有这种细心的听，就很难在谈判中获取对方表情、肢体或心理的微妙变化，难以把握主动权，从而难以取得谈判成功。

（7）听到不同意见时不要屏蔽信息。要学会控制自己的感情，以防曲解对方的意思。保持客观理智的感情，有助于获取正确信息。尤其是当听到不同意见或者令人不愉快的消息时，要先理智地接收信息，仔细核查事实，不能凭自己的喜好对这些信息听而不闻。因为当我们把听到的话加入自己的感情色彩时，就会失去正确理解别人话语的能力。

3．倾听的反馈

听人讲话，不只是在被动地接收，还应主动地予以反馈，并适时做出呼应。这种呼应既可以是语言表达，也可以通过表情、姿态等非语言方式显示。适当的反馈表明你不但在注意倾听，而且很感兴趣，是对对方谈话的鼓励。倾听中的反馈方式如表 4.1 所示。

表 4.1 倾听中的反馈方式

反 馈 方 式		具 体 做 法
言语方式	插话	真有意思、讲得真好
	提问	宜用开放式提问，如"我们什么时候到达北京呢？""今年绿漆的价格为什么压得这么低呢？您能谈谈其中的原因吗？"
		不宜用封闭式提问，如"我们可以准时到达北京吗？""今年绿漆的价格太低了，是吗？"
	陈述	你好像……你似乎……你的想法是……对你来说，那一定是……
		……那一定激怒你了……让我们小结一下……
		……你一定觉得……
非言语方式		点头、微笑、身体稍稍前倾、柔和地注视说话人、随着说话人的姿势而不断调整自己的姿势以鼓励对方谈话

（三）赞美

赞美的本质是对人表示喜爱与尊重，给人以鼓励，拉近交往双方的距离。

1. 赞美的种类

（1）直接赞美。直接赞美就是当面对对方进行夸赞。直接赞美需要注意夸赞要具体、有新意。例如，夸"真是一个好人"，不如说"他是个热心肠的人，谁要是有困难找他帮忙，只要他能办到，没有不帮的"。从内容上来讲，可以赞美别人得意的地方，或者指出别人的变化，让人感受到；从方式上来讲，可以表现出特别信任，例如，"这个工作只有交给你我才放心"，或者用看似否定实则肯定的方式表示夸赞，例如，"你真是太不讲究了，工作是重要，但不管怎样还是需要适当休息的……"。另外，主动与别人打招呼也算是一种赞美。

（2）间接赞美。间接赞美就是在第三者面前夸赞，或者传达第三者的夸赞。由于间接赞美没有溜须拍马的嫌疑，常常能收到很好的交际效果。

2. 赞美的原则

（1）赞美需要真诚。有一些人不习惯赞美别人，认为开口夸赞别人是虚伪的表现，其实这是一种误解。人都有优点，没有人是只有缺点没有优点的，我们应当善于发现别人的优点，并对这些名副其实的优点毫不吝啬地给予赞美，这是我们为人的善意。这种赞美能给别人带来快乐和信心，也能给自己带来快乐和好人缘。

（2）赞美要有根据。赞美别人的优点时，这个优点必须是真实的，与这个优点相关的事件必须是有理有据的。随意捏造事实违背了真诚的原则，这样的赞美不易被人接受。

3. 赞美的层次

（1）赞美外在的东西，如衣着、发式等。最好能找出别人不易发现的细节，如女士头发的细微变化、小饰物的点缀等。

（2）赞美行为，如一个人做的某件事，或者一个小动作显示出来的修养等。

（3）赞美性格，如脾气秉性中的优点，气质上独特的地方。

（4）赞美潜能、潜质，如发现他（她）某些没被别人认识到的潜力，给予点拨，促其成功。

（四）避免与人争论

与人交往的目的就是在生活、工作中共同合作，一起达到理想的生活状态或工作状态。而争论常常会令我们与目的背道而驰。

为避免与人争论，我们应该注意交谈中使用的言辞。例如，在表达不同意见时，应该学会保留对方立场，以下是可以参考的句式：

我同意您的观点，同时……

我理解您的想法，同时……

我感谢您的建议，同时……

我尊重您的意见，同时……

（五）换位思考

现实生活中，大部分人总是希望得到别人的理解、尊重和支持，但是要想得到别人的理解、尊重和支持，就要先去理解、尊重和支持他人，这就是换位思考。换位思考是人与人的一种心理体验过程，是一种将心比心、设身处地为他人着想的心理机制。它客观上要求将自己的内心世界，如情感体验、思维方式等与对方联系起来，站在对方的立场上体验和思考问题，从而与对方在情感上得到沟通，为增进理解奠定基础，它既是一种理解也是一种关爱。人与人之间需要互相理解和信任，所以要学会换位思考。做法如下：

（1）互相理解、互相尊重、互相倾听、互相关怀。

（2）站在他人的立场上去思考问题。

（3）从对方的心理感受去思考问题。

（4）愿意与对方从心灵上互相信任并进行思想交换。

案例链接

经理与下属：关心下属的业务引起误解

案例涉及人员：

主管——营销部主管张鹏

下属——营销员小夏

案例情景：

小夏刚办完一个业务回到公司，就被主管张鹏叫到了他的办公室。

"小夏，今天业务办得顺利吗？"

"非常顺利，张主管！"小夏兴奋地说，"我花了很多时间向客户解释我们公司产品的性能，让他们了解到我们的产品是最合适他们使用的，并且在别家再也拿不到这么合理的价钱了，因此很顺利就把公司的机器推销出去100台。"

"不错，"张鹏赞许地说，"但是，你完全了解了客户的情况了吗，会不会出现反复的情况呢？你知道，我们部的业绩和推销出的产品数量密切相关，如果他们再把货退回来，对于我们的士气打击会很大，你对于那家公司的情况真的完全调查清楚了吗？"

"调查清楚了。"小夏兴奋的表情消失了，取而代之的是失望的表情，"我是先在网上了解到他们需要供货的消息，又向朋友了解了他们公司的情况，然后才打电话到他们公司去联系的，而且我是通过你批准才出去的！"

"别激动，小夏。"张鹏讪讪地说，"我只是出于对你的关心才多问几句的。"

"关心吗？"小夏不满道，"我觉得您是对我不放心！"

在后来的一周里，张鹏都不怎么搭理小夏，开会也不叫他发言。如果小夏有工作汇报，他也不再多说什么。小夏感到上司对他的冷落，有些苦恼，打算找老赵，帮忙解决问题。在一个快餐店里面，小夏请老赵吃饭，开始请教老赵。

案例分析

（1）谁的错误？

很明显主管张鹏是有错的。关心下属的业务，反而被下属认为其怀疑自己的业务能力，而业务能力是下属做事的根本，是不容任何人怀疑的，因此产生了冲突，影响了双方的心情，不利于工作的开展。如果把下属进行分类，按照能力和意愿来分，可分为高能力低意愿、高能力高意愿、低能力高意愿、低能力低意愿四种类型。

对于高能力高意愿的员工就不要过多干涉，他完全可以自己搞定，只要授权给他就可以了，看结果不要看过程。

对于高能力低意愿的员工，可以和他一起规划他的职业生涯，充分激励，时刻关注对方的工作积极性，也是看结果而不是看过程。

对于低能力低意愿的员工，这种员工习惯安于现状，因此要帮助他们走出舒适圈。在向其布置任务时明确标准和要求，引导其建立更高标准和要求，同时发现其长处，多鼓励，激发他们的潜能。

对于低能力高意愿的员工，要关注对方工作的过程，事先指导，事中询问，事后检查，尽量多一些指导。

很明显张鹏主管认为小夏的意愿很好，但是能力可能达不到他的要求，因此过多询问了，引起了小夏的不满。其实张主管是有权力询问下属关于工作方面的一切事情的，只是没有太注意方式和方法，因此引来误解。

小夏也有很严重的错误。上司询问工作情况，是上司的工作职责，他应该平和地看待这个问题，不要把上司询问工作情况作为对自己工作的怀疑，或许上司只是好心地提醒，或许上司对这个客户更了解，或许上司以前犯过类似的错误，想提一些建议。连上司询问工作情况，都要产生逆反，怎么和上司相处，怎么和其他同事相处？另外，有些话也不要说破："你是对我不放心！"这样的话就没有给上司回旋的余地了。上司怎么回答？如果他同意你的观点，就证明他不相信你的能力，如果他说相信你的能力，可你又不这么认为。所以小夏最后一句话带着很强烈的情绪，是不良沟通。

（2）上司的做法。

从上面的对话可以看出来，小夏缺乏一定工作经验，且比较容易情绪化。如果张鹏直接和小夏谈信任的问题，很多话会不好讲，所以张鹏可以找一位自己信任，同时小夏信任的老员工来带一下小夏，让他快速成长起来，并在工作中不要太情绪化。

"最近我感到很苦闷，我得罪张鹏了。"小夏说。

"哦，怎么会呢？你们相处没有多长时间。"老赵笑眯眯地看着小夏。

小夏挠挠头说："可能是我上次说他对我不放心，惹他生气了，他现在都不怎么理我了。"

"上次的事，我也听说了，你们当时好像搞得很僵。我觉得没有必要，工作就是工作，哪来那么多想法，更不能有情绪呀。"老赵还是微笑着。

小夏委屈地说："我带着情绪，这是我不对，但他问得那么细，就是不相信我，还说万一这个单子反复，会影响士气，当时我就生气了。"

"那么你说如果这个单子反复了，会不会影响士气？张鹏说的有没有错呢？"老赵说。

"如果反复了就一定会影响士气，其实他说的都没错，但我感觉他不相信我。"小夏说。

老赵笑着抬起头说："他为什么要相信你？你凭什么让别人相信？他相信你，谁相信他？我们部门出了问题就是他出了问题，老板不会骂你，只会骂他，他的压力比我们都大。你看我们已经下班了，在这里吃饭，他还在加班，又没有加班费，工资比我们高不了多少，也不容易，你有没有站在他的角度想想？"

小夏在低着头沉思。

老赵接着说："人都是首先相信自己，其次才能相信别人，你也一样首先相信你自己，相信凭你的能力，那个客户一定没问题。但你的上司相信自己也没有错，所以他对你的工作问得仔细一点，自己来判断，这些都是正常的。他信自己没有问题，但你作为下属，盲目地相信自己就有问题了，毕竟他是主管，得为公司负责呀，出了问题是你的责任大，还是他的责任大？这个问题你想过没有？"

小夏点点头："你说的有道理，他是主管为部门负责，比我担的责任更大。"

"所以对我们员工来说，关键是要争取到他的信任，怎么争取是个问题。你看我现在要到客户那里，打个招呼就可以了，签回来单只要说一下就可以了，他都不管我，为什么呢？我刚来时也和你一样，每次他都问得很仔细，但我每次都能让他满意，以后他就不问了，只看结果。所以我认为要争取到信任，还是要从自己做起。"

小夏迷茫地说："那我应该怎么做？我现在一点头绪都没有。"

老赵吃了一口饭，慢慢嚼完说："我当年为这个问题付出了很大的代价，碰了很多壁，换了几家公司，有一些体会。以后你要请我吃大餐，不是今天的快餐可以打发的哦，哈哈。"

小夏也笑着说："没问题，下个月发工资，我再请个大的。"

"我的经验很简单，就是一句话，从自己做起，提升自我价值。你要让你的上司满意，你给他的要超过他的期望，刚开始他一定是不信任的，但你的成果每次都超过他的期望，他怎么还会不信任你呢？其实他没有太多的时间关注细节，等你令他感到放心时他就只问结果，而不问过程了。"

相关知识

1. 五种积极倾听的技巧

（1）用你自己的词汇解释讲话者所讲的内容，并检查你的理解是否正确。

讲者：我觉得很压抑，因为我自愿加班加点，尽了最大努力，按时完成了项目，但是好像人人都不赞同我。

听者的反应：看上去你很失望，你没有得到足够的支持。

讲者：是的，正是这样，并且……

（2）当有人表达某种情感或显得很情绪化时，传递你的理解。

讲者：我真是厌烦极了。这项预算非常不精确，他们希望我严格管理，我花费了大量的时间来熟悉它们，却耽误了我自己的工作。

听者的反应：是的，真是够烦的。

讲者：我建议……我宁愿……

讲者：这项增加销售的计划没有任何实质性的建议。

听者的反应：听起来你很不顺利。

讲者：是的，这个问题一直在谈论却没有行动。我认为早就应该定下基本原则了。

（3）把讲话者所说的内容进行简要概括。

讲者：你不在时发生了许多事情。小李出车祸受了伤，需要几天才能治好，小王患了流感，小张扭伤了脚腕。此外，我们必须要做一份临时计划，但不知谁故意把我们的相关资料弄丢了。你回来了我真高兴。

听者：听起来你做了大量的工作，而且一直忙到现在，对吗？

讲者：我要说的是，如果由我自己来做，我会把一切管理得井井有条，而且我已经在做了。

（4）综合讲者的几种想法是否是一种想法。

讲者：第一件事主要是政策，没有人能够预言；第二件事是我们最好的一个技术员辞职了；第三件事是这个项目的最后期限到了，我建议检查一下，看看我们应该做些什么。

听者：你的意思是有一系列的障碍使我们这个项目的完成变得更加困难了。

讲者：你别开玩笑，我认为最关键的是政策的变化，变，我们会有机会。

听者：好像你觉得一切都失去了。

讲者：不是所有都失去了，而是我们到了必须要改变的时候了。

（5）从讲话者的角度大胆地设想。

讲者：我真的不知道该如何选择，每期活动都有赞成和反对两种意见，而且两种反应都相当强烈。

听者：如果我处在你的位置上，我想我宁愿慢些做出决定，以免做出错误决定。

讲者：是的……我想我需要更多的信息，或许应该再收集一些意见，并向有这方面经验的人请教。

2. 你的倾听能力如何？不妨根据表4.2做一番自测。请在表中适合你的空格里打"√"。

表 4.2　自测表

听的方法与态度	一贯	多数情况下	偶尔	几乎从来没有
1．力求听对方讲话的实质而不是只听字面意思				
2．以全身的姿势表达出你在入神地听对方说话				
3．跟人讲话时不急于插话，不打断对方的话				
4．不一边听对方说话一边考虑自己的事				
5．听到批评意见时不激动，耐心地听人家把话讲完				
6．即使对别人的话不感兴趣，也耐心地听人家把话讲完				
7．不因为对讲话者有偏见而拒绝听他讲的内容				
8．即使对方地位低，也要对他持称赞态度，认真听他讲话				
9．因某事而情绪激动或心情不好时，避免把自己的情绪发泄在他人身上				
10．听不明白对方的意见时，利用提问来核实他的意思				
11．利用总结归纳法来证明你明白对方的意思				
12．伴以期待眼神的适当沉默，鼓励对方表达他自己的意思				
13．引用对方原话，以免曲解和漏掉对方说出的信息				
14．避免只听你想听的部分，注意对方的全部思想				
15．以适当的姿势鼓励对方把心里话都说出来				
16．与对方保持适度的目光接触				
17．听对方的口头信息，也注意对方所表达的情感				
18．与对方交谈时选在合适的位置，使对方感到舒适				
19．能观察出对方的言语和内心思想是否一致				
20．注意对方的非口头语言表达的意思				
21．不匆忙下结论，不轻易判断或批评对方说的话				
22．听时把周围的干扰降到最低限度				
23．对方表达能力差时不急躁，积极引导对方把思想准确表达出来				
24．不向讲话者提太多问题，避免对方产生防御心理				
25．在必要情况下边听边记录				
26．对方讲话速度慢时，抓住空隙整理出对方的主要思想				
27．不指手画脚地替讲话者出主意				
28．向讲话者表达出你理解他的情感				
29．不伪装，认真听对方讲话				
30．经常锻炼自己专心倾听的能力				

实践训练

一、情景训练

回想你的人际圈里，哪些人是善于听别人说话的人？为什么你这么认为？列出你想到的他的优点，讲给大家听听，并试着与他建立联系，创造交谈的机会，向他学习。

实训要求：

（1）重视每一个在听你说话时给你留下深刻印象的人，记录下来，并且模仿他的良好表现。

（2）与人争吵时，试着去容忍对方讲出与你相反的意见。

二、综合训练

1. 案例分析

（1）《红楼梦》中有这么一节，贾母问刘姥姥大观园"好不好"，刘姥姥念了一声"阿弥陀佛"，然后道："我们乡下人到了年下，都上城里买画儿，时常闲了，大家都说，怎么也得到画儿上去逛逛。想着那画儿也不过是假的，哪里真有这个地方呢？谁知我今儿进这园里一瞧，竟比那画儿强十倍，怎么得有人也照着这个园子画一张，我带了家去，给他们见见，死了也得好处。"贾母听了十分高兴。

实训要求：刘姥姥赞美大观园的一段话很值得学习，请以此为内容评价刘姥姥的说话艺术。

（2）美国有名的女作家玛格丽特·米切尔，有一次参加世界笔会。一位匈牙利作家不知这位衣着朴素、态度谦虚的女士是谁。他以居高临下的态度问道："小姐，你是一位职业作家？""是的，先生！""那么，有些什么大作，可否告知一二？""谈不上什么大作，我只是偶尔写写小说而已。""噢，你也写小说。那么，我们可以算是同行了，我已出版了339本小说，你写过多少部呢？""我只写过一部，它的名字叫《飘》。"那位自命不凡的匈牙利人目瞪口呆。

实训要求：请思考这个案例说明了什么。

（3）有一次，妈妈正在厨房炒菜，而爸爸却在旁边一直唠叨不停："慢些，小心，火太大了，赶快把鱼翻过来，油放太多了……"妈妈听着不耐烦，便脱口而出："我懂得怎样炒菜，不用你指手画脚。"爸爸平静地答道："我只是要让你知道，我在开车时，你在旁边喋喋不休，我的感觉如何……"

实训要求：请思考这个案例说明了什么。

（4）有些商店人手奇缺，为减少送货任务，这些商店就将问话顺序进行了调整，将"是您自己拿回去呢，还是给您送回去"改为"是给您送回去呢，还是您自己拿回去"，结果大奏奇效，顾客听到后一种问法，大都说："我自己拿回去吧。"又如，有一家咖啡店卖的可可饮料中可以加鸡蛋。售货员就常问顾客："要加鸡蛋吗？"后来在一位人际关系专家的建议下改为："要加一个鸡蛋，还是加两个鸡蛋？"销售额大增。

实训要求：请思考这个案例说明了什么。

2．综合情景训练

销售部龙经理是一位年富力强、工作经验非常丰富的销售管理者。小黄是销售部的一员，也是一个有思想、有干劲的人。这两年市场行情变化很大，但是龙经理依然按照以前的工作模式，这使得他们销售部工作屡屡碰壁，销售业绩明显下滑。这时，小黄和其他几名员工都希望龙经理能针对目前的新情况，对工作做出相应调整。于是，大家委托小黄代表大家与龙经理沟通、交流一下。

实训要求：两个人一组，展示小黄与龙经理的沟通过程。假如你是小黄，你该如何与龙经理沟通？假如你是龙经理，你该如何对待下属的建议？

单元二　电话沟通礼仪

情景导入

××高校市场营销专业即将毕业的张华到龙创商业集团销售部顶岗实习。第一天上班，他被安排在接电话的岗位上，心里感觉很不舒服，心想："电话谁不会打？我几岁就开始打电话了。"第一次遇到的是一个外线电话，铃声刚响，他就抓起话筒："喂，你找谁？你是谁？"坐在一边的销售主管待张华放下电话后，对他说道："接打电话要注意，电话一般要等铃声响第二遍后，再拿起话筒，这样做才显得稳重、大方。接电话时，用'喂，你找谁？你是谁？'这种质问口气是很不礼貌的，应该用礼貌的语言、温和的语调说'龙创商业集团销售部，您好！有什么需要帮助的吗？'不能用急躁的口气说话。"

第二次接电话时，是对方拨错了号，张华一听便说："你打错了！"说完"呯"的一声就挂上了电话。张华的指导教师——销售主管又对他说："接到打错了的电话时，你应该说，'这是龙创商业集团销售部，电话是×××××××，我想您是否拨错了号？'刚才你那种回答别人的方式，显得不礼貌。如果对方是我们的客户，那就更糟糕。无礼行为可能中断双方的往来，给单位带来巨大损失。"

张华一天下来，心里很不是滋味。他心里一直犯嘀咕：难道接打电话真有那么多讲究吗？真的那么重要吗？

项目任务

假如你是张华，你该怎么做？

作为一个商务人员，究竟应该如何接打电话？

任务分析

张华在第一声铃响的时候就抓起话筒，显得太过急躁，开口说话时，又没有用尊称，用"喂"来称呼对方，又显得语气生硬，而直接查问"你找谁？你是谁？"更是显得态度强硬，不礼貌。第二次打电话时，张华一听对方打错了，就说"你打错了"，然后"呼"的一声挂断电话，这样处理也是不恰当的，因为对方是可以感受到你不耐烦的态度的，这样都可能造成一些对公司声誉的不良影响。

接打电话是展示个人形象的重要窗口，也是体现企业组织管理是否规范到位的一个重要方面。商务人员应该把这项基本工作做得规范到位，这是树立个人及公司良好形象的重要手段。

常用的电话沟通礼仪包括：打电话的礼仪、接听电话的礼仪、挂电话的礼仪、使用录音电话的礼仪和使用手机沟通的礼仪。

研究显示，声音在电话沟通的第一印象中占70%，话语只占30%。电话另一端的人对你的看法，不仅仅来自于你说话的内容，更来自于你如何表达及说话的语气。打电话时要特别注意以下几方面的问题：打电话前的准备、电话过程中的礼仪、电话结束时的礼仪、拨错电话时的礼仪等。

一、打电话的礼仪

打电话是现代交际的一种重要方式，从某种意义上来讲，它比面谈更频繁、更重要，因此，其礼仪不可忽视。

（一）打电话前的准备

作为一个发起者，做好计划和准备能得到你想要的结果，所以在拿起电话前我们要做好如下工作。

（1）准备一份备忘录，列明电话中要谈论的重点内容。

（2）将要谈论内容的表述方式在大脑中预先练习一遍。

（3）将与谈论内容相关的资料放在手边。

（4）准备好笔与纸以备记录使用。

（5）确认要拨打的电话号码。

（6）调整好情绪，以愉快的心情开始拨号。

小锦囊

电话内容的准备

拨打电话前想好打电话的内容至关重要，打电话前要思考的问题包括如下方面。

（1）我的电话要打给谁？

（2）我打电话的目的是什么？

（3）我要说几件事情？它们之间的顺序是什么？

（4）我需要准备哪些文件资料？

（5）对方可能问什么样的问题？我该如何回答？

（二）电话过程中的礼仪

1．电话拨通后先问候对方，再自我介绍

打电话的礼节，是在"不知道是谁会接电话"的前提下，秉着"不论在什么场合都要彬彬有礼"的原则开始发话。

"您好，××贸易公司吗，麻烦请转营业部的王兵先生听电话。"

得知对方是你要找的人以后，要告知对方自己的姓名："您好，王先生，我是××公司的陈茜。"

2．报名要报公司名称

不报个人名字只报公司名称，如"这里是××公司业务部"。这种情况通常是电话的内容是纯事务性的，几乎跟个人无关。

一般情况下，要报自己的姓名与公司名称。

3．掌握通话时间

以短为佳，宁短勿长，一般控制在三分钟以内，要记住浪费对方的时间是不礼貌的。

4．叙述的方法

说事情的时候，先简单地说一下事情的概要，再具体进行叙述。如果需要很长时间的话，不要忘了与对方确认其是否方便。例如，"您好，张经理，我是行政部陈茜，我想跟您确认一下周五展销会的程序安排，请问您现在方便吗？"

5．通话时出现意外的处理方法

如果你找的人不在，需要对方转告的，应热情诚恳，如"对不起，请问该怎样称呼您？""您可以转告×××，让他回复电话给我吗？""非常感谢，给您添麻烦了。"

如果通话时出现话音不清楚或掉线状态时，要及时中断，并尽快再次拨打，同时说明电话之所以中断的原因，以免令对方对自己产生不好的印象。

（三）电话结束时的礼仪

电话结束时，要向对方致谢并道"再见"，然后轻轻放下电话。

（四）拨错电话时的礼仪

打电话时必须确认对方的电话号码，如果不小心打错了，一定要道歉，如"对不起，我打错了。""打扰您，很抱歉。"然后仔细核对正确号码是什么。发现拨错号码就直接挂掉是极不礼貌的。

> **温馨提示**
>
> 　　微笑着打电话。在你的电话前摆放一个小镜子，准备打电话时先对镜子做出笑容，那样你的声音一定甜美动听。记住：对方是可以"听"到你的笑容的。通话时，要坐直，深呼吸，微笑。一般嘴离话筒约一小手指的距离，可以保持比较理想的音质。语调应谦恭有礼、热情柔和，音量要自然适中。

二、接听电话的礼仪

受话人接电话时，可分为本人受话、代接电话等情况。

（一）本人受话的礼仪

1．准备记录

一般情况下，商务人员一定要养成随时准备记录的职业习惯。俗话说"好记性不如烂笔头"。据调查，即使是人们用心记的事情，9小时后，遗忘率也高达70%。因此，应在电话机旁准备好便笺，以便听电话时随时记下内容要点。

2．接电话的注意事项

一般铃响两次后，用左手拿起话筒。电话铃一响就立即接听会让对方觉得仓促，铃响太久才接，则会因让对方久等而显得不礼貌。

3．问候

首先向对方问好，并自报家门，如"您好，这里是××××（单位名称）"或"您好，××××（单位名称）"。

4．通话时的注意事项

通话时要聚精会神，不能一边接电话一边与其他人嬉笑、交谈，或者看文件、看电视、听广播、吃东西。

5．忙时接电话的注意事项

在会晤客人或会议期间有人打来电话，接通时可向其说明原因，表示歉意，如"对不起，我正在开会，会议结束后，我与你联系"。

6．通话结束时

通话终止时，要向对方道一声"再见"。

7．挂电话的顺序

要等打电话方先挂电话后自己再挂电话。

8．对待误拨的电话

接到误拨的电话，要耐心地告诉对方拨错了，不能冷冷地说"打错了"，就把电话挂上。

相关链接

接听电话两种不同态度的比较如表 4.3 所示。

表 4.3　接听电话两种不同态度的比较

不当用语	礼貌用语
"喂"	"您好！"
"喂，找谁？"	"您好！这里是××公司，请问您找哪一位？"
"给我找一下××。"	"请您给我找一下××好吗？谢谢！"
"等一下。"	"请稍等一会儿。"
"他不在这儿。"	"他在另一处办公室，请您直接给他打电话，电话号码是××。"
"他现在不在。"	"对不起，他不在，如果您有急事，是否需要我代为转告？"或"请您过一会儿再来电话。"
"你有什么事？"	"请问您有什么事吗？"
"你是谁啊？"	"对不起，请问您是哪一位？"
"你说完了吗？"	"您还有其他事吗？"或"您还有其他吩咐吗？"
"那样可不行！"	"很抱歉，恐怕不能照您希望的办。"
"我忘不了！"	"请放心！我一定照办！"
"什么？再说一遍！"	"对不起，请您再说一遍。"
"把你的地址、姓名告诉我。"	"能否将您的姓名和地址留给我？"
"你的声音太小了。"	"对不起，您的声音有点小，我听不太清楚。"

（二）代接电话的礼仪

1．如果接到找他人的电话

这种情况要以礼相待，切忌说完"不在"就把电话挂了，而应友好地说："对不起，他不在，需要我转告什么吗？"

2．不要乱问

代接电话时，不要询问对方与其所找之人的关系，那是没有礼貌的表现。

3．找人

找接电话的人时，应轻声招呼，若距离较远，应放下电话，来到电话里要找的人面前，告诉他有电话找他，不要手持话筒大声喊叫。

4．需要转告的注意事项

（1）应做好记录，记录内容包括：通话者的姓名、单位、通话时间、通话要点、是否要求回电话、回电话的具体时间、记录人姓名等。

（2）对方叙述完事情后，要重复电话重要内容，让对方确认，以免听错产生误会。

（3）电话结束时应说："你放心，我会转告他的，再见。"

（4）要及时传达，以免误事，并要注意不要轻易把自己要转达的内容托他人转告，这样不仅容易使内容走样，而且有可能会耽误时间。

小锦囊

遇到这类电话怎么办

有时你会处理一些并不是和你一样训练有素、懂得谦恭的人打来的电话，这里提供几种应对办法。

● 一心二用型。和你通电话的人同时又在与别人说话。应付这样的人，可以建议他在不忙时和你见面再谈，或者要求他重复刚刚说的话，如："赵小姐，我这里听得不是很清楚，好像你在跟别人说话，你能把刚才和我说的再重复一遍吗？"

● 顾左右而言他型。当对方避重就轻时，可以直切主题，如："李先生，我想知道我如何才能帮到你呢？"

● 反复陈述型。遇到一个将事情反复陈述的人，可以这样打断他："张先生，容我对你刚才所说的做个总结，如果有遗漏或错误的地方，请您再更正或补充。"

三、挂电话的礼仪

挂电话应注意由尊者、客户、上级等先挂机。非是以上情况，同等身份时，由打电话一方先挂电话，话筒一定要轻放。

四、使用录音电话的礼仪

许多时候，为了保证联络的畅通，人们往往会使用录音电话。使用录音电话可以说是一种无形的交际，尽管如此，还是要注意有关的礼仪规范，毕竟录音电话也是人操纵的，从某种程度上来说，它实际也代表着"主人"的礼仪修养。

1．制作留言

使用录音电话一般都要制作一段留言，留言的常规内容有：电话机主的单位、姓名、问候语、致歉语、道别语、留言的原因、对发话者的请求等。要注意的是，私人住宅所用的电话录音不宜自报姓名，以电话号码代替，既可以保护自己，又不至于误事。例如，"您好！这里是 3316688。对不起，主人现在外出。有事的话，请在提示音后留言，主人回来后，将立即同您联系。谢谢，再见！"

2．处理来电

使用录音电话时一定要及时处理，一定要及时查看有无电话录音，对于打进来的电话，要立即进行必要的处理或答复。不要一拖再拖，更不能置之不理。

五、使用手机沟通的礼仪

目前，在各种现代化的通信手段中，手机的使用越来越广泛，已经成了现代交际的主要工具。使用手机时的礼仪规范，也越来越受到人们的关注。商务人员在使用手机沟通的过程中，同样要遵循有关的礼仪规范，塑造自己良好的电话形象。

（一）手机的摆放

在较为正式的场合，尤其在公务交往中，手机应放置在随身携带的包内或衣服口袋里，不要别在腰上，也不要执于手中，更不能有意识地将手机炫耀于人，因为无论手机多么先进、多么昂贵，都只是为人所用的通信工具而已，而绝非可以抬高自己身价的"道具"或"饰物"。

（二）保证手机通话畅通

使用手机是为了更好地与外界保持联络，因此，必须注意以下事项。

1．及时缴费

要按时缴纳手机费用，避免因欠费而停机。

2．更换号码及时告知

更换电话号码后要尽快告知交往伙伴。

3．及时处理手机未接电话

发现手机有未接电话（非骚扰电话）时，要及时回拨电话，万一因故暂时不方便拨打手机，可发信息，说明原因，并告知联络的其他方式及时间。

（三）其他注意事项

1．先打固定电话

如果知道对方使用固定电话，最好先打固定电话，固话联系不到的时候再拨打对方手机。

2．通话时的声音

在公共场所使用手机拨打电话时，说话声音不要太大，以免影响他人或泄露机密。

3．禁用手机的场合

在一些标有禁用手机的文字、图标的地方应自觉遵守有关的规定；在飞机上、加油站内应禁用手机。

4．设置彩铃的注意事项

铃声应柔和、优美，符合个人身份，不要设置怪异的彩铃。

小锦囊

注意打电话的时间

（1）选择适当的时间。一般公务电话最好避开临近下班的时间，因为这时打电话很可能会耽搁对方下班。公务电话应尽量打到对方单位，若确有必要往对方家里打时，应注意避开吃饭或睡觉时间段。

（2）注意时差。打国际电话时应先搞清楚接听地的时间，不要在对方不适宜的时间拨打电话。

（四）使用手机发信息的礼仪

1．信息要署名

发送信息时署名既是对对方的尊重，也是达到目的的必要手段。

2．关注重要节日的问候

每逢节假日、生日，发一个短信传达一份祝福，也是尊重、礼貌的表示。但要注意，祝福短信一来一往足矣，二来二往就多了，三来三往就成了繁文缛节，容易令人生烦。

3．应注意发信息的时间

上班时间应尽量不要发私人信息，不是紧急事情，晚上太晚也不要发信息。

4．打电话前的提醒

给身份高或重要的人打电话时，如果考虑到对方可能在忙可以先发信息告之，如"有事找您，现在是否方便给您打电话？"如果对方没有回信，一般就不是很方便，可以在合适的时间再拨打电话。

（五）使用手机微信的礼仪

如果你的微信更多的是用于工作，请注意以下几个方面的问题。

（1）考虑你与对方的关系是否适合发微信。

（2）考虑对方的手机是否有网络。

（3）若发送语音，要考虑到对方是否方便接听。

（4）昵称。最好使用真实姓名，能注明你的公司名称或产品名称更好，以给别人留下印象。

（5）头像。尽可能使用本人头像，这样容易对号入座。

（6）签名。给一些有用信息，你想告诉别人什么，如公司经营理念等。

（7）打招呼。不要只说"你好""在不在啊"，请直接说明来意。

（8）使用微信群时，应注意以下三个方面的问题。

① 拉群：拉群之前请一定征询被拉对象的意见，以免把关系不佳之人拉到一起。

② 群名称：一个清晰明了的群名称，能使大家一看就知道这是个什么群，所以，群名称最好简明扼要地表明建群目的。

③ 群聊：不要公群私聊，群聊里的话题要切合主题，不要无限跑题，非常私密的话题可以单独私聊，不要让大家围观；不要谈论和转发敏感话题；不要发大图、大的视频和长的语音。

（9）发朋友圈。微信朋友圈就像是一个公开的言论场所，消息一旦发出去就是对朋友圈的微友们的一次自我表达和喊话；微友们也通过你发表的微信消息得知你的思想近况和生活现状。如果做商务，不要在朋友圈中传递负面情绪。

案例链接

雷曼"另类死因"：巴菲特漏看求救短信

2008 年一个周末，金融世界陷入崩溃，巴菲特接到了大量的求助电话。美国国际集团急切地想筹集 180 亿美元资金，于是恳求巴菲特伸出援助之手。巴菲特对他们说，别在我身上浪费时间，我不能为你们做任何事。周六晚 6 时左右，当巴菲特准备出门参加加拿大埃蒙顿的一个活动时，他接到了巴克莱资本主管戴蒙德的电话。戴蒙德正打算收购雷曼兄弟，将雷曼从破产边缘拉回来，但他在英国政府那里遇到了困难。因此，戴蒙德想出了另一个计划，希望巴菲特能提供担保，以便推动交易顺利进行。巴菲特认为这个计划听起来过于复杂，他很难通过一个简短的电话搞清楚。因此，巴菲特让戴蒙德将具体交易计划通过传真发给他。但当巴菲特午夜时分回到酒店房间的时候，他惊讶地发现什么也没收到。接下来，雷曼兄弟破产了，全球金融体系数天之内也陷入了一场全面的危机。

时间过去了十个月。有一天，巴菲特问女儿苏珊自己手机屏幕上的一个小图标代表了什么，巴菲特承认自己从未真正了解自己手机的基本功能。结果，这正是那天晚上巴菲特一直等待的来自戴蒙德的语音邮件。（这引发了另一个问题：戴蒙德为什么不照巴菲特所说的那样使用传真呢？）

要求

（1）从沟通要素的角度对雷曼兄弟银行的另类"死因"进行分析。

（2）就此案例提出自己的看法和意见。

解析

（1）美国国际集团急切地想筹集 180 亿美元资金，恳求巴菲特伸出援助之手，但巴菲特出口就将求助者拒绝于千里之外。于是，戴蒙德想出了另一个计划，希望巴菲特能提供担保，以便推动交易顺利进行，但他在和巴菲特进行电话沟通时没有把内容说清楚。巴菲特认为这个交易计划听起来过于复杂，于是让戴蒙德把具体交易计划通过传真发给他，戴蒙德却给巴菲特传了语音邮件，但巴菲特不会接收语音邮件。如果大家目的明确、用心对待，而且高度重视、认真沟通、相互关心，也许雷曼兄弟就不会破产了。

（2）时间过去了十个月，有一天，巴菲特问女儿自己手机屏幕上的一个小图标代表了什么，这正是那天晚上巴菲特没有看到的来自戴蒙德的语音邮件。本来也许可以解决的困难但因为沟通问题，导致了一系列不好的后果。

人际关系的好坏存在天生的因素，但也是可以改变的，它主要取决于一个人对他人的态度及他人对你的态度。要搞好人际关系，要做到以下几点。

真诚待人，不搞虚假的东西。虚假的话也许能博得个别人的欢心，但不会长久，更不会得到大多数人的认同。

不斤斤计较，不过于计量个人得失，有些原则性问题是不能让步的，但态度和做法要妥当，要让他人认同你。

要有一定的文化知识水平，讲话要恰如其分、恰到好处，能解决他人提出的一些问题，使他人认为你讲的话是对的，提出的方案是正确的。

善于帮助别人，为别人解决你能解决的困难，使大家认为你是一个热心的人，大家也愿与你共处、交朋友。

积少成多，坚持上述观念和做法，随着时间的推移，你的人际关系会越来越好，朋友也会越来越多。

不要去想自己为他人付出了多少，只要自己能够做的就去做，你会得到大家的认同的。这个时间可能要半年、一年，甚至几年，只要坚持，总会有收获。

这个故事的教训是你永远不会发现自己身处这样的境地──事关存亡的交易竟然取决于一位老人会不会使用手机！

（资料来源：豆丁网）

实践训练

一、情景训练

1. 公司定于周五下午三点在三楼会议室召开月度办公例会，要求全体中层干部参加，并在例会上汇报本月度部门工作、成绩与困难，总经理办公室王主任让小罗电话通知相关人员，要通知的第一个人是营销部周部长。如果你是小罗，这个电话怎么打？

实训要求：

（1）分组训练，两人一组；角色扮演，一人扮演秘书小罗，一人扮演营销部周部长。

（2）规范演示拨打电话的过程，并说清楚需要通知的相关事宜。

2. 早晨，小秦在公交车上，因为塞车导致要迟到了，这时小秦要打一个电话回公司请假。这个电话怎么打？

实训要求：

（1）分组训练，两人一组；角色扮演，一人扮演小秦，一人扮演公司行政部主任。

（2）规范演示拨打电话的过程。

3. 胡兰草正在办公室接听座机的电话，这时，她的手机响了……

实训要求：

（1）分组训练，两人一组；角色扮演，一人扮演胡兰草，一人扮演打手机的另一人。

（2）规范演示接听电话的过程。

二、综合训练

1．案例分析

（1）李媛刚大学毕业，今天陪经理去拜见重要客户。双方正在交谈中，小李的电话响起，里面传来了娇滴滴的声音："妈妈，来电话了！"小李顿时尴尬得满脸通红，客户想笑也不敢笑，经理则用眼光偷偷责备她。她赶紧说对不起，我接一下电话，就匆匆地出去了，但马上她又转回来，把手机递给经理，大声说："经理，你的手机没电了吧，这是找你的，一个女的。"这时，经理脸露尴尬之色。这一天，他们商谈工作到很晚才下班，一回到家中，李媛就累倒在床上睡着了。可到了半夜一点时，她的手机又响了，是经理的短信。她睡眼惺忪地打开手机一看，短信写着："明天上午九点开会"。李媛十分恼火。

实训要求：请大家分析一下，案例中有哪些不妥之处，为什么？

（2）有一次，××公司举行庆祝会，员工们集体在一家宾馆住宿。会务组深夜临时决定变动第二天某项活动，因此，前台的小姐必须深夜打电话一个一个地通知到房间的员工们。第二天，前台的小姐惊奇地告诉她的同事："你们知道吗？昨晚我给145个房间打电话，起码有50个电话的第一句是'你好，××公司！'在深夜里迷迷糊糊地接电话，第一句话依然是'你好，××公司！'××公司员工电话礼仪的职业水平真了不起！"

实训要求：请谈谈你看了以上案例有何感想。为什么？

2．综合情景训练

情景一

刘刚：美华电器公司市场部经理

朱欣：创意广告公司办公文员

旁白：（刘刚准备好电话内容，调整好情绪，开始拨号。）

旁白：（朱欣在办公室内撰写文件。办公桌上电话铃响了，两声过后，朱欣拿起了电话。）

朱："您好，创意广告公司，请问您找哪位？"

刘："您好，我是美华电器公司，请问张经理在吗？"

朱："对不起，张经理外出了，请问我有什么可以帮到您的吗？"

刘："哦，这样啊，那您可以告诉我他的手机号码或家里的电话号码吗？"

朱："对不起，您看这样好不好，请您留下您的联系方式，我尽快通知张经理回复您，或者，您方便的话，有什么事，我可以转告他。"

刘："我是美华电器公司市场部，我姓刘，我的联系电话是22387668，请他尽快回复电话给我。"

朱："刘先生，您的电话是22387668，我知道了，我会尽快通知他的，谢谢您的电话。"

刘："麻烦你了，谢谢，再见。"

朱："再见！"

情景二

刘："我是美华电器公司市场部，我姓刘，请问您怎么称呼？

朱："您好，我姓朱。"

刘："朱小姐，是这样，我们公司的产品广告彩页原定于下周五看样板，现在因为公司产品展销活动提前，所以我们要在这个星期五看到广告的样板，请你一定转告张经理，方便的话，请他回复我一个电话，我的电话是22387668。"

朱："刘先生，我知道了，我记一下，您的意思是美华电器公司要在本周五看广告彩页样板，请张经理打电话给您，您的联系电话是22387668。我会尽快转告张经理，谢谢您的电话。"

刘："麻烦您了，谢谢，再见！"

朱："再见！"

旁白：（刘轻轻放下电话，朱也放下电话。）

电话客服情景模拟对话，背景：不知道客户姓名，前台接电话。

实训要求：

（1）角色扮演法：根据情景内容确定扮演角色，树立职业意识。

（2）分组训练：每一组都要有接、打电话的，有观看和点评的；每个学生都应多次体验、反复训练；观看点评的同学也应诚恳地提出欠规范的地方，以便互相学习，互相提高。

单元三　网络沟通礼仪

情景导入

龙创商业集团销售部小张要给经理发一个急需经理审核的合同文本的邮件，他写完邮件以后，没有注明主题就急匆匆地发出去了，然后开始等待经理的回复，但左等右等不见经理的回复，由于工作紧急，他不得不打电话问经理是否收到邮件，但经理说没有收到，而且还纳闷为什么一直不见小张的邮件。原来是因为经理的邮件较多，经常看到一些没有主题的邮件他就以为是垃圾邮件或广告而不予理会或直接删除，小张的那封邮件就是这样被删掉的。

项目任务

假如你是销售部小张应该如何处理网络邮件？应了解和掌握哪些网络沟通礼仪？

任务分析

现代信息化社会发展迅猛，很多单位基本实现无纸化办公，大量工作都是在网络上沟通完成的，人们的工作与生活已离不开网络了。而很多人没有意识到在网络上办公或娱乐时，也应该了解和掌握一定的礼仪，否则就会出现很多意外状况，甚至可能给单位和个人造成无法挽回的损失。因此，我们应该也必须重视网络沟通礼仪。

小张因为在处理邮件时没有注明邮件主题而将这封无主题邮件发送出去，就像是一个无身份证的人一样，很难得到人们的认可，无主题邮件也就有可能会被误以为是广告或垃圾邮件而被删除，因此我们应该规范自己的网络沟通行为，按照相关的礼仪要求，对待和处理网络沟通。

一、网络沟通的概念

所谓网络沟通，是一种以虚拟方式通过计算机网络来实现与单人或多人的信息沟通的活动，是将多台计算机连接在一起，使各用户之间能够通过数据库、聊天室、电子邮件或其他方式进行便捷的沟通与交流。网络沟通的主要形式有如下几种。

1. 电子邮件

电子邮件（electronic mail，简称 E-mail）又称电子信箱，它是一种用电子手段提供信息交换的通信方式。通过网络的电子邮件系统，用户可以以非常低廉的价格、非常快速的方式，与世界上某个角落的网络用户联系，这些电子邮件可以是文字、图像、声音等各种内容。这是任何传统邮件方式所无法比拟的。正是由于电子邮件的使用简易、投递迅速、收费低廉、易于保存、全球畅通无阻，使得电子邮件被广泛地应用，它极大地改变了人们的交流方式。

2. 网络电话

网络电话（internet phone），通过互联网进行电话沟通，根据工业和信息化部新的《电信业务分类目录》，它是具有真正意义的 IP 电话。系统软件运用独特的编程技术，具有强大的 IP 寻址功能，可穿透一切私网和层层防火墙，实现计算对计算机的自如交流，这样无论身处何地，双方通话时完全免费；也可通过计算机拨打固定电话或手机，和平时打电话完全一样，享受 IP 电话的最低资费标准且语音清晰流畅。

3. 网络传真

网络传真（internet fax）也称电子传真，是以互联网为基础所创建的虚拟传真机服务。它是传统电信线路与软交换技术的融合，它整合了电话网、智能网和互联网技术，通过互联网将文件传送到传真服务器上，由服务器将其转换成传真机接收的通用格式后，再通过传统电信线路将文件发送到普通传真机或电子传真号码上。

4. 网络新闻

网络新闻突破了传统的新闻传播概念，在视听方面给受众带来全新的体验。它将无序化的新闻进行有序的整合，并且大大压缩了信息的厚度，让人们在最短的时间内获得最有效的新闻信息。

5. 即时通信

即时通信服务是指能够即时发送和接收互联网消息等的信息服务。即时通信的功能日益丰富，逐渐融合了电子邮件、博客、视频、游戏和搜索等多种功能。即时通信软件不再是一个单纯的聊天工具，它已经发展成集交流、资讯、娱乐、搜索、电子商务、办公协作和企业客户服务等为一体的综合化信息服务平台。

6．网络直播

网络直播大致分两类，一类是在网上提供电视信号的观看，如各类体育比赛和文艺活动的直播，这类直播原理是将电视（模拟）信号通过采集，转换为数字信号输入计算机，同步到网站供人观看，相当于网络电视；另一类是人们所常提到的网络直播：在现场架设独立的信号采集设备（音频+视频）导入导播端（导播设备或平台），再通过网络上传至服务器，发布至网站供人观看。

网络直播延续了互联网的优势，利用视讯方式进行网上现场直播，可以将产品展示、相关会议、背景介绍、方案测评、网上调查、对话访谈、在线培训等内容现场发布到互联网上，利用互联网的直观、快速、表现形式好、内容丰富、交互性强、地域不受限制、受众可划分等特点，加强活动现场的推广效果。现场直播完成后，还可以随时为观众继续提供重播、点播服务，有效延长了直播的时间和空间，发挥直播内容的最大价值。

网络直播最大优点就在于直播的自主性，其独立可控的音视频采集，完全不同于转播电视信号的单一收看，它可以为政务公开会议、群众听证会、法庭庭审直播、公务员考试培训、产品发布会、企业年会、行业年会、展会直播等电视媒体难以直播的场景进行直播。

2021 年 4 月，国家互联网信息办公室、公安部、商务部、文化和旅游部、国家税务总局、国家市场监督管理总局、国家广播电视总局等七部门联合发布《网络直播营销管理办法（试行）》，自 2021 年 5 月 25 日起施行。

二、网络沟通存在的问题

（1）沟通信息呈超负荷。
（2）口头沟通受到极大的限制。
（3）纵向沟通弱化，横向沟通扩张。

三、网络沟通的策略

（1）交流面对面，管理最有效。
（2）信息传递前，深思又熟虑。
（3）注重影响面，圈内与圈外。
（4）技术新趋势，冷静多思考。
（5）控制通信费，事半又功倍。

四、网络沟通的基本规范

（1）不利用计算机伤害别人。
（2）不干扰别人的计算机。
（3）不可窥探别人的文件。

（4）不利用计算机进行偷窃。

（5）不利用计算机作伪证。

（6）不使用或复制没有付钱的软件。

（7）未经许可不可获取别人的计算机资源。

（8）不盗用别人的智力成果。

（9）应考虑所编程序的社会后果。

（10）应以深思熟虑和慎重的方式使用计算机。

五、网络不道德行为的类型

（1）有意造成网络混乱或擅自闯入网络及其相连的系统。

（2）商业性地或欺骗性地利用大学计算机资源。

（3）偷窃资料、设备或智力成果。

（4）未经许可而接近他人的文件。

（5）在公共用户场合做出引起混乱或造成破坏的行为。

（6）伪造电子邮件信息。

六、网络沟通时的注意事项

1. 使用电子邮件的要求

（1）主题应当明确，不要发送无主题和无意义主题的电子邮件。

（2）注意称呼，避免冒昧。当与不熟悉的人通信时，请使用恰当的语气、适当的称呼和敬语。

（3）注意邮件正文拼写和语法的正确，避免使用不规范或不常用的表述和表情符号，使用简单易懂的语言，以便准确传达电子邮件的要点。

（4）当邮件丢失时，应当小心查问，不能无理猜测并暗责对方。此外，在自己做到及时回复邮件的同时，不要对他人回复信件的时效性做过分期许。

（5）不要随意转发电子邮件，尤其是不要随意转发带附件的电子邮件，除非你认为此邮件对于别人的确有价值；在计算机病毒泛滥的今天，除非附件是必需的，否则应该避免 Word、PPT 格式的附件，多使用 PDF 格式的；在正文中应当包含附件的简要介绍；邮件正文要使用纯文本或易于阅读的字体，不要使用花哨的装饰；最好不使用带广告的电子邮件。

（6）如果不是工作需要，尽量避免群发邮件；特别不要参与发连环信这种活动（把这条消息发送给 10 个好友之类）；群发邮件容易使收件人的地址相互泄漏，因此最好使用邮件组或者暗送；两个人商量事情牵涉到第三方时，应该将邮件抄送给第三方。

（7）在给不认识的人发送邮件时，请介绍一下自己的详细信息，或者在签名中注明自己的身份，没有人乐意和自己不明底细的人讨论问题。

（8）如果对方公布了自己的工作邮件，那么工作上的联系请不要发送到对方的私人信箱里去，没有人乐意在和朋友们联系的信箱中看到工作上的问题。

2．使用即时通信软件的要求

（1）不要随便要求别人加你为好友，除非有正当理由；应当了解到，别人加不加你为好友是别人的权利。

（2）在别人状态为 Busy（忙碌）的时候，不要打扰；否则要 Busy 这个功能有什么用呢？如果是正式的谈话，不要用"忙吗""打扰一下"等开始一段对话，而是把对话的重点压缩在一句话中。

（3）如果谈工作，尽量把要说的话压缩在 10 句以内；要记住，即时通信不适合谈工作。

（4）不要随意给别人发送链接或者不加说明的链接；随意发送链接是一种很粗鲁的行为，属于强制推送内容给对方，而且容易让别人的电子设备感染上计算机病毒。

（5）遵守国家法律法规，严禁一切不合法行为。《中华人民共和国网络安全法》自 2022 年 6 月 1 日起施行，这是中国网络领域的基础性法律，明确加强了对个人信息的保护，打击网络诈骗及一切泄露、篡改、毁损他人信息或利益的行为。

3．注意事项

（1）记住别人的存在。在网络世界漫游的时候，不要忘记网上还有许多朋友，其中有网络管理人员、网络维护者、网友、"黑客"等。因此，要控制上网时间，尊重其他网友。另外，玩网络游戏时不得作弊。此外，要注意做好保密工作等。

（2）网上网下行为一致。在现实生活中，绝大多数人都遵纪守法，注意用法律及道德标准规范自己的行为。同样，互联网上的道德和法律与现实生活中的道德和法律也是相同的。因此，在网上交流时，也需要用法律和道德标准规范自己的行为。

（3）入乡随俗。不同的网站、不同的论坛有不同的规则。在某个论坛能做的事情，在另一个论坛可能不被允许。例如，在聊天室畅所欲言和在一个新闻论坛发表意见是不同的。最好先观察后才发言，以便了解论坛的气氛和可以接受的行为。

（4）尊重他人的时间。别人为你寻找答案需要花费时间和资源。在你提出问题之前，应先花些时间进行搜索和研究。也许同样的问题以前曾提出过多次，现成的答案唾手而得。

（5）在网上留个好印象。由于网络交流的匿名性，因此文字成为网民相互之间印象的唯一判断。交流和沟通时，如果对某一方面不熟悉，可以先阅读相关资料。在发帖前应仔细检查语法和用词，尤其值得注意的是，不要使用脏话和挑衅性语言。

（6）分享你的知识。除了回答别人提出的问题外，包括当你提出的问题得到较多的答复，特别是通过电子邮件得到答复后，最好写份总结与大家分享。

（7）平心静气地争论。争论是正常现象，但要注意以理服人，不要进行人身攻击。

（8）尊重他人的隐私。电子邮件是隐私的一部分。如果你熟悉的某人用笔名上网，你未经本人同意便将他的真实姓名公开，则不是一种好的行为。再则，当你无意中看到别人打开计算机上的邮件或秘密，更不应该"广播"。

（9）不要滥用权利。管理员、版主比其他用户享有更多权利，应珍惜这些权利，而不要滥用特权。

（10）宽容。当看到别人写错字或者提出一个低级问题时，最好不必介意。当然，也可用电子邮件的方式提出自己的建议。

实践训练

一、情景训练

市场部小谢的 QQ 号码被盗后，他的 QQ 好友便不断地接到从他的 QQ 上发来的借钱信息，同事小李也接到了同样的信息，小李该怎么办？小谢该怎么办？

实训要求：分组训练，两人一组；角色扮演，一人扮演市场部小谢，一人扮演同事小李。

二、综合训练

1. 案例分析

（1）小张是大三学生，一日在浏览网页时无意中看到一篇名为"中国联通招聘网络兼职"的文章。该文称联通为扩大业务量和知名度招聘"刷业绩兼职"，回报率很高，并且醒目提示"不需要任何保证金""需要保证金的都是骗子"。

小张觉得这个网站文章看起来内容规范、提示贴心，比较可信，遂通过页面上的 QQ 进行联系。对方自称为联通内部员工，为提升业绩招聘"刷业绩兼职"，只需要去官方网站上购买联通充值卡，3 张算一次任务，任务完成后会把货款退回给小张，每次任务可得 15 元佣金。对方还特别提醒小张不用担心被骗，因为就算不退还货款小张手里还有充值卡，也不会损失。

小张觉得对方说的有道理，于是就在对方发来的充值卡链接上花 300 元购买了三张充值卡，然后联系对方要求退回货款。但对方却表示，系统可能"卡单"了，只看到一张充值卡的交易记录，小张必须再购买三张才可以激活之前的订单。小张感觉不妙，立刻打电话充值，但系统提示卡号密码错误，充值卡都是假的。

实训要求：请分析案例中小张有哪些方面做得不妥。

（2）赵先生心仪某手机已久。一日，他在淘宝网上看到某卖家标出该二手手机的价格只需要 2600 元，比别家便宜。他随即用淘宝旺旺与卖家联系，但卖家以计算机运行旺旺会卡为由，要求转到 QQ 上进行交流。

卖家告诉赵先生，手机是前男友送的生日礼物，因分手后不想看到"伤心物"，故忍痛贱卖。赵先生对卖家很是同情。不过由于担心货品质量和售后保障，赵先生还是仔细询问了手机的序列号，并索要发票，卖家也一一提供。

赵先生随后向卖家索要商品的实物照片，卖家表示室内光线不好，无法拍摄，并突然告诉赵先生，有另外的买家想要买这台手机，并且能出更高的价格，但是如果赵先生现在就能拍下付款的话，自己还是愿意以原价卖给赵先生。赵先生担心超值的手机被别人买走，立刻答应现在就拍下付款。

卖家发来一个"淘宝链接"（实际上是钓鱼网站）要求赵先生拍下付款。赵先生还特意仔细查看了链接，里面确实包含熟悉的"item.taobao.com"，于是使用中国银行网银付了款。但当赵先生通知卖家自己已付款时，卖家却说没有收到交易通知。赵先生查看自己的淘宝交易记录，发现也没有刚才拍下的手机，此时，赵先生开始焦虑不安，便向卖家询问。卖家表示，这是由于淘宝网网络故障"掉单"了，导致赵先生的付款被支付宝暂时冻结，并发来了交易状态截图和淘宝旺旺的提示截图（实际上，淘宝不会发送此类信息）。

　　卖家告诉赵先生，只需要再支付 1 元激活款，被锁订单就会被激活，同时又发来了那个 2600 元的商品链接要求赵先生拍下付款。赵先生询问为什么金额显示是 2600 元而不是 1 元？卖家非常确定地多次表示，2600 元是指被冻结金额，赵先生实际上只需要付款 1 元，催促赵先生尽快付款解锁。并发来"系统提示"截图和网银提示截图。

　　对于卖家的说法，赵先生将信将疑，但最终还是按照卖家的要求，在卖家发来的商品链接上进行了付款操作。随后不到 1 分钟，赵先生的手机便收到了银行发来的扣款 2600 元短信通知。此时，赵先生实际已经支出了 5200 元。赵先生感到自己上当了，立即找卖家质问。

　　卖家再次坚称没有欺骗赵先生，并表示，可能是由于赵先生的计算机网络问题导致连续付款错误。随即发来了一个名为"淘宝订单解锁"的文件（实际上是一个网银木马），说只有运行这个文件进行订单解锁，才能退回之前的款项。赵先生退款心切，便接收并打开了这个文件。随后，赵先生计算机上的某安全卫士提示此程序为木马，已经删除。

　　赵先生再次向对方询问，对方却反问"是杀毒软件吗？""这是杀毒软件的误报""要首先关掉杀毒软件，再运行这个程序"。对方还向赵先生提供了一个某搜索引擎"杀毒软件误报"的结果链接。

　　赵先生看到搜索结果后，最终听信了对方的话，关闭了所有的杀毒软件产品，并再次接收和运行了对方发来的程序。

　　该程序提示赵先生：只需要再次登录网银输入用户名和密码进行确认，不需要再进行支付。赵先生按照提示操作，结果并没有等到款项被退回的消息，手机却收到银行发来的信息提示：一笔金额为 1 万元的扣费交易，由于账户余额不足没有成功。赵先生此时才确信自己真的是上当了，立即挂失了银行卡，并拨打了 110 报警。

　　　　　　　　　　　　　　　　　　　　　　　　　　　　　　　　　　（资料来源：高考网）

实训要求： 请谈谈你看了以上案例有何感想。

（3）安徽明光警方破获一起"潮玩盲盒"特大电信网络诈骗案

　　中新网合肥 7 月 11 日电，近日，安徽明光警方经过数月奋战，成功破获一起"潮玩盲盒"特大电信网络诈骗案，抓获犯罪嫌疑人 62 人，扣押作案手机 50 余部，冻结涉案资金 40 余万元，实现了从源头到下线的全链条打击。

　　2022 年 1 月份，明光警方在工作中发现，辖区居民何某某、徐某在网上搭建了开"盲盒"平台，会员通过充值可以在平台内"开盲盒"获得奖品，但该平台后台已被何某某等人将大奖中奖率设置为 0。

　　获悉该线索后，明光市公安局立即抽调刑侦大队、网安大队成立专案组，对该案件研判，通过长达一个月的研判侦控，专案组摸清了该诈骗平台实施诈骗的模式及运营方式，并锁定了何某某、徐某和杨某某 3 名主要犯罪嫌疑人。2 月 11 日，专案组在安徽明光将何某某、徐某抓获，并赴吉林长春将帮助搭建诈骗平台的杨某某抓获。

　　　　　　　　　　　　　　　　　　　　　　　　　（资料来源：2022-07-11 中国新闻网）

实训要求： 请谈谈你看了以上案例有何感想？

2．综合情景训练

长方公司销售部李凌与万新公司的徐京谈妥了一笔生意，按协议要求万新公司应立即向长方公司付款 1 万元。但是徐京说，由于当天公司账户已在银行处理了一笔大额交易，若再进行转账将会超出日常支付限额。因此，他提议通过微信完成此次交易，并请李凌提供其微信收款的二维码以便扫码支付。李凌随后将自己的收款码截图发给了徐京。然而，徐京称该码无法使用，并让小李将付款码发给他。

实训要求：请思考假如你是小李，你该怎么办。

知识小结

有效沟通的"七 C 原则"：可信赖性、一致性、内容的可接受性、表达的明确性、渠道的多样性、持续性与连贯性、受众能力的差异性。

人际关系的特点：互动性、渐时阶段性、动态性、情意性、社会性、复杂性。

建立与维持人际关系的原则：平等原则、互惠互利原则、诚信原则。

人际沟通的礼仪：微笑、倾听、赞美、避免与人争论、换位思考。

常用的电话沟通礼仪包括：打电话的礼仪、接听电话的礼仪、挂电话的礼仪、使用录音电话的礼仪、使用手机沟通的礼仪。

网络沟通的主要形式：电子邮件、网络电话、网络传真、网络新闻、即时通信、网络直播。

网络沟通存在的问题：沟通信息呈超负荷；口头沟通受到极大的限制；纵向沟通弱化，横向沟通扩张。

网络沟通时的注意事项：使用电子邮件的要求、使用即时通信软件的要求、注意事项。

模块 五

商务酬宾礼仪

知识学习目标：

了解和掌握商务酬宾的内容、商务宴请原则及形式等基本知识；

了解和掌握中餐宴请礼仪、西餐宴请礼仪等相关知识。

能力培养目标：

培养组织、筹备各种商务酬宾的能力；

培养处理商务宴请中突发状况的能力。

素质拓展目标：

培养学生树立职业意识，养成真诚热情、勤俭节约、量力而行、尊重习俗的待客之道；

使礼仪真正融入日常行为的各个环节，养成良好的酬宾习惯。

单元一　商务酬宾的类型

情景导入

龙创商业集团旗下的龙创贸易有限责任公司，近来与一家矿泉水厂合作，开发出一款新产品——×××矿泉水。新产品开发出来以后，如何让广大消费者接受就成了一个新问题。为此，他们策划了一次"寻源之旅"活动，凡是喝过×××矿泉水的消费者都有机会参加。参加活动的人将被带到风光旖旎、空气清新的××湖边，感受温润、健康的自然之水。本次活动的目的是让"自然水比纯净水更好"的观念深入人心，从而打开以自然水为主要原料的×××矿泉水的销路。

龙创贸易有限责任公司公关部主任龚成博是这次活动的策划人，公关干事柳敏郁负责具体工作。很多人兴致很高，近百人报名参加活动。活动时间为期两天，吃、住均由公司负责。

项目任务

假如你是公关部主任龚成博，在这次近百人的"寻源之旅"活动中，你认为应该采用什么餐饮形式？

任务分析

任何一个单位在经营过程中都会采用不同形式的宣传策略。这次的"寻源之旅"活动，显然是龙创贸易有限责任公司采取的一次把自己生产的新产品推向市场的宣传经营策略。像这种近百人参加的为期两天的室外活动，是一次活动范围广、人数众多、组织难度较大且具有一定影响力的大型宣传活动，一定要准备充分、安排周密才能确保活动举办成功。因此，对于公关部主任龚成博、干事柳敏郁来说，确实任务重、压力大。如何安排餐饮活动就成为这次活动能否成功的一个重要方面。

根据这次活动的特点——范围广、人数多、时间长、影响力大，采用自助餐形式是比较合适的。因为自助餐适用于人数众多的宴请，它可以不排席次、座次，来宾可以随意走动，自由选择交谈对象，自取菜肴，持续的时间又比较长。这能使参与者在"寻源"的同时感受到细致入微的人文关怀，真正达到本次活动的目的。

餐饮形式多种多样，可以是正式宴会、招待会（包括自助餐和酒会）、茶会、工作餐，还可以是西餐，每一种形式又有各自的特点。因此，作为商务人员，在经营过程中应该了解各种活动形式的特点。掌握商务酬宾的各种形式，才能对症下药，解决问题。

随着市场经济的发展，商界的竞争日益激烈。对商务人士而言，成功的商务酬宾往往有助于与商务伙伴建立良好的关系，对商务合作起到锦上添花的作用。

商务酬宾的类型主要包括商务宴请、舞会、音乐会和沙龙等。

一、商务宴请

主方为了扩大影响或表达谢意和敬意，会以聚餐的形式盛情邀请宾客。这是一种非常注重礼仪的活动。

（一）商务宴请的原则

1．适量原则

在组织商务宴请活动时，要根据商务宴请的规模和参与的人数，决定餐饮的档次和菜肴酒水的数量等。要适量，不要虚荣攀比、铺张浪费，更不能用公款大吃大喝，败坏社会风气。

2．环境优雅原则

现在越来越多的人喜欢享受用餐的情趣和氛围，讲究清静优雅的环境礼仪。

（二）商务宴请的种类

1．根据商务宴请的目的分

有迎送宴会、喜庆宴会、商务宴会、答谢宴会、工程开竣工宴会、展览开闭幕宴会等。

2．根据商务宴请的形式分

有宴会、招待会、茶会、工作餐等。

3．根据商务宴请的餐别分

有中餐、西餐等。

4．根据商务宴请使用的餐具分

有分餐、共餐、混合餐等。

（三）商务宴请的形式

通常根据客人的身份、宴请的缘由、人数等各种因素来确定商务宴请的形式。

1．宴会

宴会是指比较隆重、正式的宴请形式。根据时间不同，有早宴、午宴、晚宴三种，一般晚宴最为隆重正式。根据规格，又分为正式宴会、便宴和家宴。

（1）正式宴会。这是一种规格较高的宴会，有桌次、席次之分，讲究衣着，要求菜肴、酒水和餐具等保证质量、具有特色，服务要规范。

（2）便宴。便宴属于非正式的宴会。最大的特点就是气氛亲切，有利于各方交往。可以不排座次，不做正式讲话，菜肴、酒水可丰可俭。

（3）家宴。在家中设宴招待宾客。可由主妇亲自下厨，也可请厨师上门做菜。西方国家不少人喜欢这一宴请形式，菜肴不一定丰盛，但由于通常由主妇亲自掌勺，家人共同招待，因而它不失亲切、友好的气氛。

2. 招待会

招待会是指不备正餐的宴请形式。招待会一般采用自助餐形式，主方一般都会在请柬上写明开始至结束的整个时段，在此期间任何时候到达或离开都可以。它适合于多人参加的大型活动，可以不排席次、座次，来宾可以随意走动，自由选择交谈对象，自取菜肴。招待会一般又分冷餐会（自助餐）和酒会两种。

（1）自助餐。即冷餐会。菜肴以冷菜为主，也有一些热菜、饮料和啤酒等。时间不受限制，可以在中午以后的任何时间举办，室内室外均可举办。菜肴集中摆放在大餐桌上，如果人多的话，宾客可以排队取用，可站可坐，也可随意走动。自助餐适合规格不是太高且出席人员众多的礼节性、纪念性活动的宴请。

温馨提示

取菜时每次不要取太多，同一类菜可以吃完再取。例如先取凉菜，吃完后可以再取。不要因为自己喜欢就全部取完某一种菜肴，也不要把凉菜、热菜、甜食统统放在一个盘子里，可以先吃完冷菜，再取其他菜。

（2）酒会。顾名思义，酒会以酒水为主，又称鸡尾酒会。所谓鸡尾酒，是用多种酒按一定比例混合而成的。现在的酒会不一定非喝鸡尾酒，但酒的品种要多一些，一般不用烈性酒，可以备些果汁、汽水等软饮料，还可以准备一些小点心、三明治、小香肠和炸春卷等食品（用手或牙签取用，一两口就可以吃完的）。这些酒水、食品常由服务员用托盘端到客人面前，供其选取。时间一般安排在下午 4：00 以后，宾客可以随意走动，且来去自由，不受约束。

小锦囊

酒会的礼仪

（1）要以恰当的方式把自己介绍给陌生人。如果几个人站得较松散、表情随意，就意味着他们不介意别人的加入，你可以走过去，打招呼问候，做自我介绍，不可默不作声地站在一旁。如果看到几个人围成一个较紧的小圈子，或两个人低声谈话，表情严肃，此时以不打扰为好。

（2）要欣然接受陌生人加入自己的谈话中。要以开放的心态参加酒会，不要只是几个熟人扎堆聊天。

（3）聊天时应顾及所有在场者，使用大家听得懂的语言，不要只与其中一两个人聊天。

（4）不要大声说话。

3．茶会

茶会是一种更简便的宴请形式，主要通过请客人品茶来进行交流。茶会时间一般安排在上午10：00或下午4：00左右。地点通常是客厅，厅内摆放茶几、座椅，不排席位。但主人要有意识地和主宾坐在一起。茶会对茶叶和茶具的要求比较高，要根据客人的喜好，选择上等茶叶，要用精致的陶瓷茶具斟茶；茶水不宜太浓、太满，杯盖要放在茶托上一同敬给客人。要尽量体现出茶文化。

饮茶共分十个步骤，现以我国的功夫茶为例进行介绍：

（1）嗅茶。主要向客人介绍茶叶品种、特点、风味，让客人传递嗅赏。

（2）装茶。用茶匙装，切勿用手抓。

（3）润茶。

（4）冲泡。

（5）洗壶。

（6）温杯。

（7）运茶。茶泡好后，将茶壶提起，在茶盅边巡行数周，以免壶底水珠滴入茶盅。

（8）倒茶。将茶盅一字排开，来回冲注，以免茶浓淡不均。

（9）敬茶。

（10）品茶。

小锦囊

茶叶的种类

（1）绿茶，不发酵，茶性寒。较为著名的绿茶有龙井茶、碧螺春茶、六安瓜片茶、蒙顶茶、黄山毛峰茶、庐山云雾茶等。

（2）白茶，轻发酵，新茶性凉，老茶性温。有白毫银针、白牡丹、寿眉等。

（3）黄茶，轻发酵，茶性微寒。有蒙顶黄芽、君山银针、平阳黄汤等。

（4）乌龙茶，又称青茶，半发酵，茶性平。较为著名的有福建的"武夷岩茶""黄金贵茶"，安徽的"铁观音"茶，广东的"凤凰单枞茶"。

（5）红茶，全发酵，茶性温。驰名中外的红茶有安徽的"祁红"、云南的"滇红"和广东的"英红"。

（6）黑茶，后发酵，茶性温。较为著名的有安化黑茶、六堡茶等。

4．工作餐

工作餐是人们工作特别繁忙时的一种方便、快捷的非正式宴请形式。它分为工作早餐、工作中餐和工作晚餐。利用进餐时间，宾主边吃边谈，不邀请与工作无关的人员，常常采用快餐分食的方式进行。双边工作餐通常使用长桌，座位安排与会谈座位安排相似，以便双方交谈。

二、舞会

舞会可以结识朋友，加深友谊，消除疲劳，陶冶性情，是商务酬宾中经常进行的高雅社交活动，每一个商务人员最好都能学会跳交谊舞。

（一）组织舞会的礼仪

1．布置舞场

舞场的大小根据客人多少而定。舞场布置要求典雅大方、灯光适中。如果是专场舞会，则应在舞场周围张贴"欢迎"字样，以表主人热情友好之意。舞场周围应摆放足够多的座椅，备好饮料、水果或小吃等。

2．选好舞曲

好的舞曲是创造高雅美妙气氛的保证。组织者可根据主要来宾的素质、年龄、喜好等特点选择舞曲，不同舞步的舞曲穿插播放。若来宾以中老年人为主，则可多放世界名曲，节奏稍舒缓；若来宾中年轻人居多，则可多播放节奏感较强的流行曲目，活跃舞场气氛，也使年轻人尽情、尽兴。

3．安排舞伴

交谊舞一般是男女相伴而跳，舞会组织者应事先考虑来宾的男女比例，根据需要有意安排一定数量的伴舞人。对主要宾客可适当安排舞伴，轮流邀舞，使其尽兴。

4．做好安全保卫工作

在舞会中，一定要做好安全保卫工作。安排专人把门，闲杂人员、衣冠不整者不允许入内，安排专人保管衣物。

（二）参加舞会的礼仪

1．讲究仪容仪表

对于级别较高的舞会，要发请柬，并注明服饰要求。一般来说，要求穿正式服装参加舞会。男士穿西装，打领带。女士穿晚礼服或裙装，配以合适的首饰。女士的妆应比白天稍浓。每一个人都应沐浴，梳理适当的发型，注意个人口腔卫生，认真清除口臭，禁食气味刺激的食物。患感冒或其他传染病的，应自觉不参加舞会。

2．邀舞和应邀的礼仪

正式的舞会中，第一曲舞是主人夫妇、主宾夫妇共舞，第二曲是男主人邀主宾夫人、男主宾邀女主人共舞。接下来，男主人需依次邀请在礼宾序列上排位第二、第三的男士的女伴各跳一曲，而那些被男主人依照礼宾序列相邀共舞的女士的男伴，则应同时回请女主人共舞。就来宾而言，男宾应当依礼相邀共舞一曲的女士包括：舞会的女主人、被介绍相识的女士、旧交的女伴、坐在自己身旁的女士。

舞曲开始时，一般由男士主动邀请女士共舞。邀舞时，男士向女士行鞠躬礼，伸出右手邀舞，同时伴随："请您跳支舞，行吗？"女士受到邀请后，回应起身。如果女士已有舞伴，应礼貌地解释："谢谢，已约好别人了，等下一曲，好吗？"如因某种原因不能接受邀请，可委婉推辞："对不起，我很累了，想休息一下。"为尊重邀舞者，此曲该女士不应再接受别的男士邀请，直到此曲终了。

男士在邀请不相识的女士时，应先观察其是否有男士相伴，如果有，一般不宜上前邀请。如果前去邀请，则应先向其男伴点头致意，再向女士邀舞。

温馨提示

在较为正式的舞会上，尤其是在涉外舞会上，同性之间避免相邀共舞。两位男士一同跳舞意味着他们不愿意向在场的女士邀舞，这是对女士的不尊重，而两位女士一起跳舞，则表示无人邀请。

3. 跳舞的礼仪

（1）舞姿要端正、大方、活泼。身体应始终保持平、正、直、稳，向前、后、左、右方向移动时都要掌握好重心。如果身体摇摇晃晃，肩膀一高一低，甚至踩了对方的脚，都是不恰当的。跳舞时，男女双方都应面带微笑，说话和气，声音轻细，不要旁若无人地大声谈笑。

（2）跳舞时，男女双方的神情姿态要轻盈自若，给人以欢乐感和优美感；动作要协调、舒展。男士不要强拉硬拽，女士不可挂在或扑在对方身上，或耸肩挺腹、驼背屈身。这样使对方有不胜负担之苦，自己也有失雅观。

（3）跳舞时，男士用右手扶着女士的腰，手掌心紧贴女士腰部。男士的左臂应以弧形向上与肩部成水平线举起，掌心向上，手指平展，将女伴的右手轻轻托住，而不是随意捏紧或握住。女士的左手应放在男方的右臂上方，而不是放在男士的肩上或勾住对方的颈部。总之，双方握得或搂得过紧都是有失风度的。

（4）当一曲结束后，男士应热情、大方地对女方说声"谢谢"，然后离开，也可以送女士回到原来的座位，并进行适当的交谈。但如果女士已有男伴，不要硬挤过去，特别是不要始终盯牢一位舞伴不舍，以免发生误会。

4. 舞会的文明规范

交谊舞通过优美动听的音乐旋律和男女舞伴协调的舞蹈动作，表现出一种整体的美。为了使舞会气氛热烈，达到社交的目的，参加舞会的每个人都应遵循一些必要的文明规范。

（1）舞会前不要吃大蒜等有异味的食物；

（2）不能穿汗衫、背心、短裤参加舞会；

（3）不吸烟，不乱扔果皮、纸屑，不乱倒茶水；

（4）不在舞场大声喧哗，不在舞池穿行、聊天；

（5）尊重舞伴，不可使对方尴尬，即使是热恋的一对儿，也不应显得过分亲昵；

（6）舞会结束后，向主人道谢告辞，男士可护送女士回家，但不应勉强，更不应勉强女士留下联系方式。

舞会上结交新朋友的方式

一是主动把自己介绍给对方；

二是请主人或其他与双方熟悉的人士代为介绍；

三是通过邀请舞伴的方式直接或间接地认识对方。在舞会上结识新友之后，一般不宜长时间深谈。

三、音乐会

音乐会在早期多是王公贵族、达官富豪参加的集会社交活动，往往给人以庄重、高雅的感觉。即便在当今社会，音乐会已越来越大众化，但仍沿袭了许多传统的礼仪。

1. 服装礼仪

参加音乐会要求穿着正式。男士穿西装、打领带，或穿小礼服，打领结。女士要化妆，穿小礼服或大礼服，戴薄纱手套。这是对音乐艺术与演奏家的一种基本尊重。

2. 进场礼仪

应在音乐会开始前入座。若迟到，则应在一曲终了或中途休息时方可入内。

国外音乐厅里设有衣帽间，男士应协助女士脱下大衣，并代为存放。入座时，男士应请女士先行。

3. 倾听与鼓掌礼仪

安静地倾听是音乐会最起码的礼仪，不仅表示对演奏者和其他观众的尊重，也间接地体现了自己的修养。在音乐会中发出噪声是很不礼貌的，应避免在音乐进行中时交谈、走动，也不能发出其他不必要的声音，如打拍子、咳嗽等。

适当的掌声是观众对演奏者的回应，但过于热情或不合时宜的掌声则会扰乱演奏者的情绪，一定要等音乐完全停止，才能鼓掌。

四、沙龙

"沙龙"原本是法语"客厅""会客室"的音译词。

在我国的商界，沙龙也非常流行。因为沙龙形式自然、内容灵活、品位高雅，既正规又使人感到轻松、愉快。

根据人们讨论的话题或从事的主要活动来区分，沙龙有许多种类。具体来讲，主要有综合沙龙、交际沙龙、联谊沙龙、学术沙龙、文艺沙龙、休闲沙龙等。

1．交际沙龙礼仪

为使参加者之间保持接触，进行交流，人们经常召开一些座谈会、校友会、同乡会、聚餐会、庆祝会、联欢会、生日派对、节日晚会、家庭舞会等，这些都属于交际沙龙。

通常情况下，交际沙龙的地点、时间、形式、主人和参加者，均应事先议定。可以一人发起，也可以群策群力，共同决定。

举办沙龙的地点，应选择宾馆、饭店、餐馆、写字楼内的专用房间，或条件较好的客厅、庭院。至少要做到面积大、通风好、温度适中、照明正常、环境雅静。时间一般定在周末下午或晚间，2～4小时为宜。

参加交际沙龙以前，应对自己的仪表、服饰进行必要的修饰。一般应穿正式服装参加。应遵守时间，不得无故早到、迟到、早退。万一不能准点到达，应通知主人，并表歉意。

在主人家参加沙龙时，尽量不给主人添麻烦，并尽可能为主人提供力所能及的帮助。不随地吐痰或乱扔东西，不擅自闯入非活动区域，如书房、卧室、阳台等地，不可翻箱倒柜、乱动主人的物品。主动与他人交流，可以旁听他人的交谈，也可以加入他人的交谈。

2．休闲沙龙礼仪

休闲沙龙具有社交功能，只是休闲性、娱乐性相对较突出。如在家中、度假村或会员俱乐部进行一系列活动，如球类运动、卡拉OK、游泳、钓鱼等。西方一位颇有成就的大企业家曾说过："我的成功主要不是来自谈判桌，而是来自乡间别墅或俱乐部里同对手的友好接触。"可见，休闲沙龙的功能绝不仅仅是吃喝玩乐。

商务人员在休闲沙龙里应当表现得像玩。即轻装上阵，脱下西服套装，换上与休闲沙龙的具体环境及活动内容相配的休闲装，穿上适合运动的休闲鞋，进入自己此时的角色之中。

商务人员在休闲沙龙里应当表现得会玩。所谓"会玩"，一是指玩的技巧，二是指对玩的内容的选择。不会玩，只要肯学，又有人教，一般不难学会。

商务人员在休闲沙龙里应当以玩为主。既然是休闲、娱乐，商务人员就应以玩为主，以玩为中心，不要表现得急功近利。

有经验的商务人士都知道该工作的时候工作、该休息的时候休息。参加休闲沙龙时，切勿忘记应当以休闲为主、以交际为辅，不可将二者倒置。

实践训练

一、情景训练

1．龙创贸易有限责任公司公关部主任龚成博与干事柳敏郁受有合作关系的某公司邀请，参加该公司的周年庆典，之后与他们一起共进午餐。

实训要求：一人扮演公关部主任龚成博，一人扮演干事柳敏郁，另两人扮演合作公司接待人员；请展示他们共进午餐的过程。

2．某公司销售科小刘，在较短的时间内业绩量猛增，迅速成为该公司的业务骨干。与他们有长期往来的另一家公司的业务员小李，虽然与小刘同时步入工作岗位，但业绩平平，他想向小刘学习、取经。于是，邀请小刘到一个环境幽美、品位较高且在当地较有名气的茶楼一起喝茶。

实训要求：一人扮演小李，一人扮演小刘，一人扮演茶楼服务员，请展示他们喝茶的过程。

3．以班组为单位组织一场舞会，邀请专业教师和有关人员参加。

实训要求：全班同学参加，注意邀舞、应舞、跳舞时的礼仪。

二、综合训练

1．案例分析

（1）赵先生与女友一起参加一个舞会，跳过几曲之后，有一个熟识的朋友过来邀请赵先生的女友跳一曲。赵先生因为觉得这位朋友以前有意追求自己的女友，所以不悦，暗示女友不能去。但是女友没有听从，还是笑着赴约了。一曲终了，赵先生觉得不能忍受，大声斥责，终于在舞厅大吵，引得别人奇怪地看着他们，最后女友一个人离开了舞厅，赵先生在众目睽睽之下也觉得颜面尽失。

实训要求：思考赵先生的行为是否妥当。为什么？

（2）李娜小姐是一家公司的商务助理。有一次，她代表公司参加某合资公司举办的周年庆典活动。活动结束后，该合资公司为全体来宾安排了一顿十分丰盛的自助餐。此前，李娜从未吃过正式的自助餐。她心想：自己虽然没有吃过自助餐，不懂其中的礼节，但绝对不能有失礼之举，因为她是以公司的名义参加的，代表的是公司的形象。但用餐开始之后，她发现其他人表现得非常随便，她也就"照葫芦画瓢"，像别人一样放松了。让李娜开心的是，她在取菜时意外发现了自己平时最爱吃的大闸蟹。于是，她一连装了好几个，刚要放下夹钳，却忍不住又拿起来取了几个，她的盘子堆得像小山一样。当李娜转过身来走回自己座位的时候，她的脸一下子红了，因为很多人用异常惊讶的目光看着她的盘子，再看看她的脸。甚至有一个人小声说："没见过世面似的，真丢人。"

实训要求：看了以上案例，你认为李娜到底哪里做错了。

2．综合情景训练

如果条件许可，请以班组为单位组织学生到自助餐厅就餐，席间注意自助餐礼仪。

实训要求：全体同学参加，餐饮过程中注意相关礼仪，有问题出现时，同学之间相互指出来，纠正错误，做一个懂礼、知礼和明礼的"雅士"。

单元二　中餐礼仪

情景导入

中餐用餐礼仪

龙创汽车贸易公司是龙创商业集团旗下的一家子公司，主要经营民族自主品牌汽车，有"华采""祥雅""颂和""蓝月"四种车型。公司连续 5 年居全国轿车行业销量前列，经营业务已拓展到中东、北非、美洲。其中"华采"款轿车，大气稳重，以其动感优雅的图形设计、国际领先的"溜背式"两厢结构设计和 6～8 万元的差价，被称为"国民车"好品牌。

新都出租汽车营运公司于 20 世纪 80 年代起步，现已成为规模经营的大型汽车出租公司，净资产达 20 多亿元，营运网点遍布长沙、武汉等十几个大中城市，拥有货车、大客车、小轿车等各种车辆近 20000 辆。

最近，新都出租汽车营运公司准备分期、分批更新轿车，首选目标就是"华采"型轿车。日前，该公司曾总经理亲自到龙创汽车贸易公司看样车、签合同。经过磋商，双方成功签订了第一份合同，订购"华采"型轿车 1000 辆。当晚，为了庆祝这大宗合同的签订及两大公司的进一步合作，龙创汽车贸易公司王总经理设宴招待曾总经理一行，并把这个任务交给了办公室主任罗正阳。

项目任务

假如你是负责此次宴会的办公室主任罗正阳先生，你应该做哪些方面的准备？在餐桌上要注意一些什么问题？

任务分析

为庆祝合作成功，办公室罗正阳主任应该从哪些方面着手准备呢？

像这种较隆重的宴请，应采用符合大多数中国人饮食习惯的中餐宴请。而中餐宴请又有一系列细节需要考虑，如宴请形式、菜单、环境、座次、进餐礼仪，还要考虑对方是否有民族禁忌或个人饮食禁忌等，这些都应该筹划周密、安排妥当，这样才能使双方的交流更充分，彼此的关系得到进一步发展。

作为商务人员，经常遇到各种接待活动，而宴请又是重要的项目之一，必须了解和掌握。

一、中餐的特点

（一）团圆热闹

菜肴既是一桌人欣赏、品尝的对象，又是一桌人感情交流的媒介，它有助于形成一种团结、礼貌、热闹的气氛，这也是中餐宴请的最大特点。人们相互敬酒，相互让菜、劝菜，体现了相互尊重、相互礼让的美德。

（二）公餐制

美味佳肴放在中心，大家共享一席。

（三）注重味道

美味的产生在于调和，调和是中国烹饪艺术的精要之处。中餐八大菜系各有特色。有着悠久历史的中餐，依据口味、烹调特色的差异，可以分为川菜、鲁菜、粤菜、苏菜、湘菜、浙菜、闽菜、徽菜八大菜系。烹调方法有煎、炒、烹、炸、炖、焖、烧、煨等。

小锦囊

我国著名的八大菜系

川菜：素以味广、味多、味厚著称，并有"一菜一味，百菜百味"的美誉。

粤菜：以清、鲜、脆、嫩著称。

湘菜：口味偏重于咸、辣、酸。

鲁菜：色彩浓重，滑而不腻。

苏菜：浓中带淡，鲜香酥烂，原汁原汤，浓而不腻，口味平和，咸中带甜。

浙菜：清、香、脆、嫩、爽、鲜。

闽菜：色调美观，滋味清鲜。

徽菜：选料朴实，讲究火功，重油重色，味道醇厚，保持原汁原味。

二、中餐宴请的组织与策划

宴请的种类和形式较多，前期的准备工作不一样。正式宴会的组织工作最为复杂，具体如下。

（一）确定宴请规格

首先根据宴请的目的和主宾的地位、职务和身份确定宴请规格。宴请规格分为低规格、对等规格和高规格三种。规格高的宴请要安排在高级酒店（或饭店）里。

（二）确定宴请人员的名单

要根据主宾的身份、年龄和职业等特点来选择客人。一般选择与主宾身份、地位接近的人，与主人关系密切的朋友、业务伙伴。不能漏请，也不能有许多"陪吃"。宴请人数应该是偶数，以便每个人在宴会上都有谈话对象。除工作餐外，还可以邀请宾客的配偶，但所有人员中不能有关系紧张的，以免出现尴尬的场面。

（三）确定宴请时间和地点

对方如果是代表团，一般安排在对方到达的当天晚上或第二天晚上。如果是小型宴请，可征求对方的意见，选择一个双方都合适的时间。一般不选择重大节日和假日。

关于宴请地点，除考虑规格高低的因素外，还应选择交通便利、环境优美、干净卫生、设施完备、有特色菜肴的酒店。

（四）确定宴请的形式

依设宴目的和宴请范围，综合拟订宴请形式。一般来说，规格高、正式、人数较少的用宴会招待；日常交往、友好联谊、人数较多的以冷餐会、酒会为宜；群众性节日活动以茶会为宜。近年来，国际国内礼宾工作有简化趋势，宴请范围趋于缩小，形式也在简化。

（五）布置宴会厅

要根据活动的性质和形式布置宴会厅。正式的宴会厅布置应严肃、庄重、大方，可摆常青树、鲜花、盆景等进行装饰。宴会休息室可按客厅来布置。

（六）确定菜单

1．要量力而行

根据宴请规格、经费预算来确定菜肴的品种、数量和价位。

2．要搭配合理

冷热、荤素、甜咸、色香味搭配，时令菜与传统菜肴搭配，菜肴与酒水搭配。

3．要体现特色

点菜时优先考虑的菜肴有四种。

（1）有中餐特色的菜肴。宴请外宾时，这一条更要重视。像炸春卷、煮元宵、狮子头、宫保鸡丁等具有鲜明中国特色的菜肴，会很受外国人推崇。

（2）有本地特色的菜肴。例如湘潭的毛家红烧肉、上海的红烧狮子头、北京的涮羊肉、重庆的香辣蟹、南昌的藜蒿炒腊肉，这些特色菜比千篇一律的生猛海鲜更受好评。

（3）本餐馆的特色菜。很多餐馆都有自己的特色菜。上一份本餐馆的特色菜，能说明主人对客人的尊重。

（4）主人的拿手菜。举办家宴时，主人一定要当众露上一手。只要主人亲自动手，就足以说明对客人的尊重和友好。

4．不得触犯客人的禁忌

不同的对象、不同的时间、不同的场合，往往会有一些禁忌。如：
工作禁忌。驾驶员工作时不得饮酒，国家公务员参加公务宴请时不得饮烈性酒等。
民族禁忌。西方很多人不接受"山珍海味"，如鱼翅、燕窝，另外还有动物的内脏、蹄爪、翅膀和带鳞的鱼等。
宗教禁忌。
个人禁忌。个人的习惯性禁忌，尤其是主宾的禁忌。

菜单确定好之后，要请上司过目，若无更改，确定下来。如果能把菜单打印出来，每个客人一份，一方面更显郑重，另一方面也是很好的纪念品，特别是在宴请外宾时。千万注意不要把价钱也一起打印上去。

（七）制发请柬

正式宴请一般都会发请柬，用书面的形式邀请，以示郑重，请柬还起着备忘录的作用。在发请柬时应注意以下事项。

1．对所有被邀请者要一视同仁

对所有被邀请者要一视同仁。不要有的人发请柬，有的人口头通知。请柬应该提前 1～2 星期发出，以便被请邀者提前安排自己的时间。

2．要求回复

因为要按来人数量定座位、定座次，为了准确了解情况，要在请柬下部写上"敬请回复"（法文缩写：R.S.V.P）的字样。如果接到需要回复的请柬，被邀请人无论应邀或不应邀，都应及时回复。

小锦囊

临时点菜的注意事项

如果是临时点菜，主方既不要显得过于殷勤，又不要过于吝啬。客方也应时时刻刻显示出自己的修养。

1．主方

主方在点菜时，有两种办法可行。第一种办法是整点，即点套餐或包桌。这样费用固定，菜肴的档次与数量相对固定，比较省事。第二种办法是零点，即根据自己的预算，在用餐时现场临时点菜。它的好处是自由度较大，可以兼顾个人财力与口味。

需要强调的是，无论主方以何种办法点菜，都应尽可能征求被邀请者、特别是主宾的意见，不要只凭个人喜好行事。当然，在征求被邀请者意见或请其点菜时，完全没有必要"打肿脸充胖子"，再三要求对方"随便点""放开点"。

2．客方

客方在被主方恳请点菜时，应显示出自己具有的良好修养。一是告诉主方，自己没有禁忌，请对方随便点；二是认真点上一个不太贵的菜，再请其他人点。

客方要注意不要犯以下几种错误：一是乱点，连点的菜是什么都不知道；二是多点，尤其不要大点名菜，让主方"破财""大出血"；三是非议，对于别人点的菜，不要说自己"吃不惯""做得太差劲"。

3．服装要求

可在请柬上写明对服装的要求，如"请穿正式服装"或"请随意着装"，这会让客人感到很方便，免得猜来猜去。

4．请柬的格式

请柬的正文内容包括被邀请人的称谓，宴请的名义、形式、时间、地点，主办人或主办单位。请柬的封面一般为红色，上面印刷有"请柬"二字，被邀请者姓名、职务及敬称有时也可以出现在封面上。对于事先排好座次的宴请，需在请柬下脚注明桌号、座次（Table No.）。

请柬正文示例：

尊敬的×××先生：

为庆祝龙创商业集团成立十周年，谨定于8月8日下午6∶00在华天大酒店举办宴会，恭请您偕夫人光临。

R.S.V.P

龙创商业集团总经理　×××

×××年×月×日

（八）确定席次和座次

正式宴请都要事先安排好席次和座次。位置是礼仪中很重要的事项，它体现了主人对客人的尊重。草拟后的席次和座次一定要呈报上司确认。

1．席次

在商务应酬中，人们通常讲究：以右为尊、中间为尊、离门远为尊、离主桌近为尊，如图5.1～图5.8所示。

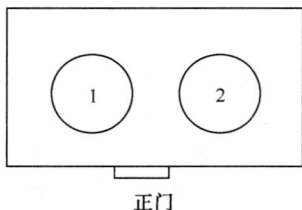

图5.1　两桌横排

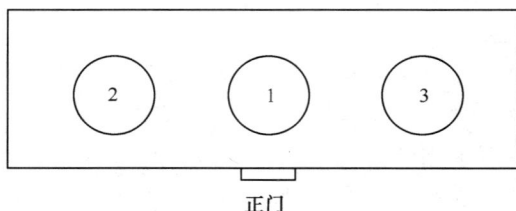

图5.2　三桌横排

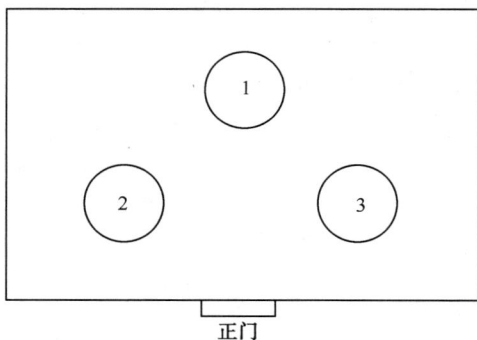

图5.3　三桌花排

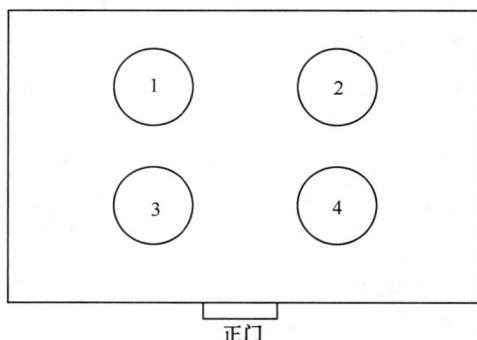

图5.4　四桌正排

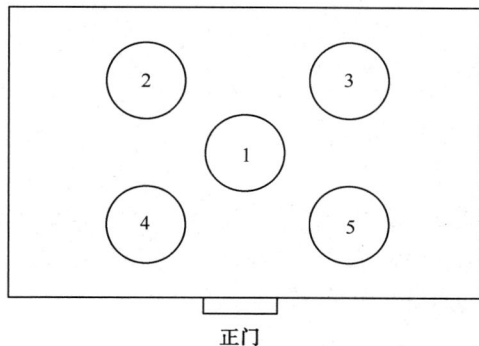

图 5.5　五桌花排

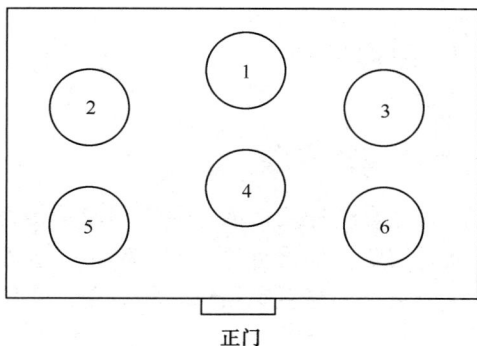

图 5.6　六桌花排

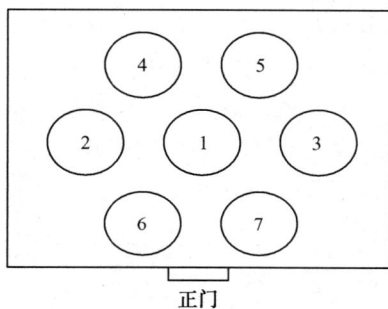

图 5.7　七桌花排

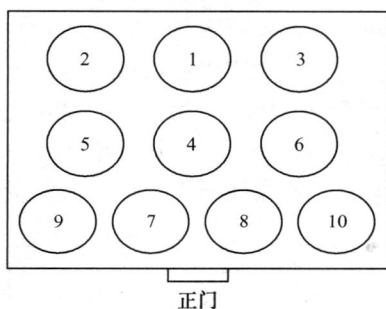

图 5.8　十桌正排

2. 座次

在座次安排上，人们通常讲究：以右为尊，以离主人近为尊，以离门远为尊。中餐座次中习惯让男性和女性各坐一边。男主宾坐在男主人右边，女主宾坐在女主人右边，其他来宾按职务高低依次排列。如有翻译，翻译可坐在主宾的右侧，不过，在许多国家，翻译是不上席的。座次安排如图 5.9、图 5.10 所示。

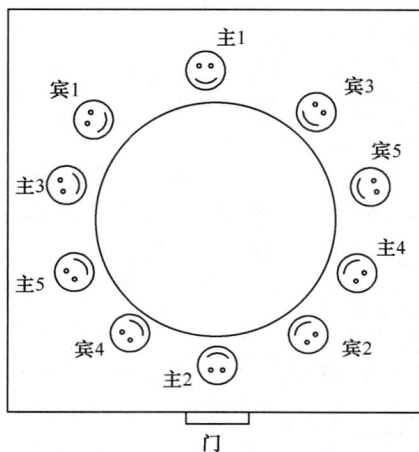

图 5.9　座次安排 1

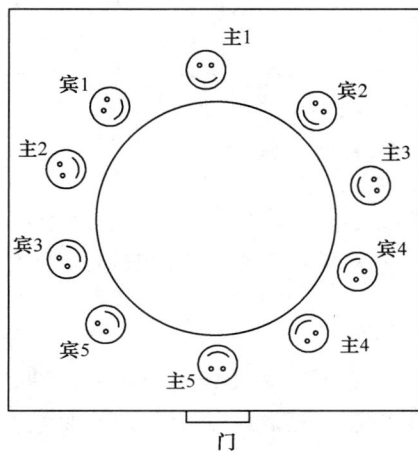

图 5.10　座次安排 2

三、宴会程序

（一）迎接客人

主人在宴会厅门口或休息室门口迎接客人。随行人员可先到大门处等候客人，引领客人到达宴会场所。如果有休息室，宾主先进入休息室小坐，先到的客人也在休息室等候，此时主人可介绍他们与主宾相识，然后主人带领大家进入宴会厅入席。

（二）入席

人数较多的正规宴请中，应该事先在桌上摆放名牌，主人可示意大家按照名牌入席。如果未放置名牌，主人要邀请客人坐上座（如图 5.9、图 5.10 所示）。如果主宾身份甚高或主人十分敬重他，就可以请主宾坐在正中（如图 5.11、图 5.12 所示）。这样的移动会影响到整个座次的安排，但是不论怎样坐，背靠门口的座位一定要让主人一方的人来坐，因为这是下座。按中国传统礼节，主宾此时应该推辞、谦让一番，在主人坚决请求下再入座。不过现代人已经不需要过多的客套，略略谦让一下即可，如果老是推辞，大家都不能入座。

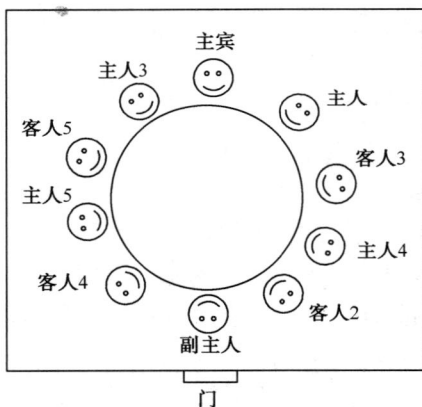

图 5.11　入席座次 1　　　　　　　　　　图 5.12　入席座次 2

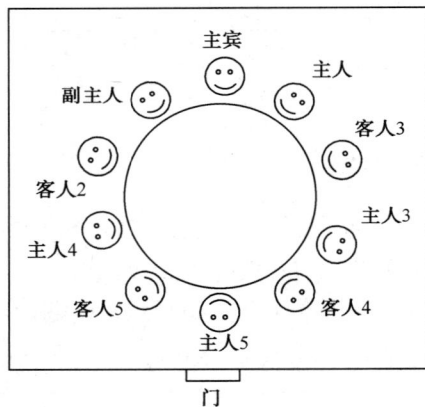

（三）致辞、敬酒

一般在宴会开始之前或进甜食之前，由主人先致祝酒词，再由主宾致答谢词。应该事先在宴会厅主桌旁边放置一个扩音器，工作人员在宴会开始之前要检查扩音器的状况。

（四）进餐

宴请过程中，主人要先向客人敬酒、为客人布菜，还要主动与客人交谈，巧妙地选择大家都感兴趣的话题，努力创造一个愉快、和谐的进餐氛围。另外，主人要始终把握好进餐速度，以中速为好，照顾主宾。干事或助理一般坐在背靠门的下座，以方便进出、关照全桌。

（五）结束宴会

果盘端上来就意味着宴会快要结束了，吃完水果即可离席。在我国，以第一主人的举动为准。主人看到大家已经吃完了，就可以站起来，表示宴请结束。有休息室时，可在休息室稍坐，主宾一行应先告辞，主人送主宾到门口。待主宾一行离去，再送其他客人。

小锦囊

中餐的上菜顺序

中餐的上菜顺序一般是：冷盘、热炒、大菜、甜点、水果。

四、正确使用餐具

中餐和西餐的菜肴不同、餐具不同，礼仪也有差异。

（一）筷子

中餐的餐具以筷子为主，使用筷子的讲究比较多。

1. 忌敲筷

在等待就餐时，不能坐在餐桌边手拿筷子随意敲打，或用筷子敲打碗碟。

2. 忌掷筷

餐前发筷子时，要把筷子一双双地理顺，轻放在每个人的面前。距离较远时，可以请人递过去，不能随手掷在桌上。

3. 忌叉筷

不使用筷子时，不能一横一竖交叉摆放，要把它们支放在自己的筷托上或碗、碟边缘，不要横放在盘、碗上，特别是公用的碗盘上。

4. 忌插筷

因故需要离开餐桌时，要把筷子轻轻地搁在桌子上或餐碟边，千万不要插在食物上。在我国，只有祭祀时才这样做。

5. 忌挥筷

在夹菜时，不能用筷子在菜盘里挥来挥去、上下乱翻。遇到别人夹菜时，要有意避让，谨防"筷子打架"。

6. 忌舞筷

说话时，不要拿着筷子比画，也不要在请别人用菜时把筷子戳到别人面前，这样做是失礼的。

7．忌舔筷

不要"品尝"筷子。不论筷子上是否有残留食物，都不要去舔它。

8．忌剔筷

切记不要用筷子剔牙或挠痒等。

9．忌用自己的筷子为客人夹菜

有些人把为客人夹菜当作一种礼仪，其实不必。用自己的筷子不卫生，哪怕是用公筷也不太好，因为这样一来，客人就必须吃下这些菜，也许客人不爱吃这些菜。

10．忌挑菜

不可用筷子在盘子里挑挑拣拣，应在靠近自己的一边夹。

（二）碗

在餐桌上，每个人面前的碗都可以用来盛放食物或喝汤用。

1．忌舔碗

在商务用餐时，不要端起碗来吃。吃的时候要用筷子、匙来辅助。如果盘子或碗里有剩余的食物，不要直接倒进嘴里，更不要去舔，可以用筷子或勺子来处理。

2．忌乱扔东西

即使不用的碗，也注意不要往里面乱扔东西，如一些用过的餐巾纸等。

（三）汤匙

1．汤匙的种类

汤匙可以分为公匙和私匙。可以用公匙将食物取回，放在自己的碗或碟里，然后食用。不要将公匙直接入口，否则，就失去了公匙的意义。

2．汤匙的拿法

右手拿汤匙的柄端，食指在上，按住汤匙的柄，拇指和中指在下面支撑。

小锦囊

汤匙的使用

1. 用汤匙舀汤时，要从外往里舀。不可端起来直接喝，喝的时候也不要发出声音。

2. 用汤匙取食物的时候，不要过满，以免溢出来弄脏餐桌或自己的衣服。如果有必要，舀食物后，可以在原处稍停片刻，汤汁不再往下流时，再移动汤匙。

3. 用汤匙取食物后，可以立即吃，也可以放在碟里，但不可以把食物倒回原处。如果食物太烫，也不能用汤匙舀来舀去，更不能用嘴对着吹气。

4. 吃汤匙里的食物时，不要把汤匙塞到嘴里，或者反复吮吸、舔食。

5. 暂时不用汤匙时，要把汤匙放到自己的碟上，不要把它直接放在餐桌上或插在食物里。

（四）食碟

1. 食碟的用法

食碟是用来暂放从公用菜盘里夹来的菜的。

2. 使用食碟的注意事项

（1）每次夹菜不要过多，最好不要把多种菜堆放在一起，否则菜会相互"窜味"，也不好看。

（2）不吃的残渣、骨、刺放在食碟前端，注意不要直接吐在食碟上，可以用筷子或手协助。如果食碟弄脏了，或者骨、刺放满了，可以让服务生更换。

五、宴请中的礼仪

1. 坐姿

坐姿要端正，胸口离餐桌20厘米。手要放在腿上，不要趴在桌上或将双脚伸得老远。"主不动，客不食。"客人不可先于主人拿起筷子，要看第一主人的动作行事。

2. 致辞时

宾主致辞时应注意倾听，不要摆弄桌上的餐具。

3. 交谈时

进餐时要主动与其他人交际应酬，特别是和自己的邻座。切不可一言不发或只顾自己埋头吃喝。交谈时，声音不要过高，对方能听清楚就可以了。不能一边嚼一边说，要把嘴里的饭菜咽下去再说话。

4. 转动转盘时

餐桌中间的转盘要顺时针转，每道菜上过之后，要先转到主宾面前。看到有人夹菜时要等一等再转。

5．进食时

（1）进食要文雅大方。要小口进食、闭嘴咀嚼，不要狼吞虎咽，进餐速度要和大家同步。

（2）不要在餐桌上翻拣自己喜爱的菜肴。吃馒头时，最好用手掰下约一口大小的一块，放入口中。

（3）咀嚼食物和喝汤时，不要发出很响的声音，不要用嘴吹汤，应待其自然冷却后再喝。无论吃什么，都要闭嘴咀嚼，不能出声。

（4）要控制体内异响。如需打嗝、咳嗽、打喷嚏，要赶紧拿餐巾捂住嘴，之后要对邻座说声"抱歉"。吐骨头、剔牙时，也要拿餐巾遮掩。

（5）正式宴会中一般不可抽烟，可去休息室抽烟。小型便宴中，抽烟要得到主人的允许。

（6）正式宴会中不可当众穿脱衣服或解开纽扣。小型便宴中，如果主人请客人脱下外衣，男宾可将外衣脱下搭在椅背上。

（7）无论男女，不能在餐桌旁梳理头发。女士不可当众化妆，如有必要应去盥洗间。

（8）若碰落、打碎了餐具，在正式宴会上都应请服务员来帮助收拾，不要自己动手。如果将酒水溅在邻座身上，应表示歉意，协助擦干；如果邻座是女士，只需将餐巾递上，让她自己擦即可。

（9）主宾未告辞，不可提前退席，万一有事需提前走，可事先告知主人，到时悄悄离席，不要惊动很多人。

6．宴会结束时

宾客应有礼貌地向主人道别。主办方备有小纪念品赠送时，可略加赞扬，不必过分客气。

7．参加宴会后

宴会后，还应打电话或发函再次感谢主人的盛情款待。

六、敬酒与饮酒的礼仪

敬酒也叫祝酒，是商务宴会必不可少的程序，是向对方表达敬意的一种方式。如果时间把握合适，祝酒词恰到好处的话，敬酒可以给整个聚餐营造一种良好的气氛。

（一）斟酒

按照规范来说，除主人和服务人员外，其他宾客一般不要自行给别人斟酒。如果主人亲自斟酒，应该用本次宴会最好的酒，宾客要端起酒杯致谢，必要时应该站起来。

如果是大型的商务用餐，都应该由服务人员来斟酒。斟酒一般要从位高者开始，然后逆时针斟。如果不需要酒了，可以把手挡在酒杯上，说"不用了，谢谢"就可以了。这时，斟酒者不必一再要求斟酒。

关于斟酒量，白酒和啤酒可以斟满，而洋酒不用斟满。

（二）敬酒

敬酒应该在特定的时间进行，以不影响来宾用餐为首要考虑。

敬酒分为正式敬酒和普通敬酒。正式敬酒一般在宾主入席后、用餐前开始，主人先敬，同时说一些祝酒词。普通敬酒在正式敬酒之后就可以开始了。

温馨提示

应在对方方便的时候敬酒，如当时没有和其他人敬酒，对方不在咀嚼食物，认为对方可能愿意接受你的敬酒的时候。

（三）敬酒的顺序

一般应以年龄大小、职位高低、宾主身份为序，敬酒前一定要充分考虑敬酒的顺序，分明主次，避免出现尴尬的情况。如果对职位、身份高低不明确，可以按一定的顺序敬酒，从左到右或从右到左敬酒即可。

（四）敬酒的举止要求

1．向集体敬酒

无论是主人还是来宾，如果是在自己的座位上向集体敬酒，就要求首先站起身来，面含微笑，手拿酒杯，朝向大家。

2．接受敬酒

当主人向集体敬酒、说祝酒词的时候，所有人应该停止用餐或喝酒。主人提议干杯的时候，所有人都要端起酒杯站起来，互相碰一碰。按国际通行的做法，敬酒不一定要喝干。但即使平时滴酒不沾的人，也要拿起酒杯抿上一口，以示对主人的尊重。

3．来宾向集体敬酒

主人可以向集体敬酒，来宾也可以向集体敬酒。来宾的祝酒词应该说得更简短，甚至一两句话就可以。例如："各位，为了我们合作愉快，干杯！"

4．普通敬酒

普通敬酒就是在主人正式敬酒之后，各个来宾和主人之间，或者来宾之间互相敬酒，同时说一两句简单的祝酒词或劝酒词。

5．敬酒的姿态

当别人向你敬酒的时候，要手举酒杯到双眼高度，在对方说了祝酒词或"干杯"之后再喝。喝完后，还要手拿酒杯和对方对视一下，这一过程才结束。

6．入乡随俗

无论是敬酒的一方，还是接受的一方，都要因地制宜、入乡随俗。我国大部分地区，特别是北方地区，敬酒的时候往往讲究"端起即干"。在他们看来，这种方式才能表达诚意、敬意。所以，在具体的应对上就要注意，如果自己酒量欠佳，事先应诚恳说明，不要看似豪爽地端着酒去敬对方，而对方一口干了，你却只是"意思意思"，这样做往往会引起对方的不快。另外，对于敬酒者来说，没有必要强求对方。喝酒的最高境界应该是"喝好"，而不是"喝倒"。

7．来宾向主人回敬

在中餐里还有一个讲究，即主人亲自敬酒干杯后，来宾要回敬主人，和他再干一杯。出于敬重，可以让自己的酒杯较低于对方的酒杯。如果和对方相距较远，可以用酒杯杯底轻碰桌面，表示碰杯。

小锦囊

解酒的几种方法

1．不要空腹喝酒。因为胃里空空，很容易吸收酒精，造成醉酒。如果事先吃一些油腻的东西，胃壁上附了一些油脂，酒精隔着油就没有那么容易被吸收，也就不容易醉了。

2．多喝热汤或开水。这样可以冲淡酒精的浓度。

3．多吃乳酪、蛋、肉类等蛋白质食物，有助解酒。蜂蜜也是解酒的上品，萝卜丝、鱼汤最能发挥解酒作用。

（五）敬酒的言辞及注意事项

1．敬酒的言辞

下级给上级敬酒时，要把握分寸和语言的艺术；朋友间敬酒，也以让对方愉快为宜。不同敬酒场合，要采用不同的言辞。给领导敬酒时，要让领导听得开心，但也不觉得是有意的奉承，可以借机表达希望领导多多提携的意思；向合作伙伴敬酒，则可表达大家互惠互利的愿望；向好朋友敬酒，就可以随意一些，真情实意的表达最好。

2．注意事项

（1）劝酒适度，切莫强求。有的人喜欢把酒桌当战场，想方设法劝别人多喝几杯，认为不喝到量就是不实在。"以酒论英雄"，对酒量大的人还可以，酒量小的人就犯难了，有时过分地劝酒，会将原有的朋友感情完全破坏。

（2）敬酒有序，主次分明。敬酒前一定要充分考虑好敬酒的顺序，分明主次。与不熟悉的人在一起喝酒时，应先打听一下身份，或留意别人是如何称呼的，做到心中有数，避免出现尴尬局面。

（3）察言观色，了解人心。要想在酒桌上得到大家的赞赏，就必须学会察言观色。因为与人交际，就要了解人心。左右逢源，才能演好酒桌上的角色。

（4）锋芒渐射，稳坐泰山。酒席宴上要看清场合，正确估量自己的实力，不要太冲动，尽量保留一些酒力和说话的分寸，既不让别人小看自己，又不要过分地表露自身。选择适当的机会，逐渐放射自己的锋芒，才能稳坐泰山，不致让别人产生"就这点儿能力"的想法，使大家不敢低估你的实力。

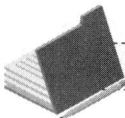

酒量欠佳者的敬酒技巧

▲ 不要主动出击，实行"以守为攻"的战略；

▲ 桌前放两个大杯，一杯放白酒，一杯放矿泉水，拿小酒盅干杯，勤喝水；

▲ 干杯后，不要马上咽下去，找机会用餐巾擦嘴，把酒吐在餐巾里（适用于女性）；

▲ 上座后先吃一些肥肉类、淀粉类食品；

▲ 掌握节奏，不要一下子喝得太猛；

▲ 不要几种酒混着喝。

实践训练

一、情景训练

1. 今晚，永宏公司董事长罗先生将在家中设宴款待其合作伙伴——西里尔公司的总裁史密斯先生及其夫人，以及市场总监威特先生及其夫人一行，以感谢西里尔公司多年来对永宏公司的支持，并期望来年双方的合作有更进一步的发展。此外，罗董事长夫妇还邀请了永宏公司董事任先生夫妇作陪。

实训要求：

（1）分组训练，八人一组，角色扮演，分别扮演罗董事长夫妇、任董事夫妇、史密斯夫妇和威特夫妇。

（2）模拟演示本次宴会座次。

（3）模拟演示宴会用餐过程。本环节应包括中餐宴会的各个阶段、针对不同菜肴使用不同的餐具及使用时的注意事项和技巧。

2. 刘小姐和张先生在一家餐厅就餐，他们点了最喜欢吃的海鲜大餐。海鲜上桌后，两人的话匣子也打开了，张先生一边听刘小姐聊童年往事，一边吃海鲜，心情愉快极了。为了吃得畅快，他在开始用餐之后就一而再、再而三地减轻自己身上的"负担"。他先是松开自己的领带，接下来又解开领扣、松开腰带、卷起袖子，到最后，竟然悄悄地脱去自己的鞋子。而且吃东西的时候，总爱有意无意地吧嗒滋味，吃得訇然作响。正在陶醉的时候，他感觉有根鱼刺塞在牙缝中，很不舒服。张先生心想，用手去掏太不雅了，所以就用舌头舔，舔了好久，好不容易将它弄出来，就随手放在餐巾上。之后他在吃虾时又往餐巾上吐了几口虾壳。刘小姐对这些不太计较，可这时张先生想打喷嚏，拉起餐巾遮嘴，用力打了一个喷嚏，餐巾上的鱼刺、虾壳随着风势飞出去，其中的一些正好飞落在刘小姐的烤羊排上，这下刘小姐有些不高兴了。接下来，刘小姐的话也少了许多，饭也没怎么吃。

张先生的所作所为，不仅让其他用餐人"见了世面"，大行注目礼，也让刘小姐感到无地自容。

实训要求：

（1）请指出本例中张先生的失礼之处。

（2）针对张先生的失礼问题，重新演示张先生和刘小姐规范的就餐过程。

（3）分组训练：两个人一组（一男一女），男同学扮演张先生，女同学扮演刘小姐。

二、综合训练

1．案例分析

（1）在年终时，某集团为感谢广大合作伙伴的大力支持，由集团公关部牵头，精心筹备了一次商务聚餐。他们特意邀请了上级机关的领导，还邀请了几位合作伙伴，其中有女士。他们安排的酒水是啤酒和白酒（没有饮料和低度酒）。菜肴的种类很丰富，看起来花色多样、十分丰盛。陆万是该集团的长期合作伙伴，是他们的常客，这次也被邀请参加。他是回族人，在这次宴会上，看见了红烧猪手等几个用猪肉制作的菜。主办方的主要负责人、公关部经理洪宏南是辽宁人，他待人豪爽坦诚。为了表达他们的热情，洪宏南经理在就餐过程中不断地为在座的各位敬酒，总是劝客人尽量多喝。结果有几位客人喝醉了。虽然主办方进行了精心筹备，但参加聚餐的客人还是感到甚多不快。

实训要求：请思考为什么客人感到不快。

（2）某公司宴请几位客人在豪杰大酒店就餐。餐厅服务员正在为客人服务。宴请快要结束时，服务员为客人上汤，恰巧主人钱先生准备敬酒，突然一回身，将汤碰洒，钱先生的西装被弄脏了。钱先生非常生气，质问怎么把汤往身上洒，服务员没有争辩，连声道歉："实在对不起，先生，是我不小心把汤洒在您身上，把您的西装弄脏了，请您脱下衣服我去给您干洗，另外我再重新给您上一份汤。耽误各位用餐了，请原谅。"随后服务员把西装送洗衣房干洗。而后对几位先生的服务更加周到，当客人用餐完毕后，服务员将洗得干干净净、叠得整整齐齐的衣服，双手捧到钱先生面前，钱先生十分满意。钱先生也诚恳道歉"是我不小心碰洒了汤，你的服务非常好"并主动付了两份汤钱。

实训要求：请分析钱先生的表现，并谈谈你的看法。

2．综合情景训练

蔡琳是一家著名跨国公司的总经理助理，总经理钱先生吩咐其筹备一次正式的晚宴，以宴请该公司在国内最大的客户赵总裁等，答谢赵总裁及其公司的高级员工一年来提供的支持。根据钱总经理的吩咐，晚宴时间拟定于下周五晚 6：30，地点由蔡琳选择，大致范围为市内的五星级酒店。准备邀请客户公司的总裁赵先生、副总裁宋先生、业务主管唐女士、丁先生和公关部经理张先生，本公司市场总监张先生和蔡琳作为钱总经理的陪同人员参加宴会。因为在工作中有过多次接触，蔡琳与赵总裁已经比较熟悉了，知道赵总裁是四川人，不太喜欢海鲜，非常爱吃麻辣味的食物，而钱总经理是上海人，偏爱清淡的食物。

实训要求：

（1）角色扮演，九人一组，分别扮演参加宴会筹备的钱总经理、蔡琳、酒店经理和参加宴会的双方公司人员。

（2）模拟演示总经理与蔡琳的宴会筹备工作，包括如何确定宴会时间、地点，如何发出邀请，如何拟定菜单，如何安排席位。

（3）模拟演示蔡琳与酒店经理的宴会筹备工作，包括宴会场地的确定和宴会的各项准备工作。

（4）模拟演示钱总经理、蔡琳和市场总监张先生在迎宾、开席、致辞和送别等环节中的语言、表情和动作。

（5）女生穿正装，男生穿西装。

（6）在模拟训练过程中，能灵活运用各种符合礼仪规范的语言、动作和表情。

单元三　西餐礼仪

情景导入

龙创商业集团为提高管理人员的管理水平，进一步提升企业的核心竞争力，特邀请著名管理专家、美国某大学教授约翰先生来国内考察指导。与约翰先生一同来中国的还有其夫人和女儿。当晚，龙创商业集团董事长王皓宇夫妇，在一家五星级饭店的西餐厅设宴，为约翰先生一家接风洗尘。同时，董事长王皓宇夫妇还邀请了总经理王帆夫妇、办公室主任赵建中夫妇作陪。

项目任务

假如你是办公室主任赵建中的话，你该如何赴宴？你认为席间要注意哪些礼节？

任务分析

人们常说"西餐吃情调，中餐吃味道"，这句话充分说明西餐与中餐是两种不同风格的宴请形式。西餐注重浪漫温馨、清幽雅静的心理感受，讲究一种氛围、一种环境。西餐也注重营养，但口味较清淡，因此那些不太喜欢吃西餐或很少吃西餐的人，在赴宴前一定要了解一下西餐礼仪。一旦出现失礼的现象，便会破坏那种温馨的情调。西餐礼仪主要包括以下几方面的内容：西餐的特点，西餐宴请的礼节，西餐的座次，入席、退席的礼节，上菜程序，西餐的酒水，餐具的使用方法，进餐礼仪等。

作为商务人员经常与外商联络沟通，因此掌握西餐礼仪是非常必要的。

一、西餐的特点

西方人用餐一是讲究吃饱，二是享受用餐的情趣和氛围。商务人员应该了解西餐的特点。

1．精美的菜谱（Menu）

菜谱被视为餐馆的门面，通常采用最好的面料做菜谱的封面，有的甚至用软羊皮压上各种美丽的花纹。看菜谱、点菜是吃西餐的一个必不可少的程序，是一种优雅生活方式的体现。

2．动人的音乐（Music）

豪华、高级的西餐厅都有乐队，演奏一些柔和的乐曲，一般的小西餐厅也会播放一些美妙轻柔的乐曲。尤其讲究乐声的"可闻度"，声音是"似有似无"的，集中精力与人谈话就听不到，想休息放松就听得到。

3．迷人的气氛（Mood）

西餐讲究环境雅致、气氛和谐。要有美妙的音乐、洁白的桌布、艳丽的鲜花、洁净的餐具。如遇晚餐，灯光要暗淡，桌上要有红色蜡烛，营造一种浪漫、迷人、淡雅的气氛。

4．优雅的礼节（Manners）

这里是指"吃相"和"吃态"。要遵循西方习俗，勿有唐突之举。手拿刀叉时，勿手舞足蹈，否则就有"失态"之嫌。

5．温馨的会面（Meeting）

吃西餐是为了联络感情，而不是谈生意。因此，有选择地和亲朋好友、趣味相投的人吃西餐，才能有温馨的氛围。

6．营养的食品（Meal）

西餐强调以营养为主，味道其次。

小锦囊

西餐吃情调

吃西餐在很大程度上是在吃情调：大理石的壁炉、熠熠闪光的水晶灯、银色的烛台、缤纷的美酒，再加上人们优雅迷人的举止，这本身就是一幅动人的油画。所以，在吃西餐时，一定要表现出您的绅士风度或淑女风范。

二、西餐宴请的礼仪

1．看清请柬的各项内容

接到请柬以后，要看清内容：是否邀请了家人、是否要求回复（请柬的左下方印有 R.S.V.P 字样，意为"敬请答复"，需要在一天之内答复主人是否能赴宴）、服装要求等。

2．接受邀请就不要轻易改变

确实有突发情况的，如身体突感不适，也不必勉强赴宴，可派代表去，但要及时通知主人，征得同意，并致以歉意。如果你已经辞了宴请，可是事情突然有了新变化，又可以去了，此时千万不可再给主人添麻烦了，以免给人留下出尔反尔的印象。

3．赴家宴需要带礼品

一瓶葡萄酒、一盒巧克力、一束鲜花等都可作为礼品。若到餐厅赴宴就不必带礼品了。

4．根据请柬要求选择适宜的服装

西餐厅对服装有一定的要求，要整洁、熨烫平整。往往越是高档的西餐厅越是这样。请柬上会注明着装规范，一般都要求正装。对于中国人来说，男士穿西服打领带，或是穿中山装，女士穿套裙或旗袍，都是可以的。

5．要准时赴宴

到别人家中赴宴时应该稍晚几分钟，给女主人留一点余地。到餐厅赴宴时最好准时到达。

> （温）（馨）（提）（示）
>
> 如果宴请别人吃西餐，需注意避开对方的禁忌。例如，宴请西方客人一般不选择在每月的 13 日和星期五；伊斯兰教在斋月内白天禁食，宴请宜在日落后举行。

三、西餐的座次

西餐的座次与中餐的座次有很大区别。中餐大多使用圆桌，西餐大多使用长桌。西餐讲究：主宾间隔而坐、男女间隔而坐、夫妻分开而坐。目的是让大家都有结交新朋友的机会。即使餐桌上不放座签，也不可擅自入席，必须等主人带领，才可入席（这与中餐入席礼节相同）。座次分两种：英美式（见图 5.13）和法式（见图 5.14）。

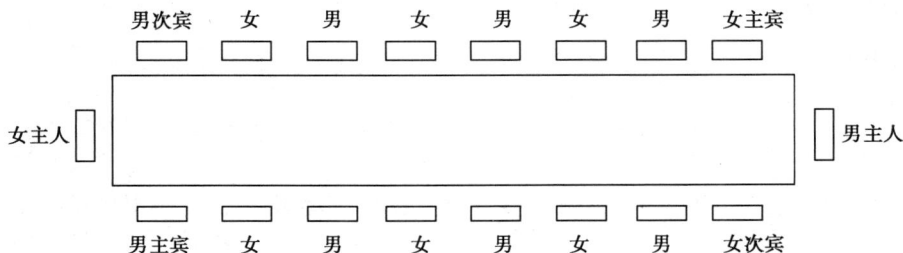

图 5.13　英美式座次

图 5.14　法式座次

四、入席、退席的礼仪

1．客人在主人的带领下按顺序入席

男主人带领女主宾第一个入席，女主人引领男主宾最后入席。其他客人由服务人员引领入座。每一个人都要从座椅的左侧入座，以免相互碰撞。男士可先为他左边的女士拉开椅子，帮助她入座，然后自己坐下。现代社会人们已不太讲究这些礼节，女士自己拉开椅子坐下也可以。

2．入座后的礼仪

入座后，腰挺直，背部微靠在椅背上，双手放在膝盖上。女主人拿起餐巾并打开，表示宴会正式开始，客人这时才可以动餐巾。餐巾可以对角折，也可以对边折，小餐巾可以不折，放在膝盖上。千万别塞在领口处，只有小孩儿和老人才用此法。餐巾只能用来擦嘴，不能用来擦汗。使用唇膏的女性，最好用纸巾把唇膏擦掉，否则会把唇膏印到酒杯和餐巾上，让别人看了不舒服。

3．暂时离开的表示方法

席间要暂时离开一会儿的话，应该把餐巾放在自己椅子的靠背上，表示还要回来继续吃。如果放在餐盘旁边，则意味着进餐结束，服务员将把餐具收走。

4．退席礼仪

女主人或第一主人要眼观全局，当看到大家都差不多吃完的时候，她（他）才能放下餐具，并把餐巾略微折叠，放在桌上。其他人见状，便知宴请结束，也可以放下餐具，把餐巾放在桌子上，随女主人退席。需注意的是，仍然从椅子的左侧退出。向主人告辞时，别忘了表示感谢。

五、上菜程序

首先需要了解西餐的上菜程序及菜谱，即使是最正规的宴请，也不会超出以下几道菜。

第一道是冷菜，也叫开胃菜。大多用水果、蔬菜、熟肉制成，或用新鲜的水产配以美味的沙拉等。冷菜色泽好看，使人一见就食欲倍增。

第二道是汤，汤分清汤和奶油浓汤。法国人喜欢清汤，寒冷地带的人喜欢浓汤。其实，清汤用料考究，营养价值更高。

第三道是主菜，有牛肉、猪肉、羊肉、鱼肉、鸡肉等。牛肉是西餐中最主要的肉类，大多用煎、煮、扒的方法烹调。

第四道是蔬菜，常见的有花菜、酿香茄、炸土豆、生菜沙拉等。

第五道是甜食，常见的有冰激凌、布丁等。

第六道是咖啡。至于水果，可上可不上。

六、西餐的酒水

在正式的西餐中，不同的菜肴要搭配不同的酒水，吃一道菜便要换一道酒水。酒水是主角，有开胃酒、进餐酒、餐后酒三种。

开胃酒是在正式用餐前饮用的。一般有鸡尾酒、雪利酒和香槟酒等。另外，还备有果汁、汽水、可乐等软饮料。开胃酒的目的是刺激食欲，但喝得太多反而会没有食欲。所以，不要多喝。

进餐酒是在用餐期间饮用的。大多是葡萄酒，而且要"白酒配白肉，红酒配红肉"。白肉指鱼肉、海鲜、鸡肉等，红肉指牛肉、羊肉、猪肉等。

餐后酒是餐后帮助消化的。最常见的是白兰地酒。餐后酒一般在正餐结束，客人进休息室后，和咖啡一同送上。

小锦囊

酒、菜的搭配

餐前饮用开胃酒。冷盘和海鲜搭配白葡萄酒，肉禽野味搭配红葡萄酒，甜食搭配甜型葡萄酒或汽酒。酒和酒的搭配是：低度酒在先，高度酒在后；有气的酒在先，无气的酒在后；新酒在先，陈酒在后；淡雅风味的在先，浓郁风味的在后；普通酒在先，名贵酒在后；白葡萄酒在先，红葡萄酒在后。

饮用不同的酒水要用不同的酒杯，正规的摆放方法是：雪利酒杯摆放在汤匙的正前方，因为雪利酒是和汤同饮的；白葡萄酒杯摆在前排中央；红葡萄酒杯摆在其左侧；水杯摆在葡萄酒杯的后面，它的右侧是香槟酒杯。

拿取酒杯的正确姿势是：三只手指捏着杯脚的下部，因为手掌的温度会影响酒的品质。

只有香槟酒才可以用来干杯，不能用葡萄酒和其他酒代替香槟酒。在西餐宴会上，人们只祝酒不劝酒，只敬酒而不真正碰杯。

七、餐具的使用方法

1. 西餐餐具摆放很讲究

西餐餐具使用讲解

（1）什么餐具放于什么位置是固定的（如图 5.15 所示）。在桌子上摆放的刀叉一般最多

不超过三副。三道菜以上的套餐，必须在用完摆放的刀叉后，再随上菜放置新的刀叉。便宴中则有可能一副刀叉用到底。

①奶油碟子和奶油刀　②甜点匙　③饮料杯　④餐巾　⑤主菜叉子　⑥沙拉叉子
⑦主菜盘　⑧主菜刀子　⑨汤匙　⑩茶（咖啡）杯、碟和茶匙

图 5.15　西餐餐具介绍

（2）刀叉应从外侧向里侧按顺序使用（也就是说，事先按使用顺序由外向里依次摆放）。进餐时，一般都是左右手互相配合，即一刀一叉成双成对使用。有些例外是，喝汤时，只是把勺子放在右边——用右手持勺。

（3）刀叉有不同规格，按照用途不同而选择其尺寸。吃肉时，不管是否要用刀切，都要使用大号的刀。吃沙拉、甜食或一些开胃小菜时，要用中号刀、叉或勺。喝汤时，要用大号勺，而喝咖啡和吃冰激凌时，则用小号为宜。

如果觉得对使用哪副刀叉没有把握，可以采用"紧跟策略"，看主人用什么你就用什么，一般不会出错。

2．餐具的语言

在吃西餐的时候，大多数情况下你不需要多说话，进餐时的一举一动就告诉了服务员你的意图，受过训练的服务员会按照你的愿望去服务，这就是"刀叉语言"。

（1）继续用餐：把刀叉分开放在盘子上，大约呈三角形，示意你要继续用餐，服务员就不会把你的盘子收走。

（2）用餐结束：把餐具放在盘子的边上，即便你盘里还有东西，服务员也认为你已经用完餐了，会在适当的时候把盘子收走。

（3）请再给我添加饭菜：盘子已空，但你还想用餐，把刀叉分开放在盘子上，大约呈八字形，那么服务员会为你添加饭菜。

温馨提示

只有在准许添加饭菜的宴会上，或在食用有可能添加的那道菜时才适用。如果每道菜只有一盘，就没有必要把餐具放成八字形。

（4）用餐完毕：盘子已空，不再想用餐时，把刀叉平行斜着放好，那么服务员会在适当的时候把盘子收走。

3．使用刀叉的吃法

英式吃法：左手持叉，右手持刀，胳膊肘不要上桌。先用叉子叉住食物，然后用刀切下一小块（以能轻松地放入口中为宜），左手持叉叉住放入口中。

美式吃法：开始是左手持叉，右手持刀，把牛排之类的菜肴切下一小块，然后放下刀，换成右手持叉进食。

无论哪一种方式，用刀子切食物时，幅度不要过大，用食指按住刀背，手腕稍稍用力下压，就能轻松切下食物了，不要像用锯子一样来回锯。刀叉尽量不要与餐盘碰出响声。

八、进餐礼仪

1．汤

汤往往是西餐第一道菜，在主人未拿起汤匙前，客人不得提前食用。用汤匙由内向外舀汤，注意第一匙宜少，先试温度，浅尝，不用口吹热汤。喝的时候，要从匙的旁边喝，不要从顶端喝。喝汤不出声，一匙汤可分几次喝；汤将见底，可用左手托起汤盘向外倾斜，以便舀取。用双耳杯盛的汤可端喝，其余均不可端起来喝。喝汤完毕，汤匙应搁在餐盘上。

2．面包

面包一般要先摆在餐桌上，但要等喝完汤后才开始食用。面包应用手掰成小块送入口中，掰一块吃一块，不要拿着整块面包去咬或用餐刀切割。抹黄油和果酱时也要先将面包掰成小块，抹一块，吃一块。要注意的是，不可把黄油直接放入口中，要用黄油来抹面包，而不要用面包去蘸黄油，也不要用面包蘸汤。

3．意大利面条

与中式面条的吃法不一样。如果备有大勺子，你可以用叉子挑起几根面条，左手持勺，勺面抵住叉子尖，转动叉子，面条就绕在叉子上了，便可以一口吃下它。如果没有大勺，可以将叉子尖抵住碗壁转动。

4．虾

吃大虾时，最好用刀叉把皮剥掉。可是如果你还没有掌握这样高的技术，不妨用手拿住虾，把虾皮剥掉。然后用叉子叉住大虾，蘸一点调料，放入口中。如果虾太大，一口吃不下，不能用剩下的部分再去蘸调料（其他需要蘸调料的食物的吃法也一样，如果你觉得蘸一次还不够的话，可以取一点调料到自己的盘子里）。吃完虾后，把手指放到洗指碗中洗一洗，用餐巾擦干。

5．鱼

吃全鱼时，应用刀将头尾切下，堆在盘边，然后用刀轻轻切割上层鱼肉，用叉子吃。吃完上层鱼肉后，不可将鱼翻身，要用刀叉剔除其主刺后再食用下层鱼肉。

6．带骨肉

吃有骨头的肉，不要直接"动手"，要用叉子把整片肉固定（可以把叉子朝上，用叉子背部压住肉），再用刀沿骨头插入，把肉切开，边切边吃。如果骨头很小，可以用叉子把它放进嘴里，在嘴里把肉和骨头分开后，再用餐巾盖住嘴，把骨头吐到叉子上，然后放到碟子里。如果有需要直接"动手"的肉，洗手水往往会和肉同时端上来。一定要时常用餐巾擦手和嘴。

7．牛排、羊排、猪排

西餐牛排有三分熟、五分熟、七分熟和全熟之分。一般要全熟的，否则牛排端上来后再让人端下去重煎是失礼的。切牛排，要由外而内一下一下地切，不要来回锯切；要切一块，吃一块，不要一下子全切完；也千万不要用叉子把整块肉送到嘴边，边咬，边咀嚼，边吞咽。

8．色拉的吃法

将大片的生菜叶用叉子切成小块，如果不好切可以刀叉并用。一次只切一块，吃完再切。如果色拉是一大盘端上来的，就使用色拉叉。如果色拉和主菜放在一起，则要使用主菜叉来吃。如果色拉是间隔菜，通常要和奶酪、炸玉米片等一起食用。如果主菜色拉配有色拉酱，可以先把色拉酱浇在一部分色拉上，吃完这部分后再加酱，直到加到碗底的生菜叶部分。

9．水果

水果品种多，吃法也不尽相同。吃苹果、梨时，应去皮、去核，切成小块，用叉取食；吃香蕉时，应先用刀将皮从中划开，用刀叉将皮向两边剥开，再将其切成小块，用叉吃；吃葡萄、樱桃等较小的水果时，可以一粒粒地取，不要将整串拿在手中吃。

10．咖啡

饮用咖啡，可以加牛奶和方糖，应该用方糖夹夹方糖。如果只有砂糖，也可用咖啡匙来舀。但一般认为，咖啡匙是专门用来搅拌咖啡的（搅拌时不可发出声响），饮用时应当把它取出来，放在咖啡的托盘上，不可用咖啡匙一匙一匙舀着喝，也不可大口猛喝，应将杯子端起来慢慢喝。在鸡尾酒会或冷餐会上，宾客自由走动，可左手端杯垫，右手持杯喝咖啡，喝完后再将杯子放置在杯垫中。在固定席位上就餐时，则不需端杯垫，只需用右手拇指、食指、中指捏住杯柄，直接品饮。

九、餐桌上的注意事项

1．如何入口

叉子和勺子可入口，但刀子不能放入口中，刀子入口也是危险的。

2．取食时

取食时，拿不到的食物可以请别人传递，不要站起来。

3．咀嚼时

每次送到嘴里的食物别太多，在咀嚼时不要说话。不要狼吞虎咽，应该斯文就餐。

4．饮酒时

饮酒干杯时，即使不喝，也应该将杯口在唇上碰上一碰，以示敬意。当别人为你斟酒时，如果不需要，可以简单地说一声"不，谢谢！"或以手稍盖酒杯，表示谢绝。

5．进餐过程中

进餐过程中，不要解开纽扣或当众脱衣。如果主人请客人宽衣，男客人可以把外衣脱下搭在椅背上，但不可以把外套或随身携带的东西放到餐桌上。

6．进餐速度

进餐速度应该与大家一致。西餐上菜方式是，一道菜吃完撤下后，下一道菜才上来。如果你吃得很慢，大家就要等你，下一道菜就上不来；如果吃得太快，吃完这道菜后你只能坐等别人，无事可做。

7．谈话声音

就餐谈话时，注意声音一定要轻，仅两旁的人听到就可以了。西餐讲究的是高雅的就餐气氛，和中餐追求热闹有很大不同。不要讲一些离奇怪异、不登大雅之堂的内容。

8．如何退席

不应在进餐中途退席，如确实需要离开，要向左右两边的客人小声打招呼。

十、特殊情况的处理

1．碰到主人感恩祷告怎么办

有的主人会在进餐前感恩祷告，或坐或立，来宾都应和主人一样。感恩祷告前，不要吃喝任何东西，安静地低着头，直到祷告结束，再把餐巾放在膝上，开始用餐。

2．塞牙或异物入口怎么办

若牙缝里塞了菜叶子或沙粒式的东西，可以喝口水试试，如果不行，就去洗手间用力漱口，或用牙签剔。若遇到不好吃的食物或异物入口时，可以用餐巾捂住嘴，吐到餐巾上，再让服务员换一块新餐巾。如果食物中有石子等异物，可以用拇指和食指取出来，放在盘子一旁。不要大呼小叫地让全桌人都知道，以致不敢继续用餐了。

3．吃了蒜或葱怎么办

吃饭的时候吃了蒜或葱，不管在哪里，都不会太受欢迎。可以用以下几种方法解决问题：一是用漱口水；二是嚼口香糖；三是用一片柠檬擦拭口腔内部和舌头；四是嚼几片茶叶或几粒咖啡豆。

4．在餐桌上弄洒了东西怎么办

如果在餐桌上洒了东西，可以叫服务员来清理弄脏的地方，万一不能清除干净，可以再铺上一块新的餐巾，把脏东西盖住，然后上下一道菜。旁边的人应该协助处理意外事故，递送纸巾，或叫服务员过来处理。总之，应尽可能在小范围内处理好，不要让全桌人都关注你，以免影响大家的食欲。

5．刀叉掉在地上怎么办

用餐的时候，刀叉不小心掉到地上，如果弯腰捡，不仅姿势不雅观，影响身边的人，也会弄脏手，可以示意服务员来处理，并且更新餐具。

实践训练

一、情景训练

1．一次，在陪同外宾考察的过程中，小张和外宾共用早餐，餐桌上放着牛奶、面包等诸多食物。由于距离原因，小张为了干净地取到自己座位对面的面包，便站起身，用叉子叉了过来。这时，在座的外国宾客对他投来了异样的目光。

实训要求：请思考为什么外国宾客投来了异样的目光。演示正确的做法。

2．小罗正在西餐厅用餐，手机突然响了，为了不打扰别人，他赶紧到门外去接听，可是等他回到自己的座位上时，他傻了眼，因为服务员不仅将他的餐具、餐巾都收拾走了，连刚送上来的、他还没来得及享用的那份牛排也撤下去了，还有那份他最喜欢喝的汤，他才喝了一口，也被撤下去了。

实训要求：请思考小罗犯了什么错误。吃西餐暂时离开时，应如何暗示服务员。

3．李嘉兴是某高校的高才生，对动漫制作有特殊的兴趣。他应聘到某公司工作不久，为了拉近与同事的关系，更为了向同事请教一些动漫制作的新方法，他特意请几个同事一起出去吃饭。其中一个年轻的同事说，附近有一家西餐厅刚开张，口味正宗，生意红火，建议去那里吃。李嘉兴一听，心里有些紧张，因为他以前从未吃过西餐，连刀叉怎么拿都不知道。但看到大家如此有兴致，便爽快地答应去西餐厅。

实训要求：

（1）六个人一组：一人扮演李嘉兴，五人扮演同事。

（2）请演示他们就餐的过程，尤其是餐具的使用和餐桌上的礼仪。

（3）要求仪装得体，仪容得当，仪态规范大方。

二、综合训练

1．案例分析

（1）著名作家张洁在她的一篇小说《只有一个太阳》中有这样一段描写："偏偏这时团长对着成行列的酒杯、饮料杯，亮得让人发冷的银质餐具，傲岸的印有古老家徽的菜单，挺括得拒人千里的台布、餐巾，打了一个声震寰宇的喷嚏……喷嚏在大而无当、石壁累累的餐室里引起了巨大的回响。由于来得突然，依林院长的手不禁一抖，酒从他的杯子里溅了出来。""副团长打了一个满意的、差不多像团长的喷嚏那样声惊四座的饱嗝，嗝中复合着鲟鱼、烤鹅、奶油、洋葱、美酒等的回味。他伸出右手，从脖子开始，顺着食道的走向捋了捋食气，然后手又从身体两侧斜伸上去，扭动了几下腰肢，觉得除腹以下，各处经络都有通畅之感，便开始用小拇指上的指甲挖耳朵、挖鼻孔、剔牙缝……总之，从脸上所有的窟窿里往外掏东西，并且把这些东西弹到地毯上去。"

实训要求：请谈谈自己的感受。

（2）晚餐过后，常有客人来喝咖啡，边喝边看书或报纸。有一次，当一位客人喝完咖啡离店时，西餐部唐茜部长在巡视时捡到这位客人遗留下来的一条数据线。第二天，这位客人来的时候，唐茜还给了他。可这位客人喝完咖啡离开时，又遗留了一件衣服，次日唐茜又将衣物完好无损地还给了这位客人。客人很感激唐茜，拿出二百元钱作为小费要给唐茜，唐茜却委婉拒绝了。

实训要求：请思考如果你是唐茜，你会收取客人的小费吗。为什么？

2．综合情景训练

龙创商业集团研发部经理杨江先生受美国某企业邀请，前往考察，拟扩大本厂生产规模，引进一条先进的生产线。美国方面销售部业务代表布朗先生也是杨江先生交往多年的好友，特意在家中宴请他们夫妇二人。杨江夫妇也是第一次出国，对美国宴请的礼节知之不多。但杨江先生深知在国内的正式宴请上有许多讲究，为避免在餐桌上做出失礼之举，他特意咨询有关人员，了解西餐的礼仪。

实训要求：

（1）请正确演示他们就餐的全过程。

（2）分组训练，每组四人，两男两女，分别扮演杨江夫妇和布朗夫妇。其他同学观摩，提出问题。

（3）形象要求仪装得体，仪容得当，仪态规范大方。

知识小结

商务酬宾的类型主要包括商务宴请、舞会、音乐会、沙龙等。

商务宴请要遵循适量原则和环境优雅原则。

舞会是商务酬宾中经常进行的高雅社交活动。参加舞会的每一个人都应该讲究仪容仪表，讲究邀舞和应邀的礼仪、跳舞礼仪，还要遵循一些必要的文明规范。

参加音乐会要注意服装礼仪、音乐会进场礼仪、音乐会倾听与鼓掌礼仪。

参加各种沙龙活动应该遵循各自的礼仪，如遵守交际沙龙礼仪、休闲沙龙礼仪。

应根据中餐的特点，进行中餐正式宴请的组织与策划，注重中餐宴会的程序及餐具的正确使用，讲究宴请中的礼仪，注意敬酒与饮酒的礼节。

西餐讲究享受用餐的情趣和氛围。应了解西餐的特点，遵守西餐宴请的礼节、西餐的座次、入席和退席的礼节、上菜程序、西餐的酒水、餐具的使用方法、进餐礼仪及几种特殊情况的处理方法。

模块 六

商务活动礼仪

习训目标

知识学习目标：

了解和掌握庆典、签字、剪彩、赞助会及新闻发布会等商务活动的概念、类型和特征。

能力培养目标：

了解和掌握举办庆典、签字、剪彩、赞助会及新闻发布会等商务活动的一般流程，能根据所给情景模拟相关商务活动，并能进行相应的策划。

素质拓展目标：

培养举办庆典、签字、剪彩、赞助会及新闻发布会等商务活动的组织策划能力，养成既严谨规范又有创新创意，且能随机应变的工作作风和态度。

单元一　庆典活动

情景导入

为进一步扩大本公司的声誉，提高企业知名度，并进一步增强凝聚力，龙创工程机械有限责任公司决定隆重举办成立十周年庆典活动。通过回顾公司发展历程，展示公司发展实力和未来趋势，明确公司的经营思路及发展方向，驱散员工心中的"阴霾"，鼓舞员工士气，让员工对公司的发展更有信心。

活动主要内容：通过会场一系列回顾展示，加深员工对公司的认识；通过对先进集体和先进个人的表彰，激励先进员工，为广大员工树立起榜样，形成争先的工作氛围；同时借此活动感谢员工，感谢大家的辛苦付出。

项目任务

假如你是龙创工程机械有限责任公司公关部助理姜江，你如何协助上级举办本次庆典活动？

任务分析

要成功举办庆典活动，应了解庆典活动的概念、类型、特点等相关知识，把握策划与组织庆典活动的技巧与方法，掌握筹备庆典活动的方法、途径等，了解庆典活动主要议程及应注意的问题。

庆典活动是为庆祝某一重大事件而举行的一种公共关系专题活动。常见的庆典活动有开业庆典、周年典礼、落成典礼等。

举办庆典活动可向社会宣传组织的存在与发展，为组织创造良好的形象，所以，许多组织都很重视这一活动。过节、开张等都是举办庆典活动的好时机，可以说庆典活动是一个组织比较重要的公共关系专题活动。庆典活动尽管类型各异，但都有一个共性，即盛大、隆重、热烈、喜庆和丰富多彩。

一、庆典活动的准备工作

（一）做好舆论宣传工作

事前可利用媒体多做报道，发布广告，也可派人在公众场合散发宣传品，造出一定的舆论声势，引起公众的广泛关注。

公关及宣传广告等活动宜安排在庆典活动前 3～5 天进行，最多不超过一周，过早或过迟都难以收到良好的效果。同时还应提前向媒体发出邀请，请其届时光临现场进行采访、报道，以便进一步扩大影响。

（二）拟定宾客人员名单，发邀请函

除了媒体记者，参加庆典活动的人员还应包括以下几类。

1．政府机关部门领导

主要表达对上级机关部门领导的感谢并希望能继续得到其支持。

2．社会知名人士

利用名人效应，更好地提升自身的形象层次，如在庆典活动现场的节目演出中可以邀请知名度较高的歌星、影星登台献艺或邀请社会名流参加剪彩仪式等，借此提高本单位的知名度。

3．有功人士

有功人士是指对企业发展有突出贡献的人，如新的建筑物落成之际，要举办落成典礼，在落成典礼上应邀请负责建筑物筹建工作的领导出席庆典仪式。

4．友好单位人士

邀请友好单位人士以增进友谊，共谋发展，同时还应列出参加庆典活动的领导、工作人员的名单。人员名单一旦确定就应及时发出邀请函，并在庆典活动开始前再次确认所邀请人员能否准时到达现场。

（三）选聘服务人员

现场接待人员应年轻、精干、形象好，佩戴的标志（胸卡、绶带等）要醒目。贵宾到场时，主要负责人应亲自相迎。

（温馨提示）

对现场服务人员要提前进行必要的礼仪培训。要让服务人员各司其职，把整个活动的流程都熟记于心。

（四）主持人的选拔

庆典活动最重要的就是气氛，要求现场气氛隆重、热烈、喜庆。要保持这种气氛，主持人起着很重要的作用。所以在选择主持人时，最好选择幽默风趣的。

主持人应提前了解和熟悉此次庆典活动的主题、目的及整个流程。主持词要提前准备好，但对具体情况要随机应变。

龙创大酒店成立十周年庆典活动主持

主持人："金秋十月，清风送爽。今天，四面八方的朋友汇聚在这里，都是为了一个共同的盛事——龙创大酒店成立十周年庆典！

"这是青春的律动，这是个性的张扬，这是心灵的呼唤，这是生命的礼赞！

"现在出场的是龙创大酒店的员工服装展示队。看，他们正迈着坚定的步伐向我们走来，他们精神抖擞、气宇轩昂，自信的笑容洋溢在他们的脸上，举手投足间无不展示出酒店人非凡的气质。这是一个朝气蓬勃的团队，这是一道美丽的风景。

"尊敬的各位来宾，请允许我宣布：龙创大酒店成立十周年庆典现在正式开始！让我们用热烈的掌声，欢迎各位领导和嘉宾就座。"

主持人："女士们，先生们，今天出席我们龙创大酒店成立十周年庆典的领导和嘉宾有……（介绍到场的领导和嘉宾）。让我们用热烈的掌声欢迎各位领导和嘉宾的到来！"

主持人："全体起立，奏国歌，然后唱本酒店之歌《××××》。"

主持人："有请×××领导讲话。"

主持人："有请特邀嘉宾××同志讲话。"

主持人："女士们，先生们，这里是龙创大酒店成立十周年庆典活动现场。洪亮震天的锣鼓，欢腾活跃的舞狮，绚丽缤纷的礼花，烘托出了一个喜气洋洋的热闹场面，点缀出了一个姹紫嫣红的金秋盛景。这是酒店人的盛事，这是酒店人的盛典！

"让我们共同庆祝这一盛事，让我们共享这一美好时刻！

"今天，给我们庆典现场带来祝贺的单位和个人有……

"发来贺信和贺电，送来花篮祝贺的单位和个人有……

"下面我们用热烈的掌声欢迎龙创大酒店总经理×××同志致答谢词。"

主持人："各位来宾，各位朋友，让我们共同祝愿龙创大酒店生意兴旺！非常感谢各位能够光临今天的庆典活动现场！我们龙创大酒店为了款待和答谢各位来宾，精心准备了庆典午宴，请各位随我们一起步入四楼宴会厅入席。"

（五）资料的准备

在庆典活动开始前需要准备的资料一般包括以下几种：

（1）领导的发言稿；

（2）主持人的主持词；

（3）本单位的宣传资料；

（4）庆典活动的程序表；

（5）来宾的胸花、席卡、饮品、记录用的笔记和便笺等。

可以为每位来宾准备一个袋子，将所有资料都装在袋子里，以便来宾取用。

（六）选购礼品

庆典活动也是宣传自我的机会，对于远道而来的嘉宾、媒体记者等要热情款待。因此，可以准备一份精美的礼品，以示对他们远道而来的感谢。礼品的选择既要经济、别致，还要喜庆。

可在礼品上印上本单位的标志等。

（七）布置现场

庆典活动的现场一般选在广场或有意义的建筑物的正门口。现场布置要突出喜庆、隆重的气氛，如布置上标语、彩旗、横幅、气球等。此外，还可准备鼓乐、飞鸽等以烘托、渲染气氛。但要注意以下几点：

（1）现场需要有庆典活动的主横幅；

（2）现场需要有摆放来宾赠礼的位置，如花篮、贺匾、纪念物等赠礼；

（3）音响或鼓乐声在节奏和音量上需要加以控制，不可影响周边居民的正常生活秩序；

（4）当预见庆典活动的场面规模可能会妨碍正常交通秩序时，应请交通管理部门协调指挥。

（八）其他准备工作

具体事项不可忽视，在准备工作充分、各方面分工到位后，应认真落实、督办和检查，任何一个环节都不能出差错，如请柬的准备和发送务必落实到被邀请人手中，并有确切的回复；贺词内容要简练、话语要热情；工作人员事前要调试好设备（音响、摄像机等）；来宾的胸花、席卡、饮品、礼物等都要一一准备好等。

二、庆典活动的程序

（一）迎宾、签到

接待人员现场迎接来宾，请其签到，并引导入座。若不设座位，则告知来宾其所在的具体位置。

（二）仪式开始

主持人宣布仪式正式开始，全体起立（不设座位时应立正），奏乐，介绍各位来宾。

（三）安排签字、剪彩或颁奖等活动

在庆典活动中可以穿插签字、剪彩或颁奖等活动，增加庆典活动的意义和价值。

（四）致辞

由上级领导和来宾代表先后致贺词。若有贺电、贺信，应在活动现场公告单位名称和个人身份。

（五）致谢

由庆典活动负责人向来宾致谢，在场全体人员在音乐声中热烈鼓掌，祝贺同庆。

（六）其他后续活动

仪式后还可以安排丰富多彩的演出活动。领导、媒体记者等可以离场。如有必要，可以安排来宾领取纪念品（也可在迎宾时发放）和就餐。

三、庆典活动中的主要礼仪事项

（一）仪式组织者礼仪

1．仪容要整洁

参加仪式的人员，应做适当修饰。男士应理发剃须，女士可适当化妆。

2．着装要规范

应按规定着装，一般不宜随意着装。

3．准备要充分

请柬要及时发放，席位安排要符合礼仪规范，迎宾车辆要清洁，出行前检测好，保证能安全运行。迎宾人员须提前培训。

4．要遵守时间

工作人员须严格遵守时间，不可中途退场。仪式须准时开始，按时结束。

态度要亲切，迎接嘉宾到场之后，应保持主动、热情态度。来宾致贺词后，应主动鼓掌表示感谢。

行为要自律，对于庆典活动的每一个环节，都应认真，不可东张西望、反复看表，表现出敷衍了事、心不在焉的样子，这会给来宾留下不良印象。

（二）宾客参加庆典活动礼仪

作为应邀参加庆典活动的宾客也应注意自己的礼貌、礼节，注意做到以下几点。

1．注意仪态

特别是上级领导，切不可因分管之故，吆三喝四、随随便便。

2．准时到场

一般来说可提前半小时左右到场，过早或过迟，对于主办单位而言，都会感到不便。如遇特殊情况无法按时到场，一定要尽早通知对方做好准备。

3．准备贺礼

按常规应带上贺礼（花篮、牌匾或其他实物礼品）以示祝贺之意，在贺礼上应写上祝词、落款、时间。

4．主动问候

宾主相见时，来宾应主动对主办单位人员表示恭贺，多说吉祥、顺利等话语；对同是来宾的其他单位代表也应主动招呼，相互结识，交流沟通，不能只顾和主办单位人员讲话，无视别人的存在。

5．认真回应

在主办方人员讲话时，应微笑点头表示赞同，认真听讲中不时鼓掌。不可长时间与左右人员讲话或闭目养神，也不可长时间接打或看手机等。

6．礼貌告别

宾客起身离座，应与主办单位领导、主持人、工作人员等握手话别或听从主办单位的安排离场。不可迫不及待地离开（特殊情况除外，但要说明），也不可不辞而别。

实践训练

一、情景训练

成功职业中学创建于 19××年，原来是一所农业类学校，有 200 多名学生、20 余名教职工，固定资产 50 万元。建校以来，学校历经三次撤并，之后，学校将培养第三产业的初中级技术人才作为办学的新目标，逐步减少"农字号"专业，陆续开设了营销活动策划与组织、美容美发等专业。经过几年的发展，学校的营销专业被评为省级示范性专业，学校被升格为国家级重点职业学校。目前学校拥有近 3000 名在校生、200 余名专职教师，固定资产近亿元。"成功"办学走过了 50 年，是一部"成功人"自力更生、开拓进取、励精图治、艰苦奋斗的创业史。

今年是学校建校 50 周年，学校领导经过研究，决定举办周年校庆活动，并确定了"以成功人为荣，做成功者"的活动宗旨。学校对内增强全体师生员工对学校的自豪感和荣誉感，对外展示学校的实力和发展前景。学校早在一年前就成立了校庆筹备委员会，下设新闻组、接待组、信息组、联络组，每组的组长都由学校的中层以上领导担任，筹委会给予他们充分的权力和空间，可自主设置校庆项目及相关事宜，重大项目须由校庆筹备委员会讨论审定。

新闻组主要负责庆典活动的筹划及新闻采访活动安排。

接待组的主要工作由该校的营销教师负责筹划，具体工作由营销专业的学生承担，要求统一着装，负责迎接宾客、来宾签到、赠送纪念品、茶水服务、活动引导、参观解说等工作，并要求在大门口列队迎接客人。

信息组负责组织编写校史、校友录及学校宣传册。

联络组主要负责联络各界校友、组织校友会。

对于 50 周年校庆，学校领导非常重视，制定了一整套方案，专门拿出 80 万元经费用于庆典活动。在庆典上安排了剪彩活动，校庆日晚上还将举行盛大的庆祝晚会。同时，为使校庆活动更具学术气氛，校庆期间还将举行"学校发展战略研讨会"和"职业教育学术报告会"，既体现隆重热烈的气氛，又让人觉得意蕴深刻，更能展现"成功人"气度非凡。

实训要求：

（1）假如你是该校校庆筹备委员会的工作人员，请协助筹备委员会其他工作人员制定校庆庆典活动的具体议程。

（2）分组训练：八人一组，规范演示庆典活动过程。

二、综合训练

1. 案例分析

1）别开生面的开业典礼

××××年×月×日，是北方某市去海大酒店隆重开业的日子。

这一天，酒店上空彩球高悬，四周彩旗飘扬，身着鲜艳旗袍的礼仪小姐们站立在店门两侧，她们身后摆放着整齐的花篮，所有员工服饰一新、面目清洁、精神焕发，整个酒店沉浸在喜庆的气氛中。

开业典礼在店前广场举行。

上午 11 时，应邀前来参加典礼的有关领导、各界友人、媒体记者陆续到齐。正在举行剪彩之际，天空突然下起倾盆大雨，典礼活动只好移至厅内举办，一时间，大厅内聚满了参加庆典活动的人员和避雨的行人。典礼活动在音乐声和雨声中隆重举行，整个厅内灯光闪亮，使庆典活动别具特色。

典礼完毕，雨仍在下，厅内避雨的行人，短时间内根本无法离去，许多人焦急地盯着厅外。于是，酒店经理当众宣布："今天能聚集在我们酒店的都是我们的嘉宾，这是天意，希望大家能同敝店共享今天的喜庆，我代表酒店真诚邀请诸位到餐厅共进午餐，当然一切全部免费。"霎时间，大厅内响起了雷鸣般的掌声。

虽然，酒店开业额外多花了一笔午餐费，但酒店的名气在媒体记者及众多顾客的传播下迅速扩大，接下来酒店的生意格外红火。

（资料来源：杨眉.现代商务礼仪.大连：东北财经大学出版社，2000.）

实训要求： 看完这则案例后，请谈谈你有什么感想。

2）IBM 的"金环庆典"

美国 IBM 公司每年都要举行一次规模隆重的庆功会，对那些在一年中做出过突出贡献的销售人员进行表彰。这种表彰活动被称作"金环庆典"。

活动常常是在风光旖旎的地方，如百慕大或马霍卡岛等地举办的。IBM 公司的高层管理人员始终在场，主持盛大庄重的颁奖酒宴，然后放映由公司自己制作的表现那些做出了突出贡献的销售人员工作情况、家庭生活，乃至业余爱好的影片。邀请参加庆典的人员中，不仅有股东代表、工人代表、社会名流，还有那些做出了突出贡献的销售人员及其家属和亲友。

在庆典活动中，公司主管会同那些常年忙碌、难得一见的销售人员聚集在一起，彼此毫无拘束地谈天说地。这种交流无形地加深了彼此心灵的沟通，增强了销售人员对企业的亲密感和责任感。

实训要求：请思考，你认为 IBM 公司的"金环庆典"活动对企业发展有哪些现实意义。

2．综合情景训练

以小组为单位，收集材料，策划一场庆典活动。

实训要求：形成策划方案，以备课堂实训操作使用。

单元二　签字仪式

情景导入

为庆祝龙创商业集团与河北飞翔商务有限公司正式开展合作，扩大集团公司在本行业内的知名度，推广企业品牌形象及答谢政府机关、兄弟单位和广大客户对集团公司的大力支持，集团特定于 5 月 28 日，在湖南长沙海天大酒店二楼宴会厅举办"龙创商业集团与河北飞翔商务有限公司长沙分公司合作签字仪式"。本活动以小型酒会的形式举办，酒会以"款待、庆贺"为主题，以"规模、气势、专业、热烈、隆重"为感官印象。活动分为签字仪式和来宾答谢两大部分，签字仪式部分要气氛隆重、热烈，突出企业品牌形象；来宾答谢部分则要体现公司的亲和力，增强合作方的信任感。

集团公司把这个任务交给了李恒带领的公关部。公关部除了部长李恒，还有副部长赵辉远、助理秦灿、干事黄芳。

项目任务

假如你是龙创商业集团公关部助理秦灿，你该如何协助上级完成这次任务？

任务分析

假如我是龙创商业集团公关部助理秦灿，我应该先了解以下几个方面内容：签字仪式的种类、签字仪式准备工作的主要内容、签字仪式的一般程序、签字仪式的相关礼仪等。

在通常情况下，政府部门、企业或其他社会组织之间通过谈判，就政治、军事、经济、科技等某一领域的相互关系达成协议，缔结条约、协定或公约时，一般都举行签字仪式。

签字仪式有比较严格的程序及礼节规范，表明双方对缔结条约的重视及对对方的尊重。

签字仪式根据不同划分标准分为不同的类别。按照签字仪式形式、签字主体的不同，可分为合作协议签字仪式、合作备忘录签字仪式、个人签约某公司的签字仪式、多方合作协议签字仪式；按照签字仪式的目的不同，可以分为内部纪念和见证签字仪式、媒体发布签字仪式两种。

签字仪式是指订立合同、协议的各方在合同、协议正式签署时举行的仪式。举行签字仪式，不仅是对谈判成果的一种公开化、固定化，而且也是有关各方对自己履行合同、协议所做出的一种正式承诺。

签字仪式通常庄重且正式，遵循严格的礼仪规范。在举行签字仪式时，除了双方代表外，有时还会邀请各自的上级领导出席。只有在双方都同意需要第三方作为见证人参与签署的情况下，才会邀请其他人参加仪式。参与签字仪式的双方代表的级别和人数应该大致匹配，避免出现一方代表人数多、级别高，而另一方代表人数少、级别低的情况，这不符合礼仪规范。

一、签字仪式的准备工作

签字仪式的整个过程所需时间不长，程序也较简单，但由于签字仪式往往涉及双方之间的关系，而且往往是访问、谈判成功的一个标志，有时甚至是发展过程的一个里程碑，因此，签字仪式一定要认真筹办。

（一）参加签字仪式人员的确定

出席签字仪式的人员应是参加会谈的全体人员。如一方要求让某些未参加会谈或谈判的人员出席签字仪式，应事先取得对方的同意，但应注意双方人数最好大体相等。

在参加签字仪式的人员中，签字人和助签人的工作比较多。

1. 签字人

签字人是代表企业进行签字的人员，签字人应根据所签文件性质由缔约各方确定，双方签字人的身份要大体相当。

2. 助签人

助签人的职责是洽谈有关签字仪式的细节并在签字仪式上帮助传递与翻阅文本、指明签字处。双方的助签人由缔约双方共同商定。

（二）签字之前的筹备工作

1. 签字文本的准备

签字仪式，首先应准备签字的文本。负责签字仪式提供待签文本的主方，应会同有关各方共同指定专人，共同负责文本的定稿、校对、印刷、装订、盖章等工作。签署涉外文本时，按照国际惯例，待签文本应同时使用有关各方法定的官方语言，或是使用国际上通行的英文等。待签的文本，应以精美的白纸印制而成，按大八开的规格装订成册，并以高档质料，如真皮等作为其封面。

2. 签字物品的准备

应提前准备好签字用的签字笔、吸墨器、国旗等物品。

3．服饰准备

签字人、助签人及随员在出席签字仪式时，应穿着深色西装套装或西装套裙，配以白色衬衫和深色皮鞋。从事礼仪接待的工作人员，可穿工作制服或旗袍类的礼仪性服装。

4．现场的布置

签字仪式现场布置的总原则是庄重、整洁、清静。我国常见的签字仪式现场布置为：在签字现场的厅（室）内，设置一张加长条形桌，桌面上覆盖深色的冷色台布（涉外签约应考虑双方的颜色禁忌），桌后只放两把椅子，供双方签字人签字时用。客方席位在右，主方席位在左。桌上放好双方待签的文本，上端分别放置签字用具（签字笔、吸墨器等）。如果是涉外签字，在签字桌的中间应摆放一个国旗架，分别挂上双方国旗。一定不要放错方向，主方国与客方国旗帜悬挂的方位是面对正门，客右主左，即各方的国旗须插放在该方签字人座椅的正前方。

如果是在国内单位之间的签字，可在签字桌两端摆上写有地区、单位名称的席位牌。签字桌后应有一定空间供参加仪式的双方人员站立，背墙上方可挂上"××（项目）签字仪式"字样的条幅。签字桌的前方应开阔敞亮，如请媒体记者，应在签字现场留有相应空间，配好灯光。

二、签字仪式的一般程序

签字仪式是签约活动的高潮，时间不长，但程序规范、庄严、隆重而热烈。签字仪式的正式程序一共分为四项。

签字仪式流程

（一）出席仪式现场

双方参加签字仪式的人员步入签字厅；签字人入座；双方的助签人员分别站立于签字人员的外侧，协助翻揭文本及指明签字处。其他人员分主方、客方，按身份顺序站立于后排，客方人员按身份高低从中间向右边排，主方人员按身份高低由中间向左边排；当一行站不完时，可以遵照"前高后低"的原则，排成两行、三行或四行。签字仪式现场签字人员位置示意图如图6.1所示。

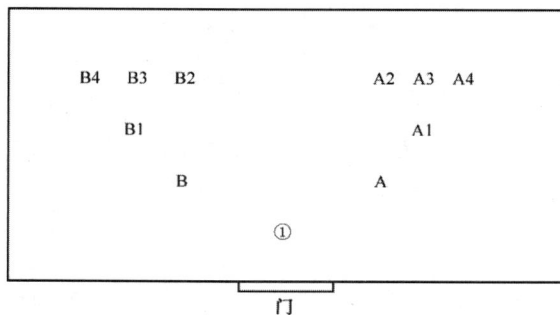

①：签字桌
A：主方签字人　　　　　　　　　　B：客方签字人
A1：主方助签人　　　　　　　　　　B1：客方助签人
A2、A3、A4：主方观礼人员　　　　　B2、B3、B4：客方观礼人员

图6.1　签字仪式现场签字人员位置示意图

（二）签署文本

通常的做法是先签署己方保存的文本，再签署他方保存的文本。每个签字人在由己方保留的文本上签字时，按惯例应当名列首位。因此，每个签字人均应首先签署己方保存的文本，然后再交由他方签字（由助签人交换），其含义是在位次排列上，轮流使有关各方有机会居于首位一次，以显示机会均等，各方平等。

（三）交换签署的文本

正式签署文本后，各方签字人交换文本，热烈握手，互致祝贺，可相互交换各自刚使用过的签字笔，以示纪念。全场人员应鼓掌，表示祝贺。

（四）签后庆祝

交换已签文本后，有关人员尤其是签字人应当场向对方表示祝贺。国际上通行的是在签字仪式结束后饮用香槟以示庆祝。

一般情况下，在正式签署商务合同后，还应提交给有关组织进行公证，合同才正式生效。

三、签字仪式的相关礼仪

在签字仪式上，即使双方相处轻松和谐，但对签字仪式的礼仪仍不可大意。

（一）注意服饰整洁、挺括

参加签字仪式，应穿正式服装，显得庄重大方，切不可随意着装。这反映了签字一方对签字的整体态度和对对方的尊重。

（二）注意双方签字人身份和职位的对等

双方签字人的身份和职位应该对等，任何一方过高或过低都会造成不必要的误会。其他人员站立的位置和排序也有讲究，不可自以为是。在整个签字仪式完成之前，参加的双方人员都应平和地微笑着站好，不可随意走动、相互攀谈。

（三）遵守"轮换制"国际惯例

签字人应先在自己一方保存的文本左边首位处签字，然后再交换文本，在对方保存的文本上签字。这样可使双方均有一次首位签字机会。

（四）礼貌庆祝

签字结束庆祝时，双方举杯共饮香槟酒时，不可大声喧哗，碰杯要轻，而后高举示意，浅抿一口即可，举止要文雅、有风度。

中国加入世贸组织议定书签字仪式程序

签字仪式前，中国代表团已向 WTO（World Trade Organization，世界贸易组织）秘书处提交了国家总理授权外经贸部部长石广生签署中国加入世贸组织议定书的全权证书。

（一）时间

2001 年 11 月 11 日 19:30—20:00（北京时间 12 日 00:30—01:00）

（二）地点

卡塔尔首都多哈喜来登饭店，Al Majlis 大厅

（三）会场情况

会场将悬挂中英文"中国加入世界贸易组织签字仪式"横幅。会场中间设签字台，签字台上摆放中国国旗、签字笔、签字文本、鲜花等。

（四）出席人员

1. 中方 44 人：中国代表团全体成员。

2. 外方 7 人：会议主席，卡塔尔财政、经济和贸易大臣卡迈尔，WTO 总干事穆尔，WTO 时任总理事会主席、中国香港常驻 WTO 代表哈宾森，WTO 副总干事拉维耶，中国工作组主席吉拉德，WTO 秘书处加入司司长侯赛因，法律司司长凯普。

（五）签字仪式具体程序

19:20，石广生部长、会议主席、WTO 总干事入场。

石广生在文本最后一页签名，签日期，并标注中文"需经批准"字样。

石广生离席先做简短发言，后请总干事简短发言。

中国加入 WTO 议定书签署后，石广生部长约见 WTO 总干事穆尔，向其提交由中国国家主席签署的中国加入世贸组织批准书。30 天以后，中国正式成为世贸组织成员。

（资料来源：人民网，2001 年）

四、关于多边条约的签字仪式

三个或三个以上的国家一起缔结的条约，通称多边条约，其签字仪式大体与上述仪式相同，只是相应地增加签字人员的座位、签字用具和对应国旗。在签订多边条约时，也可只设一个座位，先由公约保存国代表签字，然后由各方代表依礼宾次序轮流在公约上签字。

实践训练

一、情景训练

为加强民营企业与银行之间的协作发展，为本地经济繁荣增添一份力量，共创民营经济

发展的美好未来，××市民营企业联合商会与浦发银行××分行开展战略合作，签字仪式在××酒店举行。参加会议的省级领导有原省政协副主席×××、××省工商联副主席×××、××乡镇企业局局长×××、中小企业局副局长××等，时间：××××年×月×日，地点：×××大酒店一楼会议大厅。

实训要求：

（1）制作签字仪式的策划方案。

（2）分组训练，五人一组，规范演示签字仪式的过程。

二、综合训练

以小组为单位准备材料，模拟策划一场签字仪式。使学生熟悉签字仪式的各项准备工作，掌握签字仪式的组织环节和基本程序，初步具备策划、组织签字仪式的能力。

实训内容和要求：

1．签字仪式名称

××职业技术学院与××投资顾问有限公司关于合作举办涉外助理专业的签约仪式

2．准备工作

（1）签字协议准备。正本一式两份，格式如下：

① 标题：××职业技术学院与××投资顾问有限公司关于合作举办涉外助理专业的协议；

② 正文：分章分条，内容由学生自拟（正文内容简单，有一个大概格式即可）；

③ 双方签署的位置要规范；

④ 页数：2页。

（2）参加人员（均为学生扮演）：

① 签字人员：××职业技术学院院长（授权签字）与××投资顾问有限公司总裁（授权签字）；

② 领导：××市教育局局长、××投资顾问有限公司董事长、××职业技术学院经贸系主任、××投资顾问公司××分公司经理；

③ 助签人员：2名；

④ 主持人：1名（事先写好主持词）；

⑤ 记者、摄影摄像各1名（用手机拍摄）；

⑥ 群众代表10名。

（3）签到准备：签到桌、签到表、签字笔等，由2名学生负责。签到表要写明签字仪式名称。

（4）现场布置：1名学生作为总负责，若干名学生分头负责落实。

① 书写条幅；

② 安排签字桌、签字座椅和其他人员座位；

③ 摆放签字用品和协议；

④ 摆放鲜花。

3．模拟签字仪式过程

（1）入场签到（要有相关人员指引）。

（2）全体参加人员先在台下就座，主要领导坐在前排。

（3）主持人按身份高低先主后宾，一主一宾介绍双方主要领导，并请被介绍的领导逐一上台，在礼仪人员引导下在指定位置站好。

（4）主持人宣布签字仪式开始。

（5）助签人引导签字人入座。

（6）双方签字。助签人翻揭文本，指明签字处。双方签完后交换文本。

（7）××市教育局局长、××投资顾问有限公司董事长先后致辞（事先写好讲话稿）。

（8）主持人宣布签字仪式结束。

单元三　剪彩仪式

情景导入

龙创科技发展有限责任公司是一家具有自主知识产权的条码打印机专业制造商，是一家高新技术企业。公司发展势头良好，已经在国内18个省市设立分公司，胸怀"创世界一流的中国品牌，做受人尊敬的中国企业"的愿景，与社会各界建立广泛联系。现公司决定与国内最具影响力的品牌网站——×××合作，并于1月20日举行隆重的合作剪彩仪式。

项目任务

假如你是龙创科技发展有限责任公司公关部主任方达，你将如何举办这次剪彩仪式活动？

任务分析

根据龙创科技发展有限责任公司的实际情况，结合剪彩仪式的特点，方达应从以下几个方面着手进行剪彩仪式的准备工作：一是了解剪彩仪式准备工作的主要内容及方法，二是了解剪彩仪式的一般程序，三是了解剪彩仪式的相关礼仪知识。

剪彩仪式是指商界的有关单位，为庆贺公司的成立、企业的开工、大型建筑物的启用、道路或航线的开通、展销会或博览会的开幕等而隆重举行的礼仪性程序活动。活动主要内容是约请专人使用剪刀剪断被称为"彩"的红色缎带，因此，这项活动被人们称为剪彩。

一般情况下，剪彩是附属于开业仪式的，这是剪彩仪式的重要特征之一。虽然不少人对剪彩提出非议，认为它是"劳民伤财"的"多此一举"，但是大多数商务人士依旧认为，剪彩是不宜被取消、不能被替代的，剪彩自身在内容、形式、程序等方面也在不断地简化，并得以革新。

剪彩一直长盛不衰，主要是基于以下三个方面原因：第一，剪彩活动热热闹闹、轰轰烈烈，给主人带来喜悦之情，产生吉祥如意之感；第二，剪彩既是对主人过往成绩的肯定和庆贺，也是对主人的鞭策与激励，使其再接再厉；第三，可借剪彩良机，向社会各界通报自己的"问世"，以吸引人们对自己的关注。

相关链接

剪彩仪式的由来

风靡于全球的剪彩风习，据说最早起源于美国。20世纪初，在美国的一个乡间小镇上，有家商店的店主独具慧眼，从一次偶然发生的事件中得到启迪，以它为模式开一代风气之先，为商家创立了一种崭新的庆贺仪式——剪彩仪式。

事情的原委是这样的：当时，这家商店即将开业，店主为了阻止闻讯之后蜂拥而至的顾客在正式营业前进入店内，将用以优惠顾客的便宜货争购一空，而使守时而来的顾客得不到公平的待遇，便随便找来一条布带子拴在门框上。谁曾料到这项临时性的措施竟然更加激起了挤在门外的人们的好奇心，促使他们更想早一点进入店内。

事也凑巧，正当店门外的人们的好奇心上升到极点的时候，店主的小女儿牵着一条小狗突然从店里跑了出来，那条"不谙世事"的可爱小狗若无其事地将拴在店门上的布带子碰落在地。店外不明真相的人们误以为这是该店为了开张庆贺所搞的"新把戏"，于是立即一拥而入，大肆抢购。让店主惊喜的是，他的这家小店在开业之日的生意居然红火得令人难以置信。

于是他便追根溯源地对此进行了一番"反思"，最后他认定，自己的好运气全是由那条小女儿的小狗碰落在地的布带子所带来的。此后，在他旗下的几家"连锁店"陆续开业时，他便将错就错地如法炮制。久而久之，他的小女儿和小狗无意之中的"发明创造"，经过他和后人不断地"提炼升华"，逐渐成为一整套的仪式。

剪彩，从一次偶发的"事故"发展为一项重要的活动程序，再进而演化为一项隆重而热烈的仪式的过程，其自身也在不断地吐故纳新，有所发展，有所变化。例如，剪彩者先是由专人牵着一条小狗来充当，让小狗故意去碰落店门上所拴着的布带子。接下来，改由儿童担任，让他单独去撞断门上所拴着的一条丝线。再后来，剪彩者又变成了妙龄少女，她的标准动作就是要勇往直前地去当众撞落拴在门口上的大红缎带。到了最后，也就是现在，剪彩被定型为邀请社会贤达和本地官员，持剪刀剪断大红缎带。

从剪彩的发展过程可以看到，它最初只不过是人们用以促销的一种手段，到了后来，它才渐渐地演变为商务活动中的一项重要仪式。

（资料来源：历史之家）

一、剪彩仪式的准备工作

剪彩仪式可以单独举行，也可以在庆典活动中进行，是整个庆典活动的高潮部分之一。

剪彩仪式的准备工作与前面介绍的庆典活动的准备工作类似，如舆论宣传、拟定人员、现场布置等，但剪彩仪式也有其特殊的准备工作，应缜密、细致地提前做好。

（一）剪彩物件的准备

1. 红色缎带（绸带）

红色的缎带（绸带），要具有一定的宽度，并结成等距离的若干红球。

2. 剪刀

剪刀是专供剪彩仪式上正式剪彩时所使用的，剪彩者人手一把，而且必须是崭新、锋利、顺手的。事先一定要逐一检查剪刀是否好用，务必做到一剪成功，切勿一再补刀。剪彩仪式结束后，主办方可将剪刀包装之后送给对方，以资纪念。

3. 手套

白色薄纱手套是专为剪彩者准备的。剪彩时，剪彩者最好每人戴上一副白色薄纱手套，以示郑重。白色薄纱手套需要大小适度、崭新平整、洁白无瑕。

4. 托盘

托盘是剪彩时礼仪小姐托在手中的，用来盛放缎带（绸带）、剪刀、白色薄纱手套。托盘最好是崭新洁净的，首选银色的不锈钢制品。使用时，可在盘中铺上红色绒布或绸布，以示正规。

5. 红地毯

红地毯铺设在剪彩者剪彩时的站立之处，其长度可根据剪彩者人数的多寡而定，宽度一般不少于 1 米。铺设红地毯可提升活动的档次，营造一种喜庆的气氛。

（二）剪彩仪式人员的确定

除了主持人，剪彩仪式人员还包括剪彩者与辅助剪彩人员。

1. 剪彩者

剪彩者是指在剪彩仪式上持剪刀剪彩之人。剪彩仪式档次的高低，常常同剪彩者的身份、地位密切相关。按照惯例，剪彩者可以是一个人，也可以是几个人，一般不应多于五个人。通常剪彩者由上级领导、合作伙伴、社会名流、员工代表或客户代表担任。

在剪彩仪式正式举行前，必须确定好剪彩者名单。应提前告知对方，使其有所准备。需要由多人同时担任剪彩者时，应分别告知每位剪彩者届时将与何人同担此任，这是对剪彩者的一种尊重。

必要时，在剪彩仪式前，应将剪彩者集中在一起，告知其有关的注意事项，并稍加训练。剪彩者也应着套装、套裙或制服，将头发梳理整齐。不可戴帽子、戴墨镜，也不可着便装。

若剪彩者仅为一人，剪彩时则居中而立。若剪彩者不止一人，则必须重视其剪彩时位次的尊卑。一般的规矩是中间高于两侧，右侧高于左侧，距离中间站立者越远位次便越低。若无外宾参加，可依照我国"左侧高于右侧"的传统做法。

2．辅助剪彩人员

辅助剪彩人员是指在剪彩的过程中为剪彩者提供帮助的人员，通常由东道主一方提供的职员（礼仪小姐）担任。礼仪小姐，又可以分为迎宾者、引导者、服务者、拉彩者、捧花者、托盘者。

迎宾者的任务是在活动现场负责迎来送往；引导者的任务是在进行剪彩时负责带领剪彩者登台或退场；服务者的任务是为来宾，尤其是剪彩者提供饮品，安排休息之处；拉彩者的任务则是剪彩时展开、拉直缎带（绸带）；捧花者的任务，是在剪彩时手托花团；托盘者的任务，是手持托盘为剪彩者提供剪刀、手套等剪彩用品。

一般情况下，迎宾者与服务者应不止一人。引导者既可以是一个人，也可以是多人，如为每位剪彩者各配一名引导者。拉彩者通常为两人。捧花者的人数则需要视花团的数目而定，一般是一花一人。托盘者可以是一人，也可以为每位剪彩者各配一名托盘者。

礼仪小姐的基本条件是，相貌姣好、身体颀长、年轻健康、气质高雅、反应敏捷、机智灵活、善于交际。

礼仪小姐的最佳装束：化淡妆，盘起头发，穿款式、面料、色彩统一的单色旗袍，配肉色连裤丝袜、黑色高跟皮鞋。除戒指、耳环或耳钉外，不佩戴其他任何首饰。有时，礼仪小姐身穿深色单色的套裙亦可。但是，她们的穿着打扮必须尽可能地整齐划一。

温馨提示

现在一些商务活动讲究的是效率、节约，因此，在剪彩仪式现场，有时候看不到拉彩、捧花的礼仪小姐。这部分人被按一定间距排列的适当高度的固定架取代，剪彩仪式所需的花篮或花束就固定在这些架子上，剪彩中所需的缎带（绸带）缠绕在这些固定架之间，剪彩者只要按照"以中间为尊，以右为尊"的顺序站在固定架中间即可。其他剪彩程序与传统的有拉彩、捧花礼仪小姐在场的剪彩仪式相同。

（三）剪彩场地的选择与布置

一般情况下，剪彩仪式应在即将启用的建筑、启动的工程或开幕的展销会、博览会的现场举行。正门外的广场、正门内的大厅，都是可以优先考虑的场地，并在活动现场悬挂写有剪彩仪式的具体名称的大型横幅。

二、剪彩仪式的一般程序

剪彩仪式流程

庆典活动中的剪彩仪式，只是庆典活动的一个组成部分。如果是单独举办剪彩仪式，一般应有以下程序。

（一）嘉宾入场

剪彩仪式开始前5分钟，嘉宾便应在礼仪小姐的引导下集体入场。剪彩者应前排就座，座位上应事先放好席卡。

（二）仪式开始

由举办单位主要负责人宣布仪式开始，奏乐、鸣炮（有的地方禁鸣则可免鸣炮），然后介绍到场的嘉宾，对他们的到来表示感谢。

（三）宾主讲话

由主办单位代表、上级主管部门代表、合作单位代表及社会知名人士先后发言。讲话内容应具有介绍性、鼓励性、祝贺性，做到短小精悍、言简意赅。

（四）进行剪彩

礼仪小姐在欢乐的乐曲声中登场，引领剪彩者按主办单位的安排站立在确定的位置，这时拉彩者拉起红色缎带（绸带）。在剪彩者剪断红色缎带（绸带）、红色花团落盘时，全体人员热烈鼓掌。

（五）后续活动

剪彩结束后，主办单位可安排文艺演出、参观、联谊、座谈、题词、就餐等后续活动，具体做法可根据剪彩内容而定，也可以向来宾赠送一些纪念性礼品，热情欢送他们的离去。

三、剪彩仪式的相关礼仪

剪彩者与辅助剪彩人员的具体做法必须合乎规范，否则会使剪彩效果大打折扣。

当主持人宣告剪彩仪式开始时，礼仪小姐从两侧或从右侧率先登场，排成一列。之后，拉彩者与捧花者应当站成一行；拉彩者处于两端，拉直红色缎带（绸带）；捧花者各自双手捧着一朵花团；托盘者必须站在拉彩者与捧花者身后1米左右，并且自成一行。

剪彩者从右侧登台时（主剪者在前，其他剪彩者随后），引导者应在其左前方进行引导。当均已到达既定位置，主持人向全体到场者介绍剪彩者时，剪彩者应面含微笑向大家欠身或点头致意，随后向拉彩者、捧花者含笑致意。之后，托盘者前行一步，到达剪彩者的右后侧，为其递上剪刀和手套，剪彩者亦应微笑着向对方道谢。

在正式剪彩前，剪彩者应首先向拉彩者、捧花者示意，待其有所准备后，集中精力，右手持剪刀，表情庄重地将红色缎带（绸带）一刀剪断。若多名剪彩者同时剪彩时，其他剪彩者应注意主剪者动作，主动与其协调一致，力争大家同时将红色缎带（绸带）剪断。

按照惯例，剪彩以后，红色花团应准确无误地落入托盘里，切勿使之坠地。为此，需要捧花者与托盘者的合作。剪彩者在剪彩成功后，可以右手举起剪刀，面向全体到场者致意，然后将剪刀、手套等置于托盘之内，举手鼓掌。接下来，可依次与主人握手道喜，并列队在引导者的引导下退场。退场时，一般宜从右侧下台。

待剪彩者退场后，礼仪小姐方可列队由右侧退场。不管是剪彩者还是助剪者在上下场时，都要井然有序、步履稳健、神态自然。在剪彩过程中，更要表现得不卑不亢、落落大方。

案例链接

KTV 开业剪彩仪式策划

第一部分：活动概要

一、活动时间 20××年月××月××日

二、活动地点

×××KTV

三、活动形式

室内装饰+剪彩仪式+演艺节目+军乐演奏+锣鼓欢舞+礼品赠送+发放传单

四、具体安排

8：30—10：00 现场布置、礼仪接待

10：00—10：35 剪彩仪式

10：35—11：30 演艺节目

五、活动预期目标

1. 在 KTV 开业之际，通过 KTV 内外的装饰、剪彩仪式、军乐队热闹表演，传播开业喜讯，扩大其知名度。

2. 加深和消费者的近距离沟通，增强 KTV 对外的亲和力。

3. 以开业活动为载体，让每位消费者能更明了地看到企业优越的环境，了解企业高层次的经营品位，有一种身临其境的感觉。

4. 借助开业庆典活动让消费者了解 KTV 的经营品位、理念和文化等，树立其独特的品牌形象，为其日后在服务业的竞争奠定基础。

第二部分：筹备工作

一、人员邀请

1. 表演人员。身着亮丽民族服装的锣鼓舞狮队，表演各种鼓令、双狮戏珠、双狮祝福等精彩节目，为开业增色添彩，渲染喜庆氛围，吸引更多的路人驻足观看。

2. 礼仪小姐 6 名，负责帮助嘉宾签到和引导嘉宾进入场地等工作。

3. 保安人员 10 名，负责安全保卫和指示车辆行进、停放工作。

4. 保洁人员 10 名，负责现场的清洁卫生工作。

5. 主持人。聘请专业的、善于调动现场气氛的舞台节目主持人，其能主动与观众一起参加活动，并反复宣传本公司，树立公司形象，由艺唐文化负责。

6. 有关饮食栏目的媒体记者（请贵单位拟订邀请计划，并自行联系）。

7. 有关职能部门领导和政府领导（请贵单位拟订邀请计划，并自行联系）。

二、剪彩现场布置

现场布置详细说明如下。

店内装饰：详见艺唐文化提供的"店内装饰效果图"，具体事宜由双方协定。

店面装饰：详见艺唐文化提供的"店面装饰效果图"，具体事宜由双方协定。

高空气球：为了营造欢快、喜庆、热闹的现场氛围，在 KTV 门前放置高空气球，数目待定，气球采用红灯笼球，显得喜气大方。条幅内容主要为开业庆贺类词语，具体内容由贵

单位提供。

拱门：在 KTV 店门前设直径为 18 米的拱门一个，上面悬挂"热烈祝贺 KTV 隆重开业"之类的词语，能够简洁明了地传达开业喜讯。

迎宾通道：在 KTV 门前铺一条宽为 3 米左右的红色地毯，在地毯的两侧放置鲜艳的花篮，既可以为现场制造气氛，又可以形成隔离带的效果。

剪彩舞台：在 KTV 门口搭建一个 4 米×8 米的舞台，正前方放置话筒，并在两侧和前方摆放盆花，既可以为现场制造气氛，又可以形成隔离带的效果。

灯笼旗杆：可在 KTV 门前挂红色的灯笼，每两个为一组，上面写有"悦""豪"字样，吸引过往的人群，无形中向市民传达了 KTV 开业的喜讯，扩大 KTV 的知名度和影响力。

三、片区规划

礼仪接待区：

可安排在剪彩场地的一侧，由两张签到桌和 6 名礼仪小姐组成。签到桌上铺红平绒桌布，在签到处和礼品处摆放桌卡、签到簿、笔、墨、纸、砚。桌上一侧放置胸花、礼品。礼仪小姐负责在 KTV 入口处迎接来宾，引导来宾到签到处，并协助来宾签到、佩戴胸花，为其赠送礼品等，还要有专人负责引导来宾到休息区休息，并随时处理紧急事件。

来宾休息区：

可将休息区安排在 KTV 内部，桌上摆放适当的茶水、饮料等供各位来宾享用，由工作人员播放轻柔的音乐，给人心情舒畅的感觉。

第三部分：活动方案实施

一、活动议程

1. 活动当天 KTV 所有人员统一着装，展现 KTV 全体员工的精神风采。

2. 贵方安排专人疏导车辆，维持现场秩序。

3. 迎接接待。来宾到达后，由礼仪小姐负责迎接，为其佩戴胸花，引导各位来宾去签到处签到。

4. 签到接待。由工作人员或礼仪小姐负责来宾签到，赠送礼品，礼品数量由贵公司确定。随后引导来宾就位或进入休息区休息。

5. 现场发放 DM 刊，向来往的人群进行直接宣传。

6. 剪彩仪式开始，相关人员邀请领导及其他所有来宾到剪彩场地参加仪式，此时欢快的音乐响起，迎接贵宾。

7. 仪式完毕，合影留念。

二、活动流程

8：00，布置装饰全部到位，为开业仪式做好准备。

9：30，军乐队奏响嘹亮、高亢的乐曲，在欢快的音乐中迎接来宾光临。激昂豪迈的锣鼓队演奏使现场气氛更加沸腾。演艺人员到场，做好演出前的准备工作。礼仪小姐协助来宾签到，为来宾佩戴胸花，向来宾赠送礼品。

9：30，主持人到场，熟悉讲话稿，并了解当日嘉宾到场情况。

10：00，主持人宣布活动开始并简单讲解 KTV 的风格与特色。

10：10，KTV 总经理致辞。

10：15，主持人邀请贵宾讲话。

10：20，主持人邀请政府相关部门领导讲话。

10：25，KTV 总经理致答谢词，并宣布"KTV 正式开业!"

工作人员拉响礼花弹。

同时，奏响悦耳的军乐曲。

10：35，主持人邀请嘉宾剪彩并宣读剪彩的人员名单。

礼仪小姐手持托盘（内装剪彩用品）上台等候嘉宾剪彩。

10：35，剪彩仪式开始。

军乐队以迎宾曲伴奏，为剪彩增色添彩。

工作人员拉响礼花弹，五彩礼花在空中怒放使现场成为花的海洋。

工作人员放飞气球，喜庆吉祥的氛围使开业活动达到高潮。

10：40，女声独唱。

10：50，主持人讲述 KTV 的总体情况和规划。

10：55，舞蹈队表演。

11：05，现场互动游戏，发放纪念品（若干）。

11：20，男歌手独唱。

11：30，主持人宣布本次活动圆满结束。

（资料来源：百度文库）

实践训练

一、情景训练

情景 1：创力电脑公司剪彩仪式。

主持人："各位朋友，你们好！改革开放带来累累硕果，二十大东风又吹来朵朵新花。在这万象更新的时节，创力电脑公司隆重开业了。在此，我代表创力电脑公司的领导和全体员工，向参加创力电脑公司剪彩仪式的各位朋友表示衷心的感谢！"

"今天的剪彩仪式分七个程序。"

"下面进行剪彩仪式的第一项：创力电脑公司的剪彩仪式，现在正式开始。各位朋友，在欢快的乐曲声中，在喜庆的鞭炮声中，我向大家介绍一下参加今天仪式的几位贵宾。他们是××市市委书记×××同志，××局副局长×××同志，××公司董事长×××同志，××公司媒体总监×××同志，创力电脑公司的经理×××同志，兄弟公司 XX 经理×××同志。请大家用热烈的掌声欢迎他们的到来。"

主持人："现在进行剪彩仪式的第二项：奏国歌，请全体起立。"

主持人："现在进行剪彩仪式的第三项：请创力电脑公司的经理×××同志讲话。"

主持人："现在进行剪彩仪式的第四项：请××计算机协会会长×××同志讲话。"

主持人："现在进行剪彩仪式的第五项：请兄弟公司×××经理×××同志讲话。"

主持人："现在进行剪彩仪式的第六项：请××计算机协会会长×××同志和创力集团总公司总经理×××同志为创力电脑公司剪彩。在欢快的乐曲声和热闹的鞭炮声中，让创力电脑公司的经理×××同志和大家一起参观被剪下来的绸带，这红红的绸带将给创力电脑公司带来滚滚财运！"

主持人："现在宣布，创力电脑公司开业剪彩仪式到此圆满结束！"

实训要求：

（1）讨论：剪彩仪式的操作程序有哪些？

（2）规范地示演这个过程。

情景 2：假如今天你的公司举办开业典礼，邀请了公司所在地区的几位贵宾参加开业剪彩仪式，开业典礼在公司所在大厦一楼大厅举行。

实训要求：请发挥一下自己的想象力，细述怎样对贵宾进行邀请，接待时如何礼貌用语，如何握手，如何引导贵宾到达指定地点，如何安排贵宾的列席，如何向在座的人员介绍贵宾，如何安排贵宾致辞，并详述剪彩过程中应遵循的礼仪及剪彩仪式结束后，如何送别宾客等礼仪。

二、综合训练

以小组为单位收集材料，策划一场剪彩仪式活动。

实训要求：形成策划方案，以备课堂实训操作使用。

单元四　赞助会

情景导入

为增进新商企业及其与社会各界间的交流合作，扩大在本地区、本行业中的影响力，树立良好形象，××市龙创商业集团商会第五次会长办公会议审议通过，拟定对××省商会2024 年 1 月 18 日在××召开迎新春联谊年会进行赞助，届时商会会员企业、在该省各行业社会精英、兄弟商会、商会商务合作企业参加会议，共叙乡情、共话未来。

项目任务

假如你是龙创商业集团行政助理李欣，你将如何筹划本次赞助会？

任务分析

李欣应先了解赞助会的作用和赞助的类型，掌握筹划赞助会的一般程序，了解举办赞助会的注意事项，掌握相关工作内容才能较好地筹办本次赞助会。

赞助会，是指社会组织无偿提供人力、物力、财力，资助某一项事业，以取得某一定的形象传播效果的社会活动。赞助是现代社会慈善事业的重要组成部分之一，它不仅可以扶危济贫、奉献爱心、报效社会，而且还有助于获得社会对自己的好感，提高自己在社会上的知名度、美誉度，为自己塑造良好的公众形象。因此，赞助会本身就是一种常规的商务活动，是企业协调本单位与政府、社会各界公共关系的一种重要的手段。

赞助的作用主要有以下几方面：一是通过赞助仪式做广告，增强广告的说服力和影响力，从而提升公司的知名度和美誉度；二是通过关心和支持社会公益事业而向公众表明组织作为社会的一员为社会做出了贡献，从而树立组织的良好形象；三是出资赞助社会公益事业，为组织的发展创造良好的社会环境，从而提高组织的社会效益；四是以此证明组织的经济实力，赢得社会公众的信任，谋求社会公众的好感，从而增进组织与公众的感情沟通。

根据不同的标准，赞助可以划分为不同的类型。依据赞助项目划分，可分为公益事业赞助、慈善事业赞助、教育事业赞助、科研活动赞助、医疗卫生赞助、文化活动赞助、展览画廊赞助、体育运动赞助、娱乐休闲活动赞助等类型；依据赞助物划分，可分为现金、实物、义卖、义工等赞助类型。除此之外，还可以根据赞助单位或个人向受赞助者提供金额的多少，将赞助的类型分为全额赞助或部分赞助；或者根据赞助单位或个人的具体数量的多少，将赞助的类型分为单方赞助或多方赞助。

总之，赞助的形式很多，活动组织与策划人员应善于设计出各种新颖的赞助形式使组织获得最佳的信誉投资。

一、赞助会的准备工作

为了对赞助方进行更好的宣传，赞助方和被赞助方通常通过正式会议形式来确定赞助与被赞助关系，即举办赞助会。赞助会的准备工作主要有以下三个方面。

（一）确定举办场地

在选择赞助会的举办场地时，通常有两种选择：一是利用赞助方提供的会议设施，二是租赁外部会议场所。无论哪种选择，都需确保场地容量能满足预期参会人数的需求。此外，必须对场地进行彻底清洁并进行适度布置，以营造一个整洁、专业的活动环境。

（二）场地布置

赞助会的照明设计需确保灯光适宜且均匀，营造出庄重而专业的氛围。在舞台背景或面向会议室入口的墙面上，应悬挂一条醒目的大红色横幅。横幅上以金色或黑色楷体字迹清晰地标明"××单位赞助××项目大会"或简洁地写为"××赞助仪式"。前者强调赞助商的身份，而后者着重标示受赞助的项目名称。

（三）确定与会人员

参与赞助会的嘉宾宜精选而充分体现各方代表性，无需追求过多人数。除赞助商和受赞助方的关键代表与员工外，还应特别邀请政府官员、社区领袖、公众代表以及新闻媒体人员。在媒体界的邀请名单上，需优先考虑那些拥有国家或地方重要影响力的网络和电视媒体从业者。

二、赞助会的一般程序

赞助会的具体程序必须周密而紧凑，主要包括以下六个环节。

（一）赞助会正式开始

在宣布赞助会正式开始之前，主持人及其他礼宾人员应该先请赞助单位的代表、新闻媒体及其他到场嘉宾就座，对他们的到来表示欢迎和感谢。

由主持人宣布赞助会正式开始。

（二）奏国歌

在赞助会正式开始之后，主持人应该提示在场全体人员起立，奏国歌。奏国歌之后还可以奏本企业歌曲。也可以采用全体人员唱国歌、唱企业歌曲的形式。

（三）赞助方代表发言

赞助方代表的发言，重在阐述赞助的目的与动机、赞助的形式等，突出赞助活动的意义，特别是社会效益。与此同时，还可以对本企业的情况做简要介绍。

案例链接

外语学院第一届×××会赞助商楼氏木雕×××经理的讲话

各位老师、同学们：

大家早上好！

首先，我很高兴能够代表楼氏木雕参加×××大学外语学院首届×××会。今天，我希望和大家分享并探讨一下"楼氏文化"。

说起楼氏木雕，大家并不陌生，它就坐落在大同市仿古街，属于东阳木雕流派。东阳木雕源远流长，起源于中国唐朝，盛于明清。明代其工艺水平已相当成熟，主要雕刻宫殿、寺庙、园林、住宅等的装饰及佛像、罗汉等工艺品。至清朝乾隆年间，东阳木雕闻名全国，家喻户晓，400艺人进京修缮宫殿，制作龙床、龙椅、案几等。

在古代，我们有席地而坐的习惯，随着时间的进步和社会的发展，坐姿和生活方式也发生了变化，从席地而坐转为垂足而坐。这期间衍生了许多家具，例如，圈椅、太师椅、官帽椅、玫瑰椅、禅椅等。

中国的家具设计有其原则，其家具的设计理念是以人文精神为本，强调的是一种精神而不是纯物质的东西。

楼氏正是秉持着弘扬民族文化，传承民族工艺的精神，把企业宗旨和服务态度放在首位，展现楼氏文化的魅力，吸引了五湖四海的朋友前来。如今，楼氏已将这份传统文化带入历史悠久的大同，并在市场上奋斗出了属于楼氏自己的天地，打造出完美的木雕品牌，把千年的传统文化和古老的大同融为一体。最后，我们希望通过这次合作能够让更多的人了解楼氏，了解中国的传统文化，也希望通过我们外语学院的学生传播楼氏文化，让更多的外国友人认识中华民族文化的博大精深！

在此要祝愿×××大学外语学院越办越好，也祝大家前途无量！谢谢！

（四）赞助方正式实施赞助

该环节通常是赞助方的代表首先出场，宣布其赞助的具体方法、方式或赞助的具体金额。随后，被赞助方代表上场，双方热情握手。然后，赞助方将标有赞助金额的现金支票或实物清单双手捧交给被赞助方代表。必要时，可以请礼仪人员协助转交。若赞助的物品轻便易携带可以由双方在此时当面交接。在此过程中，全体在场人员应热烈鼓掌。

（五）被赞助方代表发言

被赞助方代表的发言重点首先是对赞助方表示感谢，其次是表示决心。被赞助方代表一般为被赞助单位的领导或责任人。

（六）来宾代表发言

根据惯例，可邀请政府有关部门的负责人讲话，主要是肯定赞助活动，突出此次赞助活动的意义，并倡导全社会都积极学习赞助单位的奉献精神。来宾代表发言完毕后，可由主持人宣布赞助会结束。

三、注意事项

（一）会场布置

赞助会的会场布置是整个活动的重要组成部分，它不仅反映了活动的性质和规模，还直接影响到与会者的心情和印象。因此，会场布置应遵循以下原则：庄重正式；简洁明了；不宜豪华张扬。

（二）与会者仪表举止

在赞助会上，与会者的仪表举止是体现个人专业素养和对活动尊重的重要方面。因此，与会者应遵循以下原则：所有与会者皆须身着正装；修饰仪表，确保整体形象得体；注意个人的举止动作，与会者应保持礼貌和专注，避免过于随意的动作或表情，如频繁查看手机、打哈欠等不专注的行为。。

（三）注意时长

赞助会的时长是整个活动流程安排中的重要考虑因素。一般而言，赞助会的时长应控制在一个小时以内。这要求赞助会主办方在筹备过程中精确规划，以确保活动的高效性和对与会者的尊重。

（四）其他

在一般情况下，赞助仪式结束后，到场的主要来宾通常要合影留念。主办方一般不会为来宾安排正式的宴请活动，但可以根据情况提供简约的便餐或小食。

📚 **案例链接**

××湘龙庙会赞助会策划方案

一、活动名称：第××届××湘龙庙会

二、活动地点：××湘龙公园

三、活动时间：20××年2月6日至8日共三天

四、活动简介

自20××年首次举办以来，湘龙庙会凭借其浓郁的民俗风情和丰富的体育项目，已经度过了二十个春秋，逐渐成长为××市春节期间的一项传统大型群众文化盛事。这一活动不仅是本地区的文化骄傲，而且在国内广受欢迎，并在国际上也赢得了一定的声誉。

多年来，龙创集团为公众提供了多样化的民俗文化体验，既展现了古老的民间传统，又融入了现代时尚元素；不仅弘扬了传统文化，还普及了现代科技知识。湘龙庙会的体育项目以其内容丰富、创新不断、水平高超和强烈的参与性，在本地区独具特色。

在××市文化局、××市文化发展基金会联合主办的多届"我最喜欢的××春节庙会"评选中，湘龙庙会一直被市民们评为"市民最喜欢的春节庙会"，显示了其在民众心中的特殊地位。

五、赞助方案

（一）冠名总赞助企业活动现场汇报：

1. 主会场背景板将醒目展示冠名赞助企业的名称和标识。

2. 在湘龙公园的显眼位置设置两块大型广告牌，用以突出冠名总赞助企业。

3. 提供2块总面积200平方米的互动宣传场地。

4. 庙会的所有门票（预售、零售）背面刊印有赞助企业宣传语。

5. 在湘龙公司园内的10个大型灯杆上悬挂带有赞助企业宣传语的30面灯杆旗。

6. 在湘龙公园内外放飞4个携带赞助企业宣传条幅的高空气球。

7. 湘龙公园内拉上2条体现赞助企业名称的过街条幅。

8. 庙会工作人员、志愿者300余人身着印有冠名总赞助企业标识和广告的统一服装。

（二）冠名总赞助企业宣传汇报

1. 在庙会筹办期间发布的所有对外资料、海报和宣传单中，将突出显示冠名赞助企业的名称及产品信息。

2. 所有媒体的宣传广告（包括平面媒体、电视和电台）都将突出体现总赞助企业的冠名。

3. 湘龙庙会的官方主题网站将在首页以大横幅的形式对赞助企业进行推广宣传，并在精彩视频播放中穿插赞助企业视频广告；首页首屏幻灯片将展示企业图片，页底设有一个按钮广告；首页首屏滚动新闻将发布赞助企业相关信息，并在"赞助企业"专属频道内刊登赞助企业的宣传图片和详细介绍。

六、经费预算

赞助金额：20万元

（略）

实践训练

一、情景训练

对于商家而言，体育赛事是一个非常好的传播媒介，大至奥运会，小至校园运动会，商家都愿意选择赞助这些比赛来为自己的产品或企业形象进行推广及宣传。长沙××职业技术学院大运馆可容纳在校学生近 18 000 人。每年 9 月新招入学的学生有近 6 000 人，新生对新事物的兴趣往往较高，积极性也很强，参加校园活动也很频繁。因此，只要商家愿意投资，推广的覆盖率广，企业一定会有不菲的收益。

"星球杯"篮球赛一直以来都受到学院领导及其他相关部门的鼎力支持，它规模大，参与者多，能吸引许多师生前来观看，深受师生的欢迎，已连续举办多届。

为了丰富同学们的校园文化生活，让同学们的大学生活更加丰富多彩，该校篮球协会预备举办一年一度的"星球杯"篮球赛，为有篮球爱好和特长的同学提供展示自我的空间，展现××学子的运动风采。

宣传方式：

独家冠名——可在宣传单上注明商家名称，比赛中可将赞助商横幅悬挂于比赛现场；

海报与横幅；

派发传单；

工作人员及运动员可穿上由商家冠名的服饰进行宣传；

比赛奖品可由企业赞助。

实训要求：

（1）拟订赞助会的策划方案。

（2）分组训练：八人一组，规范地操作本次赞助会过程。

二、综合训练

以小组为单位收集材料，策划一场赞助活动。

实训要求：形成策划方案，以备课堂实训操作使用。

单元五　新闻发布会

情景导入

龙创商业集团生物制药有限责任公司研制出一种"×××疫苗"和×××病治疗新药"×××胶囊"。该疫苗可以采用注射，也可以采用口服的方式植入人体，植入人体后，三天后即充分产生"抗体"。在被注射人通过各种传播途径接触病毒时，抗体将自动发挥免疫功能。而治疗新药"×××胶囊"则可控制病情，逐步达到治疗的效果（尚不能根治，根治药品正在进一步研究中）。其有效性得到药品管理部门的认可，并获得专利。

龙创商业集团生物制药有限责任公司准备在国内大规模上市该药品，然后下一步计划在国外寻找总代理商，为此它们准备在北京召开发布会。因为该产品填补了国内的空白，而且也走在世界医药技术的前沿，因此，企业决定花大力气做好本次新闻发布会。

信息发布的目标受众为国内药品行业、医疗行业、一般成年公众，国外公众只是次要目标。

拟邀请对象：新闻媒体，卫生医药管理部门官员、专家，药品经销商，患者代表或关心该事业的知名人士。

发布会规模：新闻媒体 90 家（约 100 人），有关官员 25 人，经销商 40 人，患者代表 3 人，知名人士 2 人。

项目任务

假如你是龙创商业集团生物制药有限责任公司公关部助理，公关部主任要求你根据以上信息写一份新闻发布会策划方案，并协助组织这场新闻发布会。

任务分析

了解新闻发布会的概念、特点等相关知识；
把握策划与组织新闻发布会的技巧与方法；
掌握筹备新闻发布会的方法、途径、要求等；
掌握新闻发布会的主要议程及其筹备过程中应注意的问题；
了解新闻发布会会后工作的内容及开展会后工作的方法。

新闻发布会是一个社会组织举办的直接向新闻界发布有关组织信息，解释组织重大事件的活动。

新闻发布会有定期和不定期两种。中国于 1983 年 4 月起建立新闻发布制度，国家机关各部门均有专职新闻发言人。

总体来讲，新闻发布会具有以下三个特点。

一是正规隆重。形式正规，档次较高，地点精心安排，邀请记者、新闻界（媒体）负责人、行业部门主管、各协作单位代表及政府官员。

二是沟通活跃。双向互动，先发布新闻，后请记者提问。

三是方式优越。新闻传播面广（可利用报刊、电视、广播、互联网等媒介），发布集中（时间集中、人员集中、媒体集中），能将信息迅速扩散给公众。

一、新闻发布会的准备工作

（一）确定主题和标题

举行新闻发布会的目的：一是本部门有新的举措，希望媒体报道，以扩大舆论影响；二是澄清事实，以正视听。为了达到新闻发布会的目的，收到良好的新闻发布效果，就必须首先确定新闻发布会的主题和标题。

新闻发布会的主题要突出，且一个新闻发布会一般只有一个主题。一般来讲，新闻发布会的主题大致有三种类型。

1. 说明性主题

如某企业因欲投资某楼盘而召开的新闻发布会。

2. 宣传性主题

如某公司研制出来的新产品为了让更多的公众认同而召开的新闻发布会。

3. 解释性主题

如某公司对客户索赔事宜进行解释而召开的新闻发布会。

小锦囊

不要让媒体感到参加你所举办的新闻发布会是在浪费时间。

确定新闻发布会标题时一般要注意以下几个方面的问题。

一是避免使用新闻发布会的字样，我国对新闻发布会是有严格申报、审批程序的，对企业而言，并没有必要如此烦琐，所以直接把发布会的名称定义为"××信息发布会"、"××媒体沟通会"等。

二是最好在发布会的标题中说明发布会的主旨内容，如"××企业2024新品发布会"。

三是打出发布会举办的时间、地点和主办单位。

四是选择一个具有象征意义的标题，如"海阔天空五星电器收购青岛雅泰信息发布会"。

（二）选择举办的恰当时机

对企业来讲，召开新闻发布会是一件非常重要的事情，必须选择恰当的时机。新闻发布会一般不在国家或民间的重大庆祝活动前后召开，因为新闻发布会的效果很可能会被节日的气氛冲淡，具体要看新闻发布会的主题、内容，以及气候、交通等客观条件。

从时间上来讲，新闻发布会在事件前一个月左右召开，如滑雪节12月5日开幕，可在10月中旬召开关于滑雪节的新闻发布会。

（三）准备相关资料

召开新闻发布会前需要准备大量的材料，大概包括以下几种。

（1）新闻发布会策划方案大纲及会议议程表。

（2）报道提纲。

（3）演讲发言稿。

（4）发言人的背景资料介绍，包括头衔、主要经历、取得的成就等。

（5）公司宣传册。

（6）产品说明资料（如果是关于新产品的新闻发布）。

（7）有关图片（如新闻发布会现场的图片、关于企业或产品的图片等）。

（8）纪念品（或纪念品领用券）。

（9）企业新闻负责人名片（以便新闻发布后进一步采访、新闻发表后寄达联络）。

（10）空白信笺、笔（方便记者记录）。

温馨提示

　　新闻发布会的召开时间一定要掌握好。在一般情况下新闻发布会时间不宜过长，以半小时为宜，最好不要超过一个小时。

（四）确定时间

召开新闻发布会的目的是造声势，扩大影响，因此为了吸引更多的记者参加，提高记者的出席率，时间上就要有选择。

首先，发布会一般应安排在下午，这样一方面是为了有更多的时间准备，另外也更符合记者的生活习惯。许多国家新闻发布会也大都安排在下午。

其次，避免安排在周末或假日。

再次，要避开重要的政治事件和社会事件，媒体对这些事件的大篇幅报道会冲淡发布会的传播效果。

最后，如果要请外国记者，应注意避开外交部、国台办、国务院新闻办公室等部门的发布会和记者招待会。如与这些部门的新闻发布会同时进行，外国记者出席率就会大打折扣。

（五）选择场地

新闻发布会的场地可以选择户外（事件发生的现场，便于摄影记者拍照），也可以选择室内。同时，还须考虑以下两方面的问题。

1. 会议相关设备及资料是否齐全

会议厅是否能容纳参会人员，主席台的大小、投影设备、电源、布景、胸部麦克风、远程麦克风，以及相关服务是否周到等。

2. 交通是否便利

会议厅是否易于达到，乘何交通工具达到比较方便，现场泊车是否方便等。

（六）选聘礼仪和服务人员

礼仪人员、服务人员既可以由本企业的职员来担任，也可以聘请礼仪公司的人员来担任。

但是，首先要强调的是，礼仪人员和服务人员是与会媒体接触本企业的窗口，所以礼仪人员、服务人员应该是经过精心挑选的。首先应该选择端庄大方、彬彬有礼，能代表企业形象的人员担任。其次，应该对礼仪人员、服务人员进行培训，让他们了解此次新闻发布会的意义、目标、内容、流程、邀请的媒体、注意的事项等。礼仪人员、服务人员的仪容、仪表、仪态也应该经过一定的指导和训练。

接待和服务人员、发言人、主持人应戴胸牌。主持人胸牌上应标明职务。主宾人员名单应提前10分钟送给主持人，以便在会议开始时一一介绍。会前安排好会议记录者、摄影者、摄像者，以备将来宣传和纪念之用。

（七）确定应邀媒体范围，发放请柬

邀请媒体的技巧很重要，既要吸引记者参加，又不能过多透露将要发布的新闻内容。所邀请媒体的数量，既不能过多，也不能过少。一般而言，企业应该邀请与自己联系比较紧密的商业领域的记者参加，如果会场现场气氛热烈，必要时，应关照平面媒体记者与摄影记者一起前往。

一定要分析媒体的属性，如它的定位、读者群、影响力等。可选择的媒体范围有：一是中央媒体，其具有权威性；二是网络媒体，其具有一定的覆盖面和影响力；三是"专业对口"的媒体，其具有专业性；四是与公司长期保持联系的媒体，利于沟通。邀请的时间一般以提前3～5天为宜，发布会前一天可做适当的提醒。

（八）合理布置会场

1．外围布置

布置新闻发布会现场的时候，首先应考虑外围布置，如酒店外横幅、竖幅、飘空气球、拱形门等，酒店是否允许布置，当地市容主管部门是否有规定限制等。

2．席位摆放

新闻发布会席位的摆放方式要根据新闻发布会的规模、级别及参与人的多少等情况来选择。

新闻发布会席位的摆放主要有以下几种方式（见表6.1）。

表6.1　新闻发布会的席位摆放方式

序　号	席位摆放	操　作	适 用 场 合	优　势	注 意 事 项
1	主席台式	主席台加下面的课桌式摆放。摆放原则：职位高者靠前靠中、自己人靠边靠后	较正式的新闻发布会	有利于突显新闻发布会的重要性、正规性	注意确定主席台人员；主席台上的人数不宜过多，不要形成"主席团"；现在很多会议采用主席台只有主持人位和发言席，贵宾坐于下面的第一排的方式；主席台上需要摆放席卡，以方便记者记录发言人姓名

续表

序　号	席位摆放	操　作	适用场合	优　势	注意事项
2	圆桌式	新闻发言人与参与新闻发布会的记者围绕圆形的会议桌而坐	较随意的、非正式的新闻发布会	较为随意，方便交流与沟通	主持人或新闻发言人要注意控制新闻发布会的主题、时间，避免跑题
3	"回"字形会议桌式	发言人坐在中间，两侧及对面摆放新闻记者座席	非正式的新闻发布会，如新闻通气会	便于沟通，同时也有利于摄影记者拍照	新闻发言人或主持人要注意照顾处于"回"字形外围人员的沟通与交流

无论是哪一种形式的新闻发布会，其席位的摆放都要注意预留席位，一般在会场后面要准备一些无桌子的坐席。

3．背景布置

主题背景板，内容含主题、会议日期，有的会写上召开城市，颜色、字体应美观大方，颜色可以根据企业的具体情况及新闻发布会的主题来确定。此外，还要考虑以上事项酒店是否会代为安排等。

4．其他道具的摆放

最主要的道具是麦克风和音响设备。一些需要做屏幕展示的发布会还要准备投影仪、笔记本电脑、上网连接设备、投影幕布等，相关设备在发布会前要反复调试，保证不出故障。

（九）购买礼品

送给媒体记者的礼品不一定要非常贵重，但要有珍藏价值，一般选择具有纪念意义的礼品。小而精、轻巧便携的礼品是首选。

（十）提前预演

一般情况下，在召开新闻发布会之前要进行演练。如此，才可以检验系统是否存在故障，新闻发言人是否称职，具体过程如下。

1．模拟提问

设想媒体可能问的问题，员工充当"记者"来提问，新闻发言人回答。

2．自我检查

录下模拟提问过程，让新闻发言人反复观看，若发现不足，应加以改进。

3．专业培训

一般情况下，应邀请专家对新闻发言人进行培训。

小锦囊

新闻发布会筹备过程中的注意事项

- 要为记者提供有价值的信息，不要让他们失望；
- 不要让记者提前采访或提前得到新闻发布会的细节；
- 邀请函中最好不注明会议联系人的全名和个人电话；
- 所有公布的材料上应打上公司标志，传播公司形象；
- 无论是演练还是实际发布会，都要录像，既可以自我检查，也可以提供给媒体。

二、新闻发布会的程序

一场完整的新闻发布会一般包括以下几个环节。

（一）迎宾、签到

一般在新闻发布会现场的入口处设置签到处，由专门的迎宾人员负责引导与会者在事先准备好的签到簿上签上姓名、单位、联系方式等信息。

（二）发放资料

工作人员将事先准备好的资料及时发放给有关人员。提供给媒体的资料，一般以广告手提袋或文件袋的形式，整理妥当，按顺序摆放，在新闻媒体记者入场后发放给他们。

（三）宣布开始

主持人宣布新闻发布会开始，并向与会者表示欢迎和感谢，介绍召开新闻发布会的目的、议题、议程等，推出新闻发言人。

（四）发布新闻

新闻发言人按照发言提纲发布新闻，如果是关于新产品的发布会，还要请有关技术专家讲话。

（五）答记者问

由主持人指定提问的记者，由新闻发言人对其提出的问题予以回答。主持人应注意协助新闻发言人掌控问答的时间和节奏。

（六）宣布发布会结束

按照事先规定的时间，主持人宣布"请最后一位记者提问"，发言人回答完毕，主持人宣布发布会结束。如果会后还有宴请、参观、赠送礼品、研讨会等，主持人要予以提示。

三、新闻发布会会后工作

（一）整理记录资料

新闻发布会结束之后，应尽快整理出记录资料，对本次发布会的组织、布置、主持和答记者问等方面的工作予以总结，并将总结材料归档备查。

（二）监控媒体，核对发稿情况

私下跟踪、调查、统计媒体报道情况，并对照与会记者签到名单，核对是否每位与会记者都发了稿，并对记者所发稿件的倾向做出分析，以此作为以后召开新闻发布会邀请媒体的参考依据。

对于发稿的记者最好打电话感谢或寻求机会当面致谢；对于没有发稿的记者不要指责，也不要急于询问理由；对于负面报道要做出具体分析并采取补救措施。

> **小锦囊**
>
> **新闻发布会之后的不利报道及对策**
>
> 对于事实准确的批评性报道，主办方要虚心接受，表示歉意，以挽回不良影响。
>
> 对于因误解而出现的失实性报道，主办方应以适当的方式或途径加以解释，消除误解。
>
> 对于有意歪曲事实的敌视性报道，主办方要据理力争，但必须讲究策略，有理有据，力争消解这些报道所造成的负面影响。

（三）保存有关资料

新闻发布会结束之后，需要整理的资料大致分成两大类。一类是会议自身的图文音像资料，包括会议过程中所使用过的文件、图表、录音、录像等。另一类是各类媒体关于此次新闻发布会的报道资料。根据这些资料制作发布会成果资料集（包括来宾名单、联系方式、发布会各媒体报道资料集，发布会总结报告等），作为企业市场部资料保存，并在此基础上制作相应的宣传资料。

（四）评估会议效果

首先，应积极和所有参与者进行沟通，听取他们对新闻发布会的评价和意见，并进行归纳和总结，将总结资料作为宝贵资料进行归档，以备参考。

其次，应关注各类媒体报道情况及社会各界特别是相关领域公众的反应情况，对照新闻发布会的目标，检测目标是否完成，进而对会议效果做出较为客观的评价。

案例链接

北京市早餐工程广告招商新闻发布会策划方案

一、前言

北京市早餐工程自 2002 年 1 月 31 日启动以来，受到了社会各界的关注。为北京市民提供方便、卫生、快捷、有营养的早餐一直是早餐工程经营企业的不懈追求。早餐从业人员绝大部分是北京市的下岗职工，早餐经营商品采取统一供货、统一价格、统一管理原则。早餐工程广告招商是为了更好吸引社会资金向早餐工程的流动，加快北京市早餐工程的建设步伐。所得广告费用大部分用于提高工程的社会影响力。为加大早餐工程广告的招商力度，经北京市政府批准特定于 2005 年 7 月在北京召开北京市早餐工程广告招商暨关注早餐、关爱健康、关注首都早餐经营新闻发布会。

二、新闻发布会主题

关注早餐，关爱健康，关注首都早餐经营

三、新闻发布会目的

1. 扩大北京市早餐工程的影响力。

2. 引导全社会关爱下岗职工。

3. 促进北京市早餐工程广告招商。

四、新闻发布会的时间

2005 年 7 月××日××时至××时

五、新闻发布会的地点

×××××××××

六、新闻发布会主办方

北京市政府

七、新闻发布会承办方

北京润雨枫凡国际广告有限公司

八、新闻发布会协办方

北京金三元阳光餐饮有限公司、北京首钢饮食服务公司、河北千喜鹤饮食服务有限公司、湖南成龙华天放心早餐工程管理有限公司、北京市顺粮众望餐饮有限公司等。

九、新闻发布会邀请人员名单

1. 领导：北京市政府……北京市商业委员会……

2. 媒体：……

3. 早餐经营单位各主要负责人……

4. 冠名或赞助企业代表。

5. 北京市市民代表。

6. 早餐从业人员代表。

十、新闻发布会前期筹备工作

1. 参加新闻发布会的人员名单及邀请函的送达。

2. 各新闻媒体的邀请。

3. 新闻发布会会场的人员的确定，会场的布置。

4. 新闻发布会工作人员的确定（会场布置人员、组织人员、协调人员）。

5. 司仪、演讲者（新闻发布会介绍、招商方面、与会领导、各知名企业代表、北京市市民代表、早餐从业人员代表、冠名或赞助企业代表）。

6. 招待餐预订。

7. 新闻发布会资料的准备（新闻稿、发言稿、主持词、宣传用的资料图片等）。

8. 礼品的购买。

十一、新闻发布会程序

1. 与会人员步入会场落座。早餐从业人员分别自会场两侧各推出一辆早餐车（一车两人），至主席台两端停车，其中一人撑开早餐伞，另一人面对与会人员微笑售卖早餐。主席台就座人员离席依次前往早餐车前购买早餐，早餐车从会场两侧绕场为与会人员提供免费早餐，早餐车在掌声中退场。新闻发布会开始。

2. 司仪宣读新闻发布会相关内容及与会者细节。

3. 领导致辞。

4. 早餐经营企业代表致辞。

5. 北京市市民代表致辞。

6. 早餐从业人员代表致辞。

7. 赞助或冠名企业代表致辞。

8. 答记者问。

9. 主持人宣布新闻发布会结束。

10. 招待餐。

十二、整理发布会资料，并在此基础上制作相应的宣传资料

十三、评测新闻发布会效果，收集反馈信息，总结经验

（资料来源：中国策划网）

实践训练

一、情景训练

北国商品城坐落在经济强市 M 市繁华的商业街上。该商城总投资 2 亿元，总建筑面积 20 万平方米，拥有 1 000 多间铺位，是一个集物流、小商品批发、生活娱乐、电子商务等各项功能于一体的大型批发市场，年交易额 50 亿元以上，现已成为 M 市的采购中心、物流中心、商贸中心。

为了进一步打响北国商品城的品牌，商城邀请五圣 CI 策划公司进行策划设计。五圣 CI 策划公司为其设计了"热情、豪放、超越"的企业理念，并形成了系统的 CI 规划体系，充分体现了商品城领导的高瞻远瞩和策划大手笔。

20××年 12 月 25 日，北国商品城在名教大酒店举办新闻发布会，向社会隆重推出 CI 识别系统。到会的有市、局级主管商业的领导、社会知名人士、业主代表。在新闻发布会上，

北国商品城的吴总经理介绍了商城的情况及售后的经营规划，公关部经理孔小姐向与会人员宣读了 CI 宣言，并展示了部分 CI 设计，M 市程副市长莅临祝贺，他对北国商品城所取得的成就予以充分的肯定，五圣 CI 策划公司首席设计师张××对设计意图进行了说明。新闻发布会上，记者提问十分活跃，就商城领导人和发展前景进行了采访。本次新闻发布会，由北国商城行政部经理洪××主持。

与会人员相信，随着商城 CI 的导入，北国商品城将更具知名度，而且能为更多的业主带来"钱景"，达到"共赢"的目的。

实训要求：

（1）请根据所给资料写一份关于该商城新闻发布会的策划方案。

（2）根据职业情境提示的资料模拟演示新闻发布会的场景。要求每位发言人都以相对应的身份发言，每位记者都应提问；新闻媒体的名称由同学自拟，采访用的话筒、身份牌由学生自行准备；发言材料及提问根据情境材料设计，允许在此基础上做适当的延伸和扩展；如有录像条件，对新闻发布会进行录像，待实训结束后，在班里播放，进行评价。

二、综合训练

1. 案例分析

山东司法助力中小微企业发展 三个案事例亮相最高法院新闻发布会

2022 年 4 月 19 日，最高人民法院举行人民法院助力中小微企业发展典型案例和创新机制新闻发布会，会上三次提及山东法院案事例。

坚持因地制宜，不断优化中小微企业法治化营商环境。

山东法院坚决贯彻落实党中央决策部署，按照最高人民法院意见要求，因势利导积极推出一系列务实举措，为纾解中小微企业难题、助力平稳发展作出有益尝试。淄博中院出台"破产挽救中小微企业 19 条"等举措，助力推动中小微企业提振信心、释放活力，给予"雪中送炭"式的司法扶持，提供"添砖加瓦"式的司法服务，为加快建立全国统一的市场，完成"六稳""六保"发挥了积极的支撑保障作用。

加强司法保护，切实帮助企业维护品牌信用生命线。

依法认定金融机构对于中小微企业信用评价与信用审查义务，防止企业信用、信贷评级被不正当下调，使信用评价体系能够更加精准反映企业信用状况，有效维护企业信誉和品牌价值，减少中小微企业在市场交易过程中的阻力和困难。青岛市中级人民法院在审理某文化旅游公司、某集团公司与某银行支行等金融借款合同纠纷案中，对信用信息主体、信用信息提供者、信用信息处理者之间关系积极探索，在平衡各方权益的基础上，厘清不同主体的权利义务边界，认定银行作为信用信息提供者，对企业信用信息的调整负有严格的审查义务，在信用评价不当的情况下，应及时对错误的信用信息进行更正，有效维护了企业信誉和品牌价值，减少了企业在市场交易过程中的阻力和困难，提高了企业的贷款可得性。

开辟绿色通道，尽力缩短涉中小微企业案件办理周期。

中小微企业债权债务规模通常较小，债权债务关系相对清晰，同时还存在融资渠道有限、流动性无法及时补足、难以支付重整中的高额成本等情况。在破产重整、和解案件审理中，应充分重视中小微企业的特点，在现有"繁简分流"机制下，积极适用快速审理程序，充分发挥信息化技术优势，缩短破产案件办理周期，降低企业挽救的成本。淄博市中级人民法院充分运用"全国企业破产重整案件信息平台"和"淄博破产案件全流程网上办理平台"，在疫情频发、出行受阻的情况下，适用简易程序办理某建筑安装公司破产和解案，实现了"全业务网上办理""全流程依法公开""全方位智能服务"，从申请到受理用时 3 天，从受理到结案用时 51 天，大大压缩了企业复苏的时间。

（资料来源：澎湃新闻·澎湃号·政务）

实训要求： 由此案例，谈谈新闻发布会的作用与意义。

2. 综合情景训练

以小组为单位收集材料，组织策划一场新闻发布会活动。

实训要求： 形成策划方案，以备课堂实训操作使用。

知识小结

商务活动主要有庆典、签字、剪彩、赞助会和新闻发布会等。

庆典活动是为庆祝某一重大事件而举行的一种公共关系专题活动。举办庆典活动需要掌握的内容包括：庆典活动准备工作、庆典活动活动的程序及主要礼仪事项。

签字仪式是指订立合同、协议的各方在合同、协议正式签署时举行的仪式。签字仪式单元主要介绍主要内容包括：准备工作、仪式的一般程序、相关礼仪及多边条约的签字仪式。

剪彩仪式是指商界的有关单位，为庆贺公司的成立、企业的开工、大型建筑物的启用、道路或航线的开通、展销会或博览会的开幕等而隆重举行的礼仪性程序活动。举办剪彩仪式需要掌握的内容包括：准备工作、仪式的一般程序、相关礼仪。

赞助会是社会组织无偿提供人力、物力、财力，资助某一项事业，以取得某一定的形象传播效果的社会活动。举办赞助会需要掌握的内容包括：赞助会的准备工作、赞助会的一般程序、注意事项。

新闻发布会是一个社会组织举办的直接向新闻界发布有关组织信息，解释组织重大事件的活动。举办新闻发布会需要掌握的内容包括：准备工作、发布会程序、会后工作。

模块 七

涉外礼仪与礼俗

习训目标

知识学习目标：

了解和掌握涉外商务交往中不同国家的见面、问候及礼宾次序等一般礼仪知识；

了解和掌握涉外商务会见与会谈、涉外馈赠等礼仪知识，同时了解世界上一些国家的风俗习惯及禁忌。

能力培养目标：

提升礼仪素质，规范礼仪行为，增强涉外接待能力；

熟练掌握和运用相关的涉外礼仪知识，能独立承担并完成简单的涉外礼仪接待任务；

通过了解其他国家的风俗和禁忌，学以致用，养成尊重他人的良好习惯。

素质拓展目标：

培养学生信守承诺、热情有度、不必过谦、尊重隐私、尊重礼俗、包容理解的相处之道，增强学生的综合素质；

增强学习涉外礼仪知识的意识，通过学习，能在世界各国来宾面前展示中国作为"礼仪之邦"的良好形象。

单元一　涉外商务一般礼仪

情景导入

　　近年来，龙创商业集团业务范围不断拓展，国内各公司的业绩节节攀升，与欧美、东南亚等国家和地区的涉外业务也日益增多。今年，集团公司总经理王帆先生、营销部主任赵建先生计划先后前往亚洲、非洲、欧洲、美洲等世界不同的一些国家进行考察并寻求合作方。

项目任务

　　假如你是随行的营销部助理周浩，你应该在出行前做好哪些准备工作？

任务分析

　　由于不同的国家风俗禁忌不同，礼仪规范往往不同。在交往之前一定要了解各国的宗教信仰、风俗禁忌，考虑交往者的身份、国别、性别等背景材料，才能明确应该如何正确交往。

　　周浩为使本次出行顺利完成，应该首先从商务一般礼仪知识开始收集相关资料，包括不同国家的见面礼节、涉外礼仪问候方式、礼宾次序等，还有涉外商务会见与会谈礼仪、涉外馈赠礼仪，同时了解世界上一些国家的风俗习惯及禁忌等礼仪知识。

　　涉外商务礼仪拜访与接待需要考虑对象的身份、国别、性别、宗教信仰等因素，针对不同的情况分别予以对待。既要了解交往对象的禁忌，在交往过程中不触犯对方的风俗禁忌；同时又要知晓对方的常用礼仪，知道如何与对方进行交往才是得体、合适的。

一、涉外见面礼仪

　　前面我们介绍了致意、握手、举手、脱帽等见面礼仪，这些都可作为涉外礼仪的见面礼仪，而握手礼适用于多数涉外礼仪交往活动。在与不同国家人员交往中使用握手礼，还应注意以下几点。

（一）阿拉伯国家握手礼的禁忌

　　在与阿拉伯国家的朋友交往时，男性之间可行握手礼，女性一般不会主动与男性握手，男性更不能主动与女性握手。

　　在几乎所有的阿拉伯国家都不能不经允许拍摄女性，尤其是戴面纱的女性。

（二）佛教国家的合十礼

　　合十礼是流行于泰国、缅甸、老挝、柬埔寨、尼泊尔等国家的见面礼仪。行合十礼时，一般是两掌相合，十指伸直，举至胸前，身子略下躬，头微微下低。合十礼手举的高度根据对象身份不同而有所不同。一般来讲，向身份越高的人行礼则手举的高度越高，但不可以超过眉。例如，晚辈给长辈行礼时，要双手高举至前额，两掌相合后须举至脸部，两拇指靠近鼻尖。长辈还礼时，只须双手合十放在胸前即可。无论地位多高的人，遇见僧人时都要向僧人行礼，而僧人则不必还礼。

（三）欧美国家的拥抱礼

拥抱礼是流行于欧美的一种见面礼节，多行于官方或民间迎送宾朋或祝贺致谢等场合。行礼时，两人相对而立，各自右臂偏上，左臂环抚对方后腰，彼此将身体向左倾相抱，头部相贴，然后向右倾相抱，接着再向左倾相抱一次。男士与女士及女性之间不采用这种方式。

（四）日本、韩国的鞠躬礼

日本人在人际交往中通常使用鞠躬礼，韩国人见面时也行鞠躬礼。不过，男人既可鞠躬又可握手，而女性一般只鞠躬。中国的鞠躬礼主要用于致谢、致歉、致哀、演出谢幕、婚礼和晚辈对长辈致礼等场合。

行鞠躬礼时须脱帽，呈立正姿势，面带笑容面向受礼者。男士双手自然下垂并紧贴裤线，女士双手叠放于腹前，头胸一线，弯腰鞠躬，同时口中说一些礼貌用语，如："初次见面，请多关照。"鞠躬速度不可过快，鞠躬角度也不可以过大，90°鞠躬一般只用于致哀和致歉中。

> **小锦囊**
> #### 男士与女士的站姿
>
> 在日本，初次见面鞠躬弯腰15°左右，分别时则达到30°，这表示经过交往了解后，双方感情有所加深。当表达感谢之意时，鞠躬角度可达到45°，只有致哀和致歉时才使用90°左右的鞠躬。
>
> 日本人初次见面时经常使用"初次见面，请多关照"等礼貌用语，第二次见面时还会对上次见面表示感谢，如"谢谢上次的关照"等。

二、涉外问候方式

（一）问候内容

由于中外国情和传统不同，中国人常用的见面问候语通常以关心对方为主，如"吃了没有""最近身体如何""最近忙什么""到哪儿去"等。在中国的日常生活中，这种问候让人感觉亲切，但在涉外礼仪中不适用，因为此类问候涉及个人隐私，所以不便当作问候语。

涉外礼仪的问候中，通常只道"早安""午安""晚安"或"很高兴见到你"和"您好"等。

（二）问候次序与态度

涉外礼仪的问候次序与前面所提到的致意顺序相同，一般由身份较低者问候身份较高者。

当别人问候自己时，应立刻给予回应。

对他人进行问候时态度要热情，面带微笑，正视对方面部，声音要清晰。

三、礼宾次序

礼宾次序是指国际交往中对出席活动的国家、团体、各国人士的位次按某些规则和惯例进行排列的次序。一般来说，礼宾次序体现东道主对各国宾客所给予的礼遇，在一些国际性的集会上则表示各国主权平等。礼宾次序安排不当或不符合国际惯例，会引起不必要的争执和交涉，甚至影响国家间关系。因此，对礼宾次序应给予一定的重视。

礼宾次序的安排，国际上通常有以下几种方法。

（一）按身份与职务的高低排列

这种排列方法以各国提供的正式名单或正式通知为确定职务高低的依据。在政务、商务、科技、学术、军事交往中，通常采用此法排列礼宾次序。

（二）按拉丁字母顺序排列

这种排列方法多见于国际会议、体育比赛等，最典型的就是奥运会这种大型集会的入场仪式。

（三）按来宾抵达现场的具体时间早晚来排列其先后次序

当各国大使同时参加派驻国的某项活动时，一般均以其到任的具体时间的早晚来排定其礼宾次序。在非正式的涉外活动中，亦可采用此种排序方法。

（四）按来宾告知东道国自己决定到访的具体时间的先后来排列其次序

举办较大规模的国际性的招商会、展示会、博览会时，大都采用这一排序方法。

（五）不排次序

为体现各国家、地区身份平等，创造良好和谐的氛围，也可以不排序。

采用何种排序方法，东道国在致各国的邀请书中一般都会明确注明。

在安排礼宾次序时要考虑的其他因素：国家之间的关系，所在地区，活动的性质、内容和对活动的贡献的大小，参加活动的人的威望、资历等。通常把同一国家的、同一地区的、同一宗教信仰的或关系特殊的国家的代表团安排在前面或排在一起。对同一级别的人员，常把威望高、资历深、年龄大者排在前面。有时还要考虑女士优先的原则，以及业务性质、相互关系、语言交流等因素。例如观看演出、比赛，特别是大型宴请时，在考虑身份与职务的前提下，通常将业务性质对口的、语言相通的、宗教信仰一致的、风俗习惯相近的来宾安排在一起。

四、国旗悬挂礼仪

国旗是国家的标志，是国家的象征。在一个主权国家的领土上，一般不得随意悬挂他国国旗。在国际交往中，形成了悬挂国旗的一些惯例，为各国所公认。

（一）国旗悬挂的一般规定

（1）在建筑物上，或在室外悬挂国旗时，一般应日出升旗、日落降旗。

（2）悬挂双方国旗，按国际惯例，以右为上，以左为下。两国国旗并挂，以旗本身面向为准，右挂客方国旗，左挂主方国旗。

（3）所谓主客，不以举办活动所在国为依据，而以举办活动的主办方为依据。

（4）国旗不能倒挂。有些国家的国旗虽然由于文字和图案的原因，给悬挂造成了困难，但即便这样，也不能竖挂或反挂。有的国家明确规定，竖挂需另制旗，将图案转正。

（5）各国国旗图案、样式、颜色和比例均由本国宪法规定，不同国家的国旗如果比例不同，却用同样的尺寸制作，那么，两面旗帜放在一起，就会显得大小不一，因此，并排悬挂不同比例的国旗时，应将其中一面略放大或缩小。

（二）双边国旗排定

（1）并列悬挂。主客两国国旗无论是在墙上悬挂，还是在地面上升挂，皆应以国旗自身面向为准，以右侧为上位，如图7.1和图7.2所示。

外国国旗位置　　　　　　　　中国国旗位置

图 7.1　在墙上并列悬挂中外两国国旗（中方为主方）

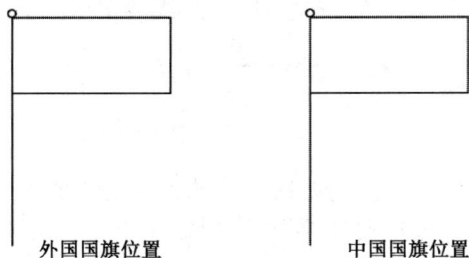

外国国旗位置　　　　　　　　中国国旗位置

图 7.2　在地面上并列升挂中外两国国旗（中方为主方）

（2）交叉悬挂。在正式场合，主客两国国旗既可以交叉摆放于桌面上，又可以悬空交叉升挂。此时，仍应以国旗自身面向为准，以右侧为上位，如图7.3和图7.4所示。

（三）多边国旗排定

以国旗自身面向为准，主方国旗应处于最左方，其他国家国旗由左至右依次按字母顺序排列，如图 7.5 所示。或主方国旗处于中间，其他国家国旗以主方国旗为中心按字母顺序左右排列，如图 7.6 所示。

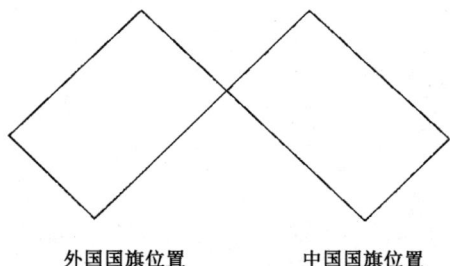

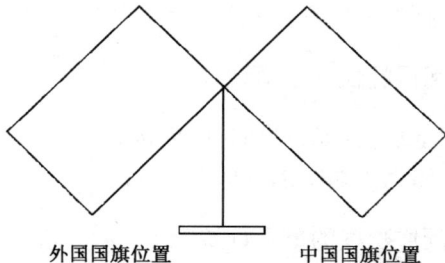

图 7.3　悬空交叉中外两国国旗（中方为主方）　图 7.4　在桌面之上交叉摆放中外两国国旗（中方为主方）

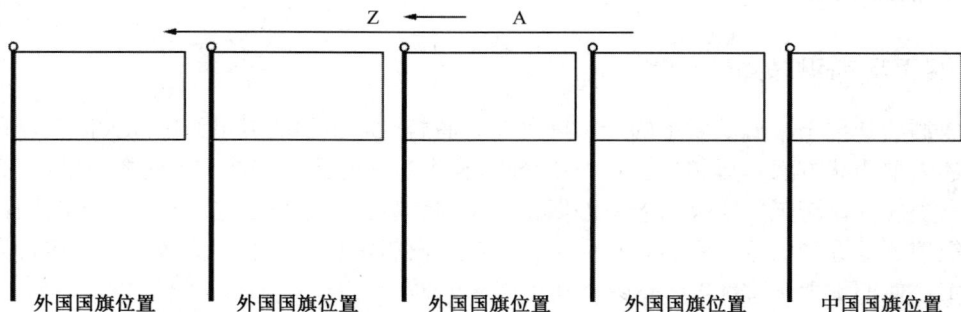

图 7.5　单行排列主方国旗在右（中方为主方）

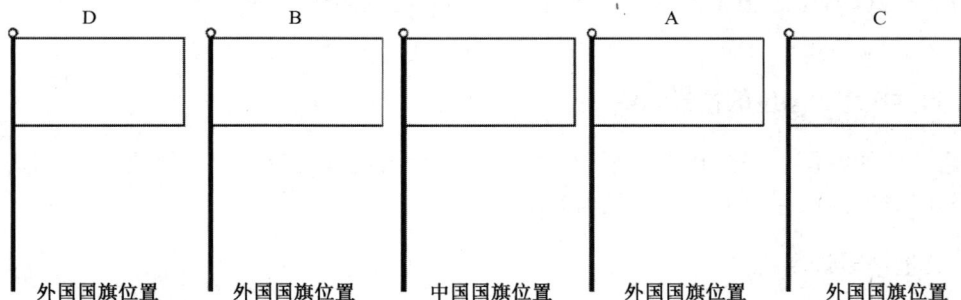

图 7.6　单行排列主方国旗居中（中方为主方）

实践训练

一、单项训练

1. 见面礼节的单项训练

（1）合十礼的规范做法。

（2）拥抱礼的规范做法。

（3）鞠躬礼的规范做法（包括 15°、30°、45°和 90°）。

2．问候礼仪的单项训练

（1）上班与同事见面时的问候。
（2）路遇上司时的问候。

3．问候次序的单项训练

公司董事长与助理路遇时的问候次序。

二、情景训练

1．见面及其问候的情景训练

达成酒店是位于某海滨城市的一家以"会议酒店"为主题的五星级国际大酒店，在接待国际性的大型团队方面具有相当的实力和经验。朴先生是韩国一家跨国企业的中国区总经理，兼办公室主任，该跨国集团公司老总近期将到中国考察。为了搞好这次接待，该跨国公司中国区总经理还是选择了达成酒店。朴先生到酒店与酒店销售部王经理洽谈具体的接待事宜。根据约定，他们于上午 10:00 在酒店六号会议室见面。

请根据以下提示进行上述情景训练：
（1）朴先生与王经理是初次见面。
（2）因为以前有过很多次合作，朴先生已经是达成酒店的老客户，与王经理已经十分熟悉。

2．问候次序和态度的情景训练

根据上面的案例，如果朴先生带了一位秘书，而王经理也带了一名经理助理，他们见面时都需要向对方问候（双方为初次见面）。

3．其他情景训练

（1）好朋友见面时的问候。
（2）普通朋友见面时的问候。
实训要求：
（1）情景训练需要分小组进行。
（2）在训练过程中应尽量表现出所扮演角色应有的形象和气质。
（3）第一次训练结束后，各小组进行角色互换，重新进行一次情景训练，以充分领会见面问候及问候态度等礼仪。

三、综合训练

1．案例分析

孔冰和王娜是某高校的学生会负责人。为了迎接校庆，该校需要举办一系列活动，部分活动由与学生相关的组织和社团负责。作为学生会负责人，孔冰和王娜接到了上级交给的一项任务——在近期组织一次文化交流活动。考虑到该校有许多留学生朋友，他们决定邀请 N 国驻中国大使馆的一位工作人员到学校举办一次演讲，让学生对异国文化有所了解和认识，从而达到文化交流的目的。

通过孔冰家长的关系，孔冰和王娜成功邀请到了一名 N 国驻中国大使馆工作人员 Lisa 女士，演讲时间定在一个礼拜以后的星期三下午 1:00。平时活动的接待对象大多是国内人士，孔冰和王娜没有接待外宾的经验和充足的涉外礼仪知识，为此，他们专门请教了本校的一位礼仪专家。经过专家的精心指点，他们的接待工作做得非常好，Lisa 女士非常满意。

实训要求：

（1）分组讨论，如果你是本校的那位礼仪专家，你将如何为两位同学支招。

（2）各小组汇报讨论结果。

（3）综合各小组讨论结果，每个小组制订一份具体的接待计划。

2．综合情景训练

20××年 4 月，广州商品交易会上各方厂家云集，企业家们济济一堂。X 公司的徐总经理在交易会上听说 Y 集团的罗董事长也来了，特别想利用这个机会认识一下这位素未谋面但又久仰大名的商界名人。

在一次午餐会上，他们终于见面了。徐总经理很远就看见罗董事长正在宴会厅的另一端与其他人交谈，于是便热情地走上前去，"嗨，罗董，您好，我是 X 公司的总经理。"说着，还从随身带的公文包里拿出名片，也不管对方做何反应，就把自己的名片递给了对方。罗董事长显然对这个突如其来的接触感到莫名其妙，因为在他的印象中没有一个关系不错的朋友是眼前这个样子的。他顺手接过徐刚的名片，淡淡地回应了一句"你好"，便回过头来继续他与另一位人士的谈话，对身后的徐总经理则置之不理。

徐总见状，尴尬地说了声"再见"，便失望地走开了。

实训要求：

（1）你认为徐总经理为什么会受到冷落？

（2）如果你是 X 公司的徐总经理，你会怎样安排你和罗董事长的初次见面？

（3）进行正确操作的演练。

单元二　涉外商务会见与会谈礼仪

情景导入

龙创商业广场是龙创商业集团的一家分公司。近年来，由于公司绩效逐年提高，所以该公司领导层开会决定：为了实现公司的资本增值和资源的优化组合，在湖南省乃至全国提升企业公司的品牌效应，准备在湖南省岳阳市投资建设一座商业广场，主要经营百货类产品，但是由于所需资金量较大，所以打算寻找国际资本进行合作。

龙创商业广场负责人通过相关渠道了解到瑞士一家投资商有合作意向，于是便邀请投资方代表来中国参观考察，商谈合作事宜。除了瑞士方代表，这次会谈还请来了龙创商业集团总公司总经理王帆和其他部分集团领导，并邀请当地政府官员和同行业知名人士出席。由于出席的重要人物多，会议组织者决定用U形的桌子，但是由于该公司平时几乎没有举办过这种涉外商务的重要会议，所以缺乏相应的涉外会见与会谈礼仪知识。他们安排分公司领导坐在位于长U字横头处的下首，而其他参加会议者坐在U形桌的两侧。会议当天，当贵宾们都进入会场并按安排好的座签找到自己的座位后，便开始有人议论纷纷，瑞士方部分代表甚至表现出了不愉快的情绪。当坐在桌子横头处的分公司领导宣布会议正式开始时，发现会场气氛有些不对，原先很有合作诚意的瑞士方代表在谈判中很不配合，故意制造一些不可能的条件为难分公司领导。在座的政府官员也相互低语，纷纷借口有事，站起来要走。面对如此情景，龙创商业广场分公司的谈判代表不知道发生了什么事或出了什么差错，显得很尴尬。

事后请教了集团总经理办公室的赵建中主任才知道，原来是因为会议桌及座位的安排不符合涉外商务礼仪，让瑞士方代表和其他受邀嘉宾感觉到自己没有被重视，导致一个很有前景的合作项目不得不暂时搁浅。

项目任务

如果你是龙创商业广场方的谈判代表，你该如何避免遭遇这种尴尬的场面？

任务分析

礼宾次序是体现商务礼仪的重要方面，因为它往往体现了主方对客方的重视和尊重的程度，因此不可出现差错，否则可能影响双方的关系。

这次会谈中之所以瑞士方代表不满，导致合作项目暂时搁浅，就是由于会议桌及座位的安排不符合涉外商务礼仪规范，让瑞士方代表和其他受邀嘉宾感觉到自己没有被重视。

正确的做法是：由于重要客人较多，应该采用圆桌或方桌。根据门的位置的不同判断上座的位置（即面对门、离门远的座位），因集团领导职务最高，应坐在上座，其右侧是瑞士方代表，左侧是政府官员及同行知名人士，分公司代表则应坐在离门近、背对门的位置。另外，还有一种排序方法，即除分公司领导应坐在离门近背对门的下座外，其他代表可不排序，以表示平等尊重。

总之，次序是商务礼仪的一个重要特点，次序体现礼仪，礼仪体现于细节。从细节做起，可让对方充分感受到受重视的程度，也可表明自身及所在组织的综合素质。

一、会见与会谈的定义

（一）会见

会见，指为某一特定目的而进行的约会、见面，在国际上被称为接见或拜会。身份高者会见身份低者，一般称为接见或召见；身份低者会见身份高者，或是客人会见主人，一般称为拜会或拜见。拜见君主，又称谒见、觐见，我国一般不做上述区别而统称为会见。

就其内容来说，会见有礼节性的、政治性的、事务性的，或兼而有之。礼节性会见时间较短，话题较为广泛；政治性会见一般涉及双边关系、国际局势等重大问题；事务性会见则是一般性的外交交涉、业务商谈等。企业常用的会见主要是社交上的礼节性会见和涉及业务商谈、经贸洽谈等内容的事务性会见。

（二）会谈

会谈，特指双方或多方就某些重大的或共同关心的问题交换意见。会谈也可以指洽谈公务和业务谈判。会谈的内容一般较为正式，政治性、专业性较强。在企业中主要指商务谈判和业务会商。

二、会见与会谈的程序

会见会谈位次

应根据来访者的身份及来访目的，安排身份相应的本单位领导和部门负责人进行会见和会谈。来访者也可根据本人的身份、业务性质，主动提出拜会对方单位的某领导和部门负责人。

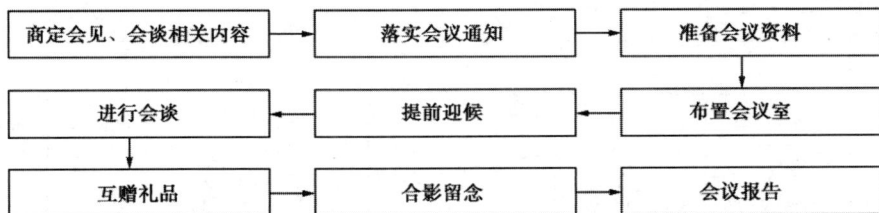

会见与会谈的流程如图 7.7 所示。

图 7.7　会见与会谈的流程

（一）商定会见与会谈相关内容

根据提出会见、会谈要求的人的身份和要求，初步商定会见或会谈的内容、时间、地点和出席人员，会见、会谈双方人数应相同或相近。

（二）落实会议通知

主办方将商定后的会见或会谈的出席人员、时间、地点、具体安排和注意事项等通知给双方相关人员，如遇重要会见、会谈，还应事先通知新闻记者。

（三）准备会见、会谈资料

充分收集对方相关资料，拟定会见和会谈主要发言人的提纲，并准备好会议所需背景材料，以供主办方领导参考；若有记者招待会，还应准备媒体所需的相应材料。

通常要求会见方准备的资料应包括以下内容：

（1）会见的目的；

（2）会见对象；

（3）相关社会背景，如习俗、禁忌、礼仪等；

（4）参加会见的人数、姓名、职务等；

（5）主要会见人的详细资料。

除材料准备外，还应准备馈赠的礼品，礼品准备应数量充足；还要落实会后合影的相应安排。

（四）布置会议室

根据参会人数，准备充足的座位；视情况布置话筒、鲜花盆景、条幅、座位卡和饮料等。座位卡要同时标明中、外文姓名，方便双方对号入座（中方人员的座位卡中文一面朝向就座者，外方人员的座位卡外文一面朝向就座者）；有签字仪式的，要准备双方国旗、签字笔等文具。

涉外会谈、会见的座次安排遵循"以右为上""面门为上"的原则，即主方背门而坐，客方面门而坐。

1．双边会议

双边会谈。小范围的双边会谈不设会议桌，人数较多的双边会谈一般采用长桌或椭圆形会议桌，如图 7.8、图 7.9、图 7.10 所示。

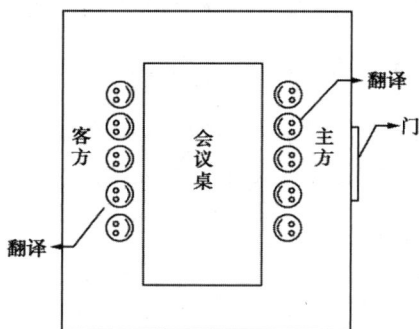

图 7.8　双边会议座位安排 1

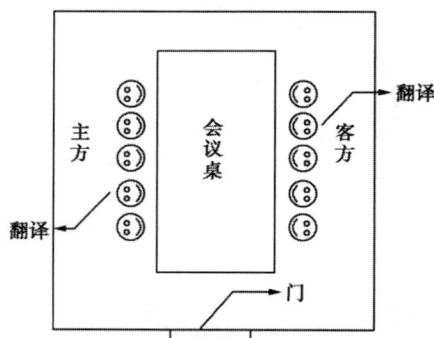

图 7.9　双边会议座位安排 2

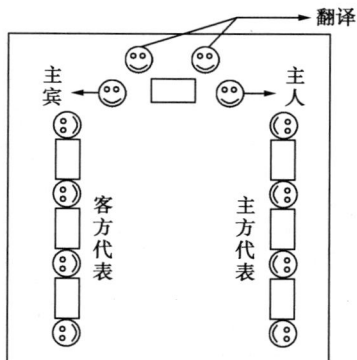

图 7.10　双边会议座位安排 3

2．多边会议

多边会谈。多边会谈，座位可摆成圆形或方形，采用圆桌或方桌，如图 7.11 和图 7.12 所示。

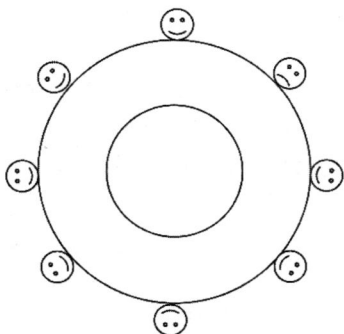

图 7.11　多边会议座位安排 1　　　图 7.12　多边会议座位安排 2

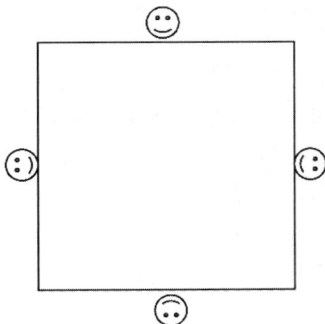

（五）提前迎候

中方主人及参加会见的中方人员应提前抵达会见地点，提前安排新闻媒体，再到指定位置迎候前来会见、会谈的客人，安排专人引导来宾入座。

（六）进行会见、会谈

按既定程序进行会见、会谈，并做好相应的会议记录。

（七）互赠礼品

会见、会谈结束后，双方将事先准备好的礼品相互馈赠。

（八）合影留念

重要的会见、会谈活动后，往往要合影留念，所以应事先安排好合影图。合影图一般是主人居中，按礼宾次序安排，遵循以右为上、以中为上和以前为上的原则，主客双方间隔排列，如图 7.13 所示。

1—主人　2—主宾　3—第二主宾　4—客方人员（或主客插排）　5—主方人员

图 7.13　合影留念位次

实践训练

一、情景训练

假设学生所在班级需要照一张合影，并邀请了院系相关领导及部分任课老师参加。请根据一般的礼仪原则进行合影时的站位排练。

实训要求：分组后各小组先内部讨论，得出排练方案后选出代表，指挥全班站位；小组内其他成员暂时充当院系领导和老师。

二、综合训练

1. 案例分析

（1）某国某外贸公司总经理应美国合作方的邀请到美国进行访谈，双方要讨论下一步的合作方案。到达美国之后，美方对该外贸公司提出的合作方案十分感兴趣，合作事宜基本确定，就等着签合同。等待合同期间，美国代表出于礼貌邀请该外贸公司总经理到他家里参加宴会，该总经理欣然应邀，他也很想看看美国人的家里是什么样子的。

到达美方代表家里之后，为了拉近双方的距离，这位总经理一开始就问美国代表：你的脸色看起来不太好，是不是昨天晚上没有休息好？还详细追问是不是生病了，还是其他的原因，后来感觉到美方代表的脸色不是很好看才停口。为了表示自己的品位高，他又问美方代表：你的房子装修得很漂亮，应该花了不少钱吧？

拜访结束后，美方代表说合同具体内容他还要仔细考虑一下，让总经理先回去等他的消息。这位总经理回去不久，美方代表就派人通知总经理取消合作。理由是美国代表觉得这位总经理不尊重他，对总经理的合作诚意产生怀疑。

（资料来源：百度文库，涉外商务礼仪之交谈礼仪案例分析）

实训要求：请思考这位总经理在哪些方面没有尊重美方代表。

（2）众所周知，A国是一个资源严重匮乏的国家，尤其是发展工业必不可少的钢铁和煤炭资源，他们只能向其他国家购买。B国是煤和铁的生产大国，在国际贸易中不愁找不到买主。按常规来说，A国人如果要跟B国人做钢铁和煤炭的贸易，就应该是A国人到B国去谈生意。但是事实并非如此，A国人总是想尽一切办法把B国人请到A国去。

通过搜集大量B国商人的背景资料，并对其进行分析，A国人清晰地知道B国商人一般都比较谨慎，讲究礼仪，而且不会过分侵犯东道主的权利，所以他们不惜花费大笔资金，按最高规格接待，邀请B国人到A国。这样一来，A国方面和B国方面在商务会谈桌上的相互地位就发生了显著的变化。B国人过惯了富裕的舒适生活，他们的会谈代表到了A国之后没几天，就急于想回到故乡别墅的游泳池、海滨和妻儿身旁去，在谈判桌上常常表现出急躁的情绪，而作为东道主的A国会谈代表则不慌不忙地讨价还价，他们最终掌握了会谈的主动权。

实训要求：请思考A国人为什么能在会谈中最终取得主动权。

2. 综合情景训练

龙创巨福广告公司是龙创商业集团麾下的一家子公司，风行旅游集团是一家东南亚企业最近在××省新组建的旅游集团公司。为了增强该旅游企业在××省旅游行业及旅游消费者中的影响力，风行旅游集团准备投巨资在全省范围内做一次广告宣传。

通过调查，该旅游集团选择了信誉和业绩较好的龙创巨福广告公司作为这次广告宣传的合作伙伴，并且双方负责人决定就合作事宜在龙创大酒店（也是龙创商业集团麾下的一家子公司）举行一次正式会谈。

实训要求：

（1）结合之前学过的礼仪知识，充分发挥自己的主动性和积极性，把你认为这次会谈应该包含的内容及其整个程序饰演一遍。

（2）分组训练，十人一组。每一组的成员都要参与，每个学生都应多次体验、反复训练。在分组时，要注意各组成员的组合与搭配情况，应根据不同的角色扮演指导小组角色的分配，包括不同性别的男女搭配、性格开朗与性格内向的不同搭配等，力争达到协调，只有角色扮演相对逼真，实训才会取得更好的效果。

（3）实训开始前，每个小组要做出相应的计划，确定演员，并按计划实施。

（4）饰演角色至少应包括三大方面：广告公司方、旅游企业方及会谈所在酒店方，鼓励学生按照本小组的计划内容增加相应角色。

（5）饰演内容至少应包括工作人员商定会谈的相关内容、落实会议通知、准备会议资料、进行会谈（会议记录）、提前迎候、布置会议室、互赠礼品、合影留念等主要程序。

（6）在所有小组中评选出某个角色的最佳扮演者，进行最优化组合，给全班同学示范表演这次会谈的核心程序。

单元三　涉外馈赠礼仪

情景导入

王帆先生作为龙创商业集团的总经理，虽然身居企业最高领导者和决策者的位置，但是从来不摆领导架子，非常有亲和力，对部下十分和蔼，在集团内部是出了名的"慈善领导"。王总经理还时刻想着员工的个人发展问题，尤其是注重作为"公司的形象代言人"的每一个商务人员综合素质的提高和对身边几员"大将"的培养。在年终的欧洲考察活动中，他除了带上集团及分公司的一、二把手以外，还特别批准了行政助理——28岁的资深助理李欣参与此次考察。由于在考察过程中他们会在法国与一家长期合作的公司举行会谈，并签署下一年度的相关合作协议，所以带上李欣，一方面可以与对方接洽一些接待方面的事宜，同时也是对李欣的一种考验和提高。

李欣很珍惜这次机会，为了不辜负领导的期望，她在出发前做了充分的准备，并且提前考虑到了在整个过程中将会出现的一些情况和自己该做些什么。因为按照涉外商务礼仪的一般原则，在与法方的合作伙伴举行会谈后，对方可能会赠送礼物，而自己这边也应该准备回礼才不会显得失礼，所以她首先想到了给法方的合作伙伴准备一份具有中国特色的礼物。为了让自己准备的礼物不冒犯法国人的风俗禁忌，并让对方喜欢，她特意重新学习了涉外馈赠礼仪的相关知识。

项目任务

你认为李欣这次为法方准备礼物要注意哪些问题？

任务分析

在商务交往中，双方往往会赠送对方一些有纪念性、有特色的纪念品，以示尊重和友好的情意。

在涉外馈赠礼仪需要掌握以下几个基本原则：轻重得当原则，应"轻礼寓重情"；选时择机原则；效用性原则；投其所好和避过忌讳的原则。同时赠送礼品时一定要注意礼品的选择和包装，注意赠礼的具体时间和场合，注意赠礼的方式及收礼和回礼等的礼仪。另外，因为法国人忌黄色和墨绿色，礼品及包装纸不应选用这两种颜色。礼品或包装纸还应避免菊花、杜鹃花、孔雀和仙鹤等图案，因为他们忌讳这些花卉和动物，认为是不祥的。

根据以上原则及注意事项，李欣可选择那些具有中国特色的或具有纪念意义的礼品送给法方的合作伙伴。

馈赠，也称赠送，是指交往中向他人表示尊敬、友好而将某种物品不求报偿地送给对方，以达到沟通感情和保持联系的目的。成功的馈赠不仅是现代社会交往中情感的合理表达方式和礼节形式，也是增进客户间友谊的桥梁。随着交际活动的日益频繁，馈赠礼品因为能起到联络感情、加深友谊、促进交往的作用，越来越受到人们的重视，所以，馈赠活动对礼节的要求也就值得强调。掌握送礼技巧，不仅能收到大方得体的效果，还可增进彼此感情，维护良好的人际关系，体现馈赠者的诚意、人品和涵养。

一、礼品选择

选择馈赠礼品要"因人而宜""因事制宜"，尤其是在涉外交往中，礼品的挑选要根据不同国别、地区、民族、性别、个人兴趣爱好而有所不同，既要避免触犯各种"禁忌"，又要"投其所好"，这样才能收到预期效果。我们可以通过仔细观察或打听了解受礼者的兴趣爱好，有针对性地精心挑选合适的礼品，尽量让受礼者感觉到馈赠者在礼品选择上是花了一番心思的，是真诚的。除此之外，选择礼物还要考虑具体的情况或场合。

在经济日益发达的今天，人与人之间的距离逐渐缩短。人们与社会的接触面越广，迎来送往及喜庆宴贺等活动越多，彼此送礼的机会也就随之增加。懂得送礼技巧，不仅能收到大方得体的效果，还可以增进彼此感情，在公共场所更具社交礼仪风度。在挑选适宜礼品的时候，应该注意以下几点。

（一）突出纪念性、独特性

涉外交往的礼品挑选应突出礼品的纪念意义，讲求"礼轻情义重"，过于贵重的礼品会使收礼者有受贿之感。礼品可以是某一具有特殊含义的纪念品，也可以是具有国家特色、民族特色和地区特色的物品，这种具有纪念性、独特性的礼品，可使受礼者深刻地体味送礼者的心意。但不可将有明显广告标志或广告语的物品作为礼品赠送。

（二）明确礼品的针对性

礼品的针对性是指针对受礼者的性别、文化品位、性格爱好等，尽量使所选礼品得到受礼者的认同。比如：瑞士军刀、蒙古刀等作为礼品赠送，可能会受到部分男士的欢迎，但将其作为礼品赠送给女性，往往得不到相同的效果。而在某些国家或地区，刀子作为礼品赠送，含有"一刀两断"、不再来往之意。男性给女性不能赠送香水、内衣和玫瑰花等容易引起误解的物品。另外，如果不是第一次给对方送礼，应该避免赠送与上次同样的礼物。

小锦囊

避免重复送礼

为避免几年选同样的礼物给同一个人的尴尬情况发生，最好每年送礼时做一下记录。切勿直接去问对方喜欢什么礼物。切忌送一些会刺激别人的礼物。

（三）具有时尚性

礼品的选择还应具有时代或时间特征，虽然流行的未必是好的，但明显落后于时代的物品肯定是没有人喜欢的。

温馨提示

礼物不宜过于贵重。即使你比较富裕，送礼物给一般朋友时也不宜太过贵重，而送一些有纪念意义的礼物较好。接受一份对方难以负担的精美礼品，内心会过意不去，因此，送礼者最好在自己能力负担范围内选择礼品。

二、礼品包装

涉外馈赠礼品更重视包装，讲究包装材料、包装材料的色彩和包装的具体方法。良好的包装可使礼品显得更为正式、高档，相反，过于马虎的包装，甚至不包装，会使礼品"贬值"。涉外馈赠礼品通常要求礼品包装的价格不低于礼品总价值的三分之一，可见，包装对于涉外馈赠礼品的重要性。

在精心包装涉外馈赠礼品的同时，也要对包装颜色、图案和缎带的结法有所选择，要回避不同国家、地区和宗教的相应禁忌。例如，日本人不喜欢"蝴蝶结"，也不用白色、绿色的包装纸；英国人忌讳"孔雀""大象"等图案。

礼品在进行包装之前，还要注意去掉礼品的价格标签。

┌───┐
温馨提示

多名贵的礼物也应包装。谨记包装时一定要除去礼物上面的价格标签及商店的包装袋。无论礼物本身如何名贵，都要用包装纸包装。有时细微的地方更能显出送礼人的心意。
└───┘

三、馈赠时机

馈赠礼品没有严格的时间限定，但一般都是在刚刚见到受礼者或即将分别时，而送花一般是在见面时。一般礼品馈赠时机如表 7.1 所示。

表 7.1　馈赠时机

场　　合		时　　机
会　　谈		结束时赠送
签　　字		结束时赠送
就　　餐	正式宴会	结束时赠送
	家　　宴	开始时赠送
祝贺欢庆		开始时或提前赠送

四、馈赠方式

馈赠礼品的方式可分为礼仪公司递送、邮寄赠送、请人代转和当面赠送等几种形式，以当面亲自赠送最为正式。

在赠送时应表现大方、泰然自若，赠送时最好双手亲自奉上；面对多人赠送礼品时，应依位次高低赠送。

涉外礼品馈赠不同于国内礼品的馈赠方式。中国传统礼仪强调自谦，在赠送礼品时，馈赠者往往说"小小东西，不成敬意""也不是什么好东西，凑合收着吧"。这种谦语国内的受礼者都能"心领神会"，但涉外交往却不合适，因为这种说法会让人感到不受重视。涉外馈赠的馈赠者应对受礼者说"这是我精心为您准备（挑选）的"，这样更能为对方所接受。

有些国家或地区的人在接受馈赠时有推辞的习惯，但不表示真的拒绝，应再坚持片刻，若再三要求，对方仍不肯接受，则可能确有不便接受馈赠的理由，不能一再强求。

五、礼品的接受

在涉外馈赠中，接受礼品可不必推辞，应面带微笑，正视对方，伸出双手，同时说一些感谢的话，欣然接受；但在接受礼品时应保持风度，不可伸手去抢。接受礼品后，不管礼品是否符合自己的心意，受礼者都应表示对礼品的重视。对贺礼及精美礼物，通常应当面打开欣赏，并赞美一番。这是与中国接受礼品赠送完全不同的。打开礼品后无论对礼品是否满意都要表示欣赏。但是有些国家是忌讳当着送礼者的面打开礼物的，所以要视具体情况而定。

一般情况下，不应当拒绝受礼，受礼者应在赞美和夸奖声中收下礼品，并表示感谢，双手接过礼品。但是如果觉得送礼者别有所图，则应该向对方明示自己拒收的理由，态度可坚决，而方式要尽量委婉，好让对方比较容易接受。因其他原因确实不能接受礼品时，要婉言相告，或直接说明原因，以防引起对方无端猜测。比如，对方赠送价值明显过高的礼品时，可说明"相同的物品我已经有了""我单位有规定，你送我的这件东西我必须上交"。如果当时周围人数较多，不方便当面拒绝，则可以当时接受下来，事后退还。如果在未打开包装前就知道包内是何物品，则收取后保存好包装，事后完好地退还给赠礼者。

温馨提示

礼物不应转送。在接收礼物后，千万不要把以前收到的礼物转送出去或丢掉。

六、回礼

一般来讲，馈赠礼品时，对方是要给予回礼的，但是否回礼完全出于自愿，因为礼品赠送的初衷也是不求对方的回报。回礼也要掌握恰当的方法和时机。有礼有节、有来有往的馈赠活动才更有利于拉近双方的距离、增加合作的机会。作为商务活动的重要内容之一，回礼活动越来越受重视，并得到广泛的使用。

公务场合的礼品馈赠，往往主客双方会有所准备，所以，应在对方馈赠礼品时予以回礼；而私人赠送礼品则要选择一个恰当的时机或理由，如节日或对方的喜庆活动日。回礼的时间不宜相隔过久，也不宜马上回礼，让人感觉像是"欠债还钱"。

通常回礼的礼品价值可与所收礼品的价值相当，但不可明显高于所收礼品，否则给人以攀比之嫌，既可能造成对方不快，也会造成对方再次回礼的负担。

"往而不来非礼也，来而不往亦非礼也。"礼品的馈赠贵在双方的心意表达，所以回礼的方式也未必局限于以礼品回赠，也可以在接受对方的赠礼后以其他形式还礼。例如，在接受赠礼后以口头或书面的形式表示感谢，或以宴请的形式回礼。

相关链接

中国馈赠礼仪

随着社会的发展，中国社会生活中的诸多礼仪形式逐渐与世界"接轨"，中国的馈赠礼仪也日渐变化，在中国馈赠礼仪中，也需考虑礼品的选择、包装，赠送时机、方式，礼品的接受和回礼等方面的内容，但与涉外馈赠礼仪相比，中国的馈赠礼仪还有其自身的特点。

（1）礼品选择突出寓意。

① 趋吉。中国人在生活中凡事一向讲求有良好的寓意，尤其是在礼品选择中，往往要针对不同的对象、场合赠送不同的礼品，以突出吉祥、美好的心愿或意义。例如，在婚礼上经常选择龙凤的图案作为礼品，寓意"龙凤呈祥"；而为老人祝寿可选择带有松树、仙鹤等图案

的礼品，象征"松鹤延年"。礼品数量的选择普遍有"好事成双"的说法，所以中国的礼品数量通常为双数，带有数字"8"的礼品也很受人青睐，因"8"与"发"同音，广东的很多商人很喜欢把北方所产的"发菜"作为礼物，同样的原因，"6"也有象征"顺利"的含义。

② 避凶。中国馈赠礼仪中，除追求美好寓意外，还要避免不良的发音或寓意。例如，中国馈赠礼仪喜欢双数，但广东人忌讳"4"这个偶数，因为在广东话中，"4"听起来就像是"死"，是不吉利的。再如，白色虽有纯洁之意，但中国人比较忌讳，因为在中国，白色常是悲哀之色和贫穷之色；同样，黑色也被视为不吉利的，是凶灾之色、哀丧之色。另外，我国人民还常常讲究给老人不能送"钟"，给夫妻或情人不能送"梨"，因为"送钟"与"送终"、"梨"与"离"谐音。

（2）礼品赠授谦恭、互让。

中国馈赠礼仪中，对于礼品的馈赠和礼品的接受都表现出与涉外礼仪中截然不同的自谦和礼让。例如，赠送礼品的一方无论礼品价值如何，往往在赠送礼品时自谦"小小礼物，不成敬意""请别嫌弃"等，而双方要进行几次推托方可接受礼物，并且礼物不当面打开，也通常不过问所赠是何物品，无论礼品是否适合都应表示感谢。

小锦囊

国际交往中的馈赠常识

亚洲国家的馈赠：

① 形式重于内容；

② 崇尚礼尚往来，而且更愿意以自己的慷慨大方表示对他人的恭敬；

③ 讲究馈赠对象的具体指向性；

④ 忌讳颇多。

西方国家的馈赠：

① 实用的内容加漂亮的形式；

② 赠受双方喜欢共享礼品带来的欢乐；

③ 讲究赠礼的时机；

④ 忌讳较少。

实践训练

一、情景训练

1．××公司是在美国上市的一家跨国企业，股东和业务遍及世界各地。中国分公司今年的年终总结会议决定在三亚召开，董事会邀请了中国各大市场的各大股东参加这次会议。会议结束后，需要给与会者赠送礼物。刘云作为董事长办公室行政助理承担了准备礼品这项任务。与会人员中有一名日本人，并且是第一次来到中国。

现在，刘云正在一家大型礼品店购买礼物，并指导商店工作人员对礼品进行包装。

实训要求：

（1）请给大多数与会者准备、购买和包装礼物。

（2）请给第一次来到中国的日本股东准备礼物。

2. 延续上面的情景，刘云准备好礼物回到公司，接下来的工作就是把礼物分发到各位股东手上。其他股东的礼物交由别的助理去送，而唯一的一位日本外宾需要她亲自将礼物送上。通过电话预约以后，她拿着准备好的礼物来到位于酒店东侧的休闲区等候，那位日本人正慢慢地向她走过来。

实训要求：请根据情景提示继续刘助理赠送礼品的过程。

3. 延续上面的情景，刘助理友好地向日本客人送出礼物以后，这位日本客人在接收礼品时彬彬有礼，并口头表示感谢。因为他是作为被邀请对象在中国参加公司会议，所以不必回礼。但是回到自己的房间之后，这位日本客人还是专门为此事打电话给公司董事长，表示感谢。

实训要求：

（1）请演示这位日本客人接收礼品的全过程。

（2）请演示这位日本客人回到房间后打电话给公司董事长致谢的过程。

二、综合训练

1. 案例分析

（1）2005 年 4 月 29 日，连战访问北京大学，获得一份特殊的礼物：母亲赵兰坤女士在 76 年前毕业于燕京大学的学籍档案和相片，其中包括在宗教系就读的档案、高中推荐信、入学登记表、成绩单等，大多是她亲笔写的字。在这份特殊的礼物面前，一贯严谨的连战先生也难掩内心的激动。他高举起母亲年轻的照片，放在面前细细端详，眼里泛着晶莹的泪光。这一刻，他满脸都是幸福的微笑。

实训要求：结合礼品的选择原则谈谈这次礼品馈赠的成功之处。

（2）女1："这百合花真漂亮啊，你是要送人的吗？"

女2："是啊，送给我的一个英国朋友当生日礼物！"

女1："送百合花给英国朋友当生日礼物？好像不合适吧。"

女2："怎么不合适了？这么漂亮的花怎么会不合适呢？"

女1："我也说不清楚，好像英国人不太喜欢百合花。"

实训要求：女2的做法有什么不妥吗？女1的说法对吗？为什么？

2. 综合情景训练

Micheal 是美国一家投资公司的总裁，在金融界有着极高的地位和威望，是一个业界人士都想接触的焦点人物。恰好他最近在 A 国参加一个金融论坛。参加这次金融论坛的人当中还有一位叫付××的先生。付先生也是 A 国比较知名的金融家，但是比起 Micheal 来，他认为自己逊色不少，他有几分崇拜对方。于是他让自己的助手准备了礼物：一颗价值昂贵的钻石，打算亲自去拜访一下这位金融界的名人。

在论坛期间的一次宴会上，他见到了 Micheal，于是便带着自己的礼物走到 Micheal 身边："尊敬的 Micheal 先生，您好，我是付××，也在金融行业工作。久仰您的大名，今日得以一见，倍感荣幸。这是我为您准备的一点小小的见面礼，不成敬意，请笑纳。"说罢便递上准备好的礼物。他万万没有料到，Micheal 没有表现出像传闻中说的那么平易近人、不摆架子、容易结交，而是冷冷地看着他，用生硬的 A 国话拒绝了他，并转身离开。

付先生顿时尴尬至极，他不明白自己哪儿做错了。

实训要求：

（1）你知道付先生哪儿做错了吗？

（2）如果是你想结识 Micheal，你会怎么做？请写一篇台词。

（3）小组训练，角色扮演。

（4）根据编写的台词和表演的情况在所有小组中选出一个表现比较优秀的小组，给全班同学做示范表演。

单元四　国外习俗与禁忌

情景导入

某国商务考察团去欧洲考察，该团成员中的很多人是第一次出国，所以对欧洲的很多事物都感到新奇。一天傍晚，他们到达法国，在巴黎的一家五星级酒店登记入住。当晚，团队领导因为要去会见一位在巴黎的老客户兼老朋友，所以就只带了行政助理一人离开了酒店。晚餐时，因为没有上司在场，而其他所有人的职位都差不多，所以大家都没有太多的顾虑。几杯高度酒下肚，酒桌上的气氛就开始活跃起来了。

得知用餐的是一个外国团队，酒店方一开始就增派了几位颇有经验和耐心的侍者为他们提供服务。当侍者向他们介绍了一些法国菜以后，他们不问价格，主菜、配菜一下子点了好几十道，侍者担心他们吃不完，何况菜价不菲，但他们并不在乎，并责怪服务员"多管闲事"。酒过三巡，他们便开始对酒店餐厅拍照，也不管别人是否愿意就竞相和服务生合影，甚至突然跑到其他餐桌与其客人留影，还不停地大声说笑。用餐时杯盘刀叉的撞击声、嘴巴咀嚼食物的声音，始终不绝于耳，一会儿便搞得杯盘狼藉，桌子、地毯上到处是油渍和污秽。坐在附近的一位先生终于忍无可忍，向店方提出抗议，要求马上停止喧闹，否则就要求换座位。被突然拍照的那位客人也趁机提出了抗议，要求他们停止拍照，并删除刚才拍下的照片。

项目任务

考察团成员为什么会遭到餐厅其他客人的抗议？

任务分析

> 每一个国家都有自己的风俗习惯，作为客人应该遵守，这既是对对方的一种尊重，也是体现自身修养的重要方面。
>
> 考察团的成员在法国五星级大酒店就餐时，行为失当，大声喧哗、杯盘相碰，甚至在未征得他人同意的情况下随意拍照，这些做法显然违背了西餐礼仪的基本规范，显得极不礼貌。他们的行为引起了周围客人的强烈不满，甚至有人向店方提出了抗议。
>
> 这一事件深刻提醒我们，在涉外交往中，必须格外注重了解和尊重不同文化背景下的习俗与禁忌。我们应该时刻保持谦逊和谨慎，避免因为无知或疏忽而冒犯他人的习俗或禁忌。否则，一旦触犯，不仅可能损害个人的声誉，还可能对组织的形象造成严重的负面影响。

"十里不同风，百里不同俗。"各国各地人民都有其特定的习俗与禁忌，各种习俗和禁忌通常与其心理情感相联系，往往被视为不可侵犯的，因此商务人员不仅要妥善做好日常性的接待工作，还要了解、掌握接待对象所在国家的风俗习惯。

各个国家或地区因文化传统、民族和宗教信仰等方面的差异产生了各自不同的习俗与禁忌。习俗禁忌主要包括颜色、数字、交谈、动物、图案、食物、礼品和行为等方面的禁忌。

一、亚洲国家习俗、禁忌

（一）日本（东亚）

1．服饰礼仪

日本人无论是在正式场合还是在非正式场合，都很注重自己的衣着。在正式场合，男子和大多数中青年妇女都着西服。男子穿西服时通常都系领带。和服是日本的传统服装，其特点是由一块布料缝制而成。现在男子除一些特殊职业者外，在公共场所很少穿和服。日本妇女喜欢描眉，她们普遍爱画略有弯度的细眉，认为这种最具现代女性气质。

2．餐饮礼仪

日本人自古以来就以大米为主食，他们爱吃鱼。一般不吃肥肉和猪内脏，有的人不吃羊肉和鸭子。在家中或餐馆内，座位都是有等级的，一般要听从主人的安排。

3．商务礼仪

到日本从事商务活动，宜选择在 2—6 月、9—11 月，其他时间当地人多休假或忙于过节。日本人在商务活动中很注意名片的作用，他们认为名片能表明一个人的社会地位，因此，总是随身携带。日本商人比较重视建立长期的合作伙伴关系。他们在商务谈判中十分注意维护对方的面子，同时希望对方也这样做。

4．日本禁忌

日本禁忌如表 7.2 所示。

表 7.2　日本禁忌

颜　色	数　字	交 谈 话 题	礼　品	图　案	其　他
忌绿色、紫色	忌4和9	可谈论天气、电器、动漫等，忌谈论政治、历史等敏感话题	礼品一般送奇数，不可为偶数，但切勿赠送数字为"9"的礼物。不以梳子、手帕做礼物送人。忌讳将菊花和有菊花图案的东西作为礼物赠送别人。忌送夕阳风景国画	忌狐狸、獾、荷花等图案	日本人讨厌金银眼的猫，认为看见这种猫会倒霉。不可三个人合影，认为中间的人被左右二人夹着，是不祥和死亡的预兆。邮寄信件时，邮票不能倒贴，这样表示绝交

（二）韩国（东亚）

1．餐饮礼仪

口味偏清淡，不喜油腻。他们通常采用烤、蒸、煎、炸、炒等烹饪方式，也吃汤类菜，辣泡菜和汤这两种食品是不可缺少的。

2．商务礼仪

与韩国客户进行商务活动，约会必须守时，着装应整洁，男子可穿西服，女子可穿西服套装，也可穿其他样式的庄重、大方的服装。

3．韩国其他禁忌

韩国其他禁忌如表 7.3 所示。

表 7.3　韩国其他禁忌

交 谈 话 题	礼　品	其　他
忌提"朝鲜"	双手接礼物，但不会当着客人的面打开	忌到别人家里剪指甲；吃饭时忌戴帽子；睡觉时忌枕书；忌杀正月里生的狗；未征得同意前，不能在上级、长辈面前抽烟，不能向其借火或接火；吃饭时不要随便发出声响，更不许交谈

（三）马来西亚（东南亚）

马来西亚将伊斯兰教定为国教。

1．服饰礼仪

在服饰上，男子习惯穿传统的民族服装，其上衣无领，头戴无边帽。在比较正式的社交场合，男子穿白衬衣、便裤。马来西亚女子的传统服装样式和男装差不多，她们也穿"沙笼"，颜色和图案则艳丽得多。

2．餐饮礼仪

食物一般以米饭、糕点为主，口味偏淡。到马来西亚人家做客，应准时赴约。主客应坐在主人的右边，或坐在餐桌的首位。在取食时，不要使公用勺碰到自己的盘子。应等主人邀请后再开始进食，不要自己动手。

3．商务礼仪

每星期五的中午 2:30，员工正在祈祷，这会儿不办公。见面要递名片，从事商务活动时要提前一个月用电报安排。如受邀吃饭，不要回绝。宴会是社交性的，不要讨论商务。

4．马来西亚禁忌

马来西亚禁忌如表 7.4 所示。

表 7.4　马来西亚禁忌

颜　色	数　字	交谈话题	礼　品	图　案	其　他
忌 白色、黄色	忌 0、 4、 13	忌极力赞赏他们的某件物品。忌谈与猪、狗的话题	严禁偶像崇拜，切忌送此类礼物。忌讳用左手接受、馈赠物品	忌 乌龟图案	不要用左手触摸人或传递物品，轻微点头以示礼貌。马来西亚人介绍人们相互认识时，通常先介绍年长者或比较有身份的人，先介绍妇女，后介绍男子。不要穿着鞋子进清真寺，不要穿鞋子进别人家的客厅

（四）泰国（东南亚）

泰国大部分居民信奉佛教，所以，在与泰国人交往中要格外注意佛教禁忌。

1．服饰礼仪

泰国各个民族都有自己的传统服饰。现在，泰国城市中的男子在正式社交场合通常穿深色的西装，打领带。妇女在正式社交场合穿民族服装，也可穿裙子；在日常生活中，可穿各式流行服装，但在公共场合忌穿短裤。

2．餐饮礼仪

泰国人不喝热茶，而习惯在茶里放冰块，称为冰茶。用餐时，泰国人习惯围着小圆桌跪膝而坐，用手抓食，不用筷子，但现在有用叉子和勺子的。泰国食品和中国食品大同小异。

3．商务礼仪

泰国商人喜欢互赠礼物。在商务活动中，接受邀请后，一般不能再随意改变主意，否则显得反复无常，极不礼貌。

4．泰国禁忌

泰国禁忌如表 7.5 所示。

表 7.5　泰国禁忌

颜　色	交 谈 话 题	图　案	其　他
忌 红色、 紫色、 黑色	泰国人在社交场合见面交谈时习惯行合十礼，也流行握手礼，但是不能用于异性	不可丑化佛、大象形象	泰国人认为头部神圣不可侵犯，忌讳别人拿着东西从他们头上掠过，而脚被认为是低下的，忌跷腿而坐。忌讳睡觉时头朝西方

（五）沙特阿拉伯（西亚）

沙特阿拉伯是世界上最大的石油输出国，伊斯兰教为其国教，因此与沙特人交往要格外注意伊斯兰教的宗教禁忌。

1．服饰礼仪

沙特男子通常穿一种长袖外套，头戴一种四方形的帽子。如果男子无意中窥见陌生女子的脸容，则被认为是件倒霉的事情。女子订婚仪式以后就可以不蒙面了。

2．餐饮礼仪

沙特人的主食是米饭、大饼、面条、面包，米饭一般都是用大米与肉、油等混合在一起做成的肉饭。他们常饮红茶、咖啡等，严禁饮酒。沙特人习惯用手抓饭吃，不用桌椅。

3．商务礼仪

对初次见面的工商界人士不要送礼，相互熟识之后，可在应邀去对方家中做客时带些礼品。

4．沙特禁忌

沙特禁忌如表 7.6 所示。

表 7.6　沙特禁忌

颜　色	交 谈 话 题	礼　品	图　案	其　他
忌 黄色	不宜谈论中东政治、妇女权力及国际石油政策等	忌将酒作为礼品，不能单独给女主人送礼，也别送物品给已婚女子。忌送女性图片及女性形象的雕塑品	忌熊猫、十字架和六角星图案	忌左手递接物品。禁止佩戴装饰物、禁止下国际象棋、禁止外人拍摄他们进行宗教活动的照片。不要给沙特女性拍照

二、欧洲国家习俗、禁忌

（一）俄罗斯（东欧）

1．服饰礼仪

俄罗斯人服饰与欧洲流行的服饰已无多大差别，男子多穿西服、戴呢帽，冬天则罩长外衣、戴皮帽。女子穿连衣裙、西服上衣或西服裙，秋冬两季戴呢帽或皮帽，罩长大衣，夏天系花头巾。

2．餐饮礼仪

俄罗斯人很注重餐台设计，讲究陈设的艺术性，他们认为这样做可以使人有好的心情，增加食欲。除城市外，俄罗斯人一般每日两餐，城市人对一日三餐的要求是不同的，晚餐一般比较简单，对早、中餐则较为重视。俄罗斯人比较爱吃中国的四川菜、广东菜，还特别爱吃北京烤鸭等。

3．商务礼仪

每年4—6月是俄罗斯人的度假季节，不宜进行商务活动。同时商务活动还应当尽量避开节假日。会见客户时要清楚地介绍自己，并把同伴介绍给对方。但要注意，俄罗斯商人一般在初次见面时不轻易交换名片。进入客户会客室后，要等对方招呼才入座。

4．俄罗斯禁忌

俄罗斯禁忌如表7.7所示。

表7.7　俄罗斯禁忌

颜　色	数　字	交　谈　话　题	礼　品	其　他
忌黑色	忌13和偶数，视奇数为吉祥的数字	与俄罗斯人谈话，要坦诚相见，不能在背后议论其好坏，更不能说他们小气。谈话中"你"和"您"的界限很清楚，朋友之间如果使用"您"，即意味着友谊的破裂。他们不善掩饰感情，但说话时指手画脚会被看作缺乏教养，在公共场合大声交谈被看作是不文明的行为	俄罗斯人通常可以将鲜花、酒、艺术品和书等作为礼物赠送对方	俄罗斯人性格开朗、豪放、集体观念强。在家中，主人给客人吃面包，则是最殷勤的表现。 镜子在俄罗斯人看来是神圣的物品，打碎镜子就意味着灵魂的毁灭

（二）德国（中欧）

1．服饰礼仪

德国人不喜欢花哨的服装，但都很注重衣冠的整洁，穿西装一定要系领带。在赴宴或到剧院看文艺演出时，男士经常穿深色礼服，女士则穿长裙，并略施粉黛。在东部地区，已婚者都戴上金质戒指。

2. 餐饮礼仪

德国人在宴会上和用餐时，注重以右为上的传统和女士优先的原则。德国人举办大型宴会时，一般在两周前发出请帖，并注明宴会的目的、时间和地点。他们讲究餐具的质量和齐备。宴请宾客时，桌上摆满酒杯、盘子等。他们有个习俗，那就是吃鱼的刀叉不能用来吃别的。

3. 商务礼仪

德国人对工作严肃认真，思考总是深刻敏锐。德国人的时间观念很强。因此，一旦约定时间，迟到或过早抵达都被视为不懂礼貌。他们在谈判时态度明朗，谈生意时一般使用商业名片。

4. 德国禁忌

德国有一半以上的人信奉基督教，还有很多人信奉天主教，另有少数人信奉东正教和犹太教，所以应注意相应的宗教禁忌。德国禁忌如表 7.8 所示。

表 7.8　德国禁忌

颜　色	数　字	交 谈 话 题	礼　品	图　案	其　他
忌茶色、红色、深蓝色	忌13、星期五	与德国人交谈时要尊重传统和权威，称呼时要带上头衔，不可直呼其名。交谈中不要议论打垒球、篮球或美国式橄榄球。最好谈德国的原野、个人的业余爱好和足球之类的体育项目。洽谈生意时不能随便，否则会带来不愉快	男子不可以送长筒袜和内衣给女方，最常见的礼物有花束、糖果、书籍、精巧的皮革制品、相册、漂亮的围巾或其他适合对方的小礼物	忌讳使用纳粹标记图案"卐"	德国人有朝气、守纪律、好清洁，时间观念强。在德国，送钱给对方是被看成不礼貌的，但是如果把钱装入信封连同其他礼物一起送出也不是不可以

（三）英国（西欧）

1. 服饰礼仪

英国人的穿衣模式受到世界许多人的推崇。尽管英国人讲究衣着，但十分节俭，一套衣服一般要穿十年八年之久。一个英国男子一般有两套深色衣服、两三条灰裤子。英国人的衣着已向多样化、舒适化发展，比较流行的有便装夹克、牛仔服。

2. 餐饮礼仪

英国的宴请方式多种多样，主要有茶会和宴会，茶会包括正式茶会和非正式茶会。英国人在席间不布菜，也不劝酒，全凭客人的兴趣取用。一般要将取用的菜吃光才礼貌，不喝酒的人在侍者斟酒时，将手往杯口一放就行。客人之间告别时可相互握手，也可点头示意。

3．商务礼仪

到英国从事商务活动要避开 7、8 月，这段时间工商界人士多休假；另外在圣诞节、复活节也不宜开展商务活动。在英国送礼不得送重礼，以避贿赂之嫌。在商务会晤时，按事先约好的时间光临，不得早到或迟到。英国工商界人士办事认真，不轻易动感情和表态，他们视夸夸其谈、自吹自擂为缺乏教养的表现。

4．英国禁忌

英国禁忌如表 7.9 所示。

表 7.9　英国禁忌

颜　色	数　字	交 谈 话 题	礼　品	图　案	其　他
忌绿色	忌 3、13、星期五，尤其 13 号正逢星期五被认为是最不吉利的日子	通常谈天气情况或新闻。不谈政治、宗教和皇家的事情。交流时切忌使用"英格兰人"一词，而要使用"不列颠人"。英国人不愿讲的事情旁人不应打听	英国人送礼不宜过重，晚间送礼可以送名酒、鲜花等，但是不能带有商标和标价等。忌以百合花送人	忌大象、孔雀图案	英国人在第一次相识时，紧紧握住双手以示友好。并肩步行时除了热恋中的情侣，一般人不会手拉着手。英国人也不像东欧人那样常常拥抱。不可一次火点三次烟

（四）法国（西欧）

1．服饰礼仪

法国素有时装王国之称，巴黎更有时装之都的美誉。进入 20 世纪 90 年代，法国女装朴实风格走俏，素色衣裳尽领风骚；男人也特别注重穿着和仪表，出门前总要刮脸梳头，在外面总是衣冠整齐，令人赏心悦目。

2．餐饮礼仪

作为世界三大烹饪王国之一的法国，在饮食上十分讲究。他们的菜肴种类众多，烹饪方法独特。法式菜肴的特点是：选料新鲜，烹调讲究，美味可口。宴请客人时，主人总是把最拿手的菜做给客人吃，而且菜肴往往很丰盛。法国盛产名酒，法国人也特别善饮，几乎餐餐离不开酒。

3．商务礼仪

与法国人会面，可由第三者介绍，也可自我介绍。自我介绍应讲清姓名、身份或将自己的名片主动送给对方。法国人很重视建立良好的人际关系。一般情况下，未成朋友前，是不会跟你做大宗生意的。和法国人谈生意，一定要守时，否则不会被原谅。和法国人谈生意，要避开商业淡季。每年 8 月份由于天气较热，几乎全国放假。

4．法国禁忌

法国禁忌如表 7.10 所示。

表 7.10　法国禁忌

颜　　色	数　　字	交 谈 话 题	礼　品	图　案	其　　他
忌黄色、墨绿色	忌 13 和星期五	谈话尽量不涉及对方的私事，避免谈论政治和金钱	不要送带有公司明显标记的礼品。初次见面时不要送礼。忌讳菊花、杜鹃花、纸花和黄色花朵	忌孔雀和仙鹤图案	法国人乐观开朗，特别讲究衣着服饰。在法国，"女士优先"的国际惯例体现得异常明显。忌用核桃待客

三、美洲国家习俗、禁忌

（一）美国（北美）

1．服饰礼仪

在美国虽然不乏西装笔挺的绅士淑女，但在日常生活中，人们很难从衣着上来判断一个人的贫富或贵贱。一些耐穿的牛仔服或工装裤比较流行，为显示个性，有的妇女喜欢编织各种没有章法、色彩杂乱的毛衣，有的年轻女子喜欢着男装。在正式社交场合她们穿戴比较保守，讲求西装革履。

2．餐饮礼仪

美国人请客人吃饭时，先用电话邀约，客人接到邀请后要给予回答，参加者一般提前 5～10 分钟到达。若迟到 15 分钟以上，应先给女主人打电话。美国人的饮食特点是咸中带甜，喜欢清淡，不爱吃肥肉，不吃蒸的食物和红烧食品，忌食各种动物内脏。

3．商务礼仪

美国商人喜欢边吃边谈，一般洽谈活动从吃早点开始，晚上一般不谈生意或做重大决定。同美国人做生意，最重要的原则之一就是：必须表述清楚，不能模棱两可。美国的商业习惯是每一种产品都要投保，非常重视专利与商标。

4．美国禁忌

美国禁忌如表 7.11 所示。

表 7.11　美国禁忌

数　　字	交 谈 话 题	礼　　品	图　案	其　　他
忌 13、星期五	交谈时忌问个人收入和财产状况，忌问妇女婚否、年龄及衣饰价格等隐私问题	给美国人送礼物必附上卡片。收礼后应致信或电话表示感谢。特别忌讳带有本公司标志的便宜东西	忌蝙蝠图案	美国人忌讳"老"，所以不应轻易搀扶，否则他们会认为你小看了他

（二）墨西哥（中美）

1．服饰礼仪

墨西哥的现代服装是印第安式样和西班牙式样长期混合的结果。大城市居民的服饰已基本欧化，各种款式都有，但仍可看到传统文化的印记。居民们的衣着偏好鲜艳的色彩，据说这和当年玛雅人的习俗是一致的。他们认为色彩对比强烈的衣着能吓退妖魔，保佑众生平安。墨西哥妇女喜欢把头发梳得很高，常常插上花朵装饰，有的还用五颜六色的羊毛线编头发。

2．餐饮礼仪

墨西哥的传统食物是玉米、菜豆和辣椒。人们说玉米是墨西哥人的面包，墨西哥人可以用玉米制作出各种各样的食品。另外，墨西哥有仙人掌之国的美称，当地人喜食仙人掌，他们把它与菠萝、西瓜并列，当作一种水果食用，并用它配制成各种家常菜肴。墨西哥也是世界上食用昆虫消耗量最大的国家。

3．商务礼仪

墨西哥许多商人都会说英语，但你与他交谈时最好说西班牙语，特别是收到对方用西班牙文写来的信函后，最好也用西班牙文回复，否则他们会认为你缺乏教养。与墨西哥人交往，可以带一些本国特色的工艺品作为礼物。

4．墨西哥禁忌

墨西哥禁忌如表 7.12 所示。

表 7.12　墨西哥禁忌

颜　色	数　字	礼　品	图　案	其　他
忌 紫色	忌 13 和 星期五	忌 黄花、红花、紫花	忌 蝙蝠图案	舞会上通常只能女人邀请男人，不能相反；也不能用手比画小孩的身高

（三）巴西（南美）

1．服饰礼仪

巴西的男子平时穿短裤和衬衫，但是上班或参加社交活动则必须衣冠楚楚；对于女士，在穿着上则没有严格的限制，她们通常喜欢穿色彩艳丽的裙装。巴西的黑人妇女习惯上身穿短上衣，肩披又长又宽的围巾，下身穿肥大的花裙。她们喜欢戴手镯，并在腰带上系上许多垂饰。

2．餐饮礼仪

巴西人以吃欧式西菜为主。由于巴西畜牧业较发达，所以食品中肉类较多，他们常食猪、牛肉，一般较富有的人家牛肉吃得多些，反之则食猪肉多些。烤牛肉是巴西的著名风味菜肴，每逢家宴、外出野餐，都少不了烤牛肉。巴西人喜欢饮浓咖啡，一天喝上十来杯咖啡是常见的事。

3. 商务礼仪

巴西人在商务活动中很重视建立良好的私人关系，如果你在他眼中是一个值得信赖的朋友，那么他将会对你以诚相待。巴西的官方语言是葡萄牙语，不要把译成西班牙文的宣传品送给巴西人，否则他们会认为你是在侮辱他。

4. 巴西禁忌

巴西禁忌如表 7.13 所示。

表 7.13　巴西禁忌

颜　色	数　字	礼　品	图　案	其　他
忌黄色、紫色、深咖啡色	8 月 13 日是巴西禁忌日	忌 手帕、刀子	忌绛紫色的花或图案	"OK"手势是表示下流的手势

四、非洲国家习俗、禁忌

（一）埃及（北非）

埃及人口的 87%左右是阿拉伯人，所以，各种礼俗与阿拉伯国家相近。

1. 服饰礼仪

埃及的传统服装是阿拉伯大袍。在农村不论男女仍以穿大袍者为多，城市贫民也有不少以大袍加身。20 世纪 20 年代后期，西方服装逐步进入埃及。当地妇女喜欢戴耳环、手镯等。在一些边远地区，女子外出还保留着蒙面纱的习俗。

2. 餐饮礼仪

埃及人的主食有米饭、面包等，荤菜有牛肉、羊肉，素菜有洋葱、黄瓜等。当地人就餐前一般都要说："以大慈大悲真主的名义。"请客时菜肴丰盛、气氛热烈，主人总是希望客人多吃点。

3. 商务礼仪

当地人不喜欢有星星图案的衣服，商务活动用英语。到埃及进行商务活动，最好是在 10 月到次年 4 月。另外，当地每周工作日是从本星期六到下星期四，星期五是伊斯兰教的休息日。

4. 埃及禁忌

埃及禁忌如表 7.14 所示。

表 7.14　埃及禁忌

颜　色	数　字	交　谈　话　题	图　案	其　他
忌 蓝色、 黄色	忌 13	通常称呼对方"阿凡提",意为"先生""阁下"; 避免谈论中东政治,可以谈论埃及的建设成就、领导人的威望及埃及的古老文明等	忌 熊猫图案	忌饮酒;埃及人有很多亲吻的礼节;吐唾沫是对仇人的诅咒,吐在地下表示对对方的轻蔑,也不可吐在身上

（二）南非

1．服饰礼仪

南非是一个多部族国家,各族都有自己的传统服饰。在城市中,南非人的穿着打扮基本西化了。大凡正式场合,他们都讲究着装端庄、严谨。因此进行官方交往或商务交往时,最好穿样式保守、色彩偏深的套装或裙装,不然就会被对方视为失礼。不同部族的黑种人,在着装上往往会有自己不同的特色。他们有一种被称为卡罗斯的斗篷和外套,这种服装一般是用羚羊皮制成的。南非的印度人服装仍保持着传统的东方特色。穆斯林妇女多穿宽筒长裤,长外衣,并披戴长巾。

2．餐饮礼仪

当地白人的餐饮习惯仍保持欧洲传统,以吃西餐为主。黑种人部族主要食用面食、奶和肉类。有的部族喜欢用玉米或高粱煮稀饭,用牛奶提制奶油,做奶渣。他们还喜欢饮用一种用高粱酿制出的风味啤酒。南非的印度人主要食用羊肉和一种叫作罗蒂的面包。印度教教徒家庭严禁吃牛肉,伊斯兰教家庭则不吃猪肉。

3．商务礼仪

南非工商界人士在商务活动中习惯事先联系,他们遵守约会时间。同时,他们信守合同,交易方式力求正式,喜欢对方有话直说,不喜欢转弯抹角地拖延时间。他们在付款方面也严格按照规定执行。

4．南非禁忌

南非禁忌如表 7.15 所示。

表 7.15　南非禁忌

交　谈　话　题	其　他
跟南非人交谈,有 4 个话题不宜涉及:不要为白种人评功摆好;不要评论不同黑种人部族或派别之间的关系及矛盾;不要非议黑种人的古老习惯;不要为对方生了男孩表示祝贺	与南非朋友交往时打招呼忌用左手,不可称呼他们为 Negro、Black 和 African。在非洲,握手时用力的程度跟对方好意的程度是成正比的,最好握得手都感到麻木喊痛。非洲人普遍认为相机对准某物,某物的"精气"就会被吸收殆尽。人、房屋、家畜一律不准拍摄。如想拍照或合影,最好征得对方的同意

相关链接

部分国家生活喜好如表 7.16 所示。

表 7.16　部分国家的生活喜好

国 家 名 称	喜　　好
日本	喜欢土特产和工艺品
韩国	喜欢吃辣味菜肴
马来西亚	喜欢穿天然织物做成的衣服
泰国	喜欢大象图案
沙特阿拉伯	喜欢白色
俄罗斯	喜欢红色、粉红色、白色、黄色、紫色
德国	喜欢喝酒，爽快
法国	喜欢有文化和美学素养的礼品，说话时爱用手势加强语气，特别喜欢喝浓咖啡
巴西	喜欢谈论关于足球的话题，喜欢蝴蝶图案
埃及	喜欢数字 3、5、7、9
南非	有些部落"重女轻男"，喜欢女孩

实践训练

一、情景训练

1. 杜先生是一家国际旅游公司的组团部经理，经常组团到日本旅游，在日本有很多合作伙伴，并且结交了不少业界的日本朋友。今年夏天，杜先生休假陪同妻子到日本旅游。得知杜先生光临日本，一位名叫三木堂年的朋友便盛情邀请杜先生到家中做客。杜先生与对方一直是很好的业务合作伙伴，于是便准备前往。

杜先生带上礼物来到这位日本朋友家以后，发现这是一个非常传统的日本家庭，穿传统服饰、吃传统饮食，总之让他真正地了解到了日本的一些民俗。

实训要求：

（1）请根据情景提示表演一下杜先生造访这个日本家庭的全过程。

（2）要求注意穿着。选择礼物时应回避日本人的禁忌。

（3）分组训练，角色扮演。

2. 周先生移民到英国已经很多年了，虽然工作很忙，但是他依然坚持每天晨练的好习惯。一个周末的清晨，他在晨跑时偶遇一位年龄相仿的锻炼者，看上去还有几分眼熟，好像是自己的邻居，但是以前从没有接触过。正在他思考的时候，对方却主动与他打招呼了："Good morning…"于是他们开始交谈，直到晨练结束才愉快地告别。

实训要求：

（1）请根据情景提示，补充并表演以上交谈过程。

（2）分组训练，角色扮演。

3．吴经理最近一直在巴西出差。周末，他约了一位巴西朋友在一家烤吧见面，他们准备在享用巴西烧烤风味美食的同时聊聊天，交流一下感情。

实训要求：

（1）请根据以上提示演示一下吴经理和他的巴西朋友见面的过程。

（2）分组训练，角色扮演。

二、综合训练

1．案例分析

（1）杭帆是公司王总的助理，她待人热情，工作出色。有一回，王总带杭帆前往阿拉伯国家洽谈业务。可是，平时向来处事稳重、举止大方的杭帆，在访问期间，竟然由于行为不慎，触犯了对方的禁忌而招惹了一场不大不小的麻烦。

事情是这样的：王总和杭帆刚抵达目的地，就受到了东道主的热烈欢迎。王总与对方总经理握手后，一直是"左撇子"的杭帆也习惯性地伸出了左手，结果看见对方脸色一变，很僵硬地与杭帆握了一下。杭帆很是不解，但由于事情比较多，也就没有理会。

到了晚上，主方特意为他们举行了欢迎宴会。在宴会上，对方总经理亲自为每一位嘉宾递上一杯当地特产的饮料，以示敬意。轮到对方总经理向杭帆递送饮料时，杭帆不假思索地抬起自己的左手去接饮料，见此情景，对方却神色骤变，重重地将饮料放回桌上，扬长而去。

实训要求：请思考握手时对方总经理为什么脸色一变，宴会上对方总经理为什么扬长而去。

（2）泰国的人妖表演是具有世界影响力的，许多国外旅游者慕名前往观看。一天晚上旅游活动结束后，游客甲和乙在没有地方导游人员陪同的情况下，相约去曼谷一家豪华夜总会观看人妖表演。二人边喝着红酒边观看，玩得很尽兴，现场气氛也很热烈。但是由于习惯的原因，甲在看台下坐着观看时将脚抬起来搭在了另一个座位上，而脚底则正好向着台上正在表演的演员。

不知不觉间表演已经结束，当两人正准备起身离开时，突然身边围上来七八个身强力壮的泰国小伙子，没说上几句话便动手将二人狠揍了一顿，之后将他们扔在了夜总会门口。

甲乙二人感到莫名其妙，不知哪里出了差错。

实训要求：请思考他们为什么会有如此遭遇，从上面的案例中你学到了什么。

（3）有一位先生为外国朋友订做生日蛋糕。他来到一家酒店的餐厅，对服务员小姐说："小姐，您好，我要为一位外国朋友订一份生日蛋糕，同时打一份贺卡，你看可以吗？"小姐接过订单一看，忙说："可以的。请问先生，您的朋友是小姐还是太太？"这位先生也不清楚外国朋友结婚没有，从来没有打听过，他为难地抓了抓后脑勺，说："小姐？太太？一大把岁数了，太太吧。"生日蛋糕做好后，服务员小姐按地址到酒店客房送生日蛋糕。敲门后，一女子开门，服务员有礼貌地说："请问，您是怀特太太吗？"女子愣了愣，不高兴地说："不是！"服务员小姐丈二和尚摸不着头脑，抬头看看门牌号，又打了个电话问那位先生，房间号码没错。再敲一遍门，当门打开时说道："没错，怀特太太，这是您的蛋糕"。那女子大声说："告诉你错了，这里只有怀特小姐，没有怀特太太！"啪"一声，门被用力关上了。

实训要求： 请思考这位先生的做法为何引得外国朋友不满，称呼他人时应避免哪些禁忌。

2．综合情景训练

龙创广源服装公司是龙创商业集团的一家子公司，在服装行业经营多年，跟法国某时装公司有着密切的合作关系。今年年终开总结会时，公司决定邀请法方代表来华会谈，以便商定明年的相关合作事宜。

斯特劳斯作为法方代表，于春节前带着助手来到中国。负责接待他的是龙创广源服装公司的副总经理许晴女士。进行相应的前期安排后，双方决定于第二天在龙创大酒店举行会谈，出席会议的中方代表还有龙创广源服装公司的总经理乔先生，他对斯特劳斯先生早有耳闻，却初次见面。

现在，乔经理率许晴副总经理按照约定时间准时在酒店门口等候斯特劳斯先生及其助手的到来。

（斯特劳斯先生的专车来到酒店门口，门童为其打开车门，乔总经理迎上去。）

乔：您好，欢迎来到中国。

（握手）

斯：您好，很高兴见到你（说罢向旁边曾接待过她的许晴女士微笑着点头致意）。

许：欢迎您的到来，请允许我先为两位做一下简单介绍。

（许女士正准备继续，乔总经理却微笑着先开口了。）

乔：不用了，还是我自己来介绍吧。我是龙创广源服装公司的总经理，我姓乔。感谢贵公司一直以来对我公司的大力支持，希望我们在来年依然能够很好地合作，创造更辉煌的业绩。这是我的名片。

（说罢从西服上衣口袋里掏出自己的名片，双手递给斯特劳斯。）

（斯特劳斯接过名片以后，仔细看了一下，然后小心翼翼地装在了公文包里。）

斯：谢谢，希望能跟你们继续合作。

（然后回递了自己的名片。）

（一行数人在礼宾工作人员的引领下向会议室走去，开始了他们的会谈。）

（会议进行得很顺利，双方达成了很好的合作意向。会后，中方就在酒店宴请斯特劳斯先生及其助手一行。现在他们步入酒店的"欧洲厅"雅间。）

乔：先生，您这边请。

（乔总经理主动给法国客人让座。）

斯：（略显尴尬地）谢谢，许小姐，您先请。

（转身把座位让给了身边的许晴女士。）

（宴会继续。）

（法国人普遍很健谈。宴会期间，他们谈了一些很轻松的话题，当然也少不了跟服装有关的话题，但是中方人员为了避免触犯对方的一些风俗和禁忌，依然十分谨慎。宴请结束后，许晴副总经理将提前准备好的一幅中国名画赠送给斯特劳斯。）

（翌日，斯特劳斯致电乔总经理和许晴女士，对中方的热情款待和极具文化素养的精美礼品表示感谢。）

（之后乘机愉快地返回法国。）

实训要求：

（1）分级讨论，哪些地方欠妥当？

（2）分组训练，角色扮演，重新规范演示当时的情景。注意不同性别的男女搭配、性格开朗与性格内向的不同搭配等，力争达到协调。只有角色扮演相对逼真，实训才会取得更好的效果。

（3）饰演的角色至少应包括三个大方面：中国公司方、法方代表及会谈所在酒店方，同时鼓励学生充分发挥主动性，增加相应内容。

（4）在所有小组中评选出某个角色的最佳扮演者，最优化组合后，给全班同学做示范表演。

知识小结

与不同国家人员交往时应注意一些不同的禁忌。

礼宾次序体现东道主对各国宾客所给予的礼遇，在一些国际性的集会上则表示各国主权平等。

企业常用的会见主要是社交上的礼节性会见和涉及业务商谈、经贸洽谈等内容的事务性会见。会谈的内容一般较为正式，政治性、专业性较强，在企业中主要指商务谈判和业务会商。

涉外馈赠礼仪需要掌握以下几个基本原则：轻重得当原则；选时择机原则；效用性原则；投其所好和避过忌讳的原则。注意礼品的包装，注意赠礼的具体时间和场合，注意赠礼的方式及收礼和回礼等的礼仪。

各国各地人民都有其特定的习俗与禁忌。商务人员不仅要妥善做好日常性的接待工作，还要了解、掌握接待对象所在国家的风俗习惯。习俗与禁忌主要包括颜色、数字、交谈、动物、图案、食物、礼品和行为等方面。

参考文献

[1] 向多佳.职业礼仪. 成都：四川大学出版社，2006.
[2] 宋莉萍. 礼仪与沟通教程. 上海：上海财经大学出版社，2006.
[3] 张兰平，罗元. 商务礼仪实训指导. 北京：化学工业出版社，2007.
[4] 周鹂. 秘书礼仪. 合肥：合肥工业大学出版社，2005.
[5] 金正昆. 商务礼仪教程. 北京：中国人民大学出版社，1999.
[6] 徐白. 公关礼仪教程. 上海：同济大学出版社，2007.
[7] 徐晶. 现代职场形象设计. 北京：中信出版社，2007.
[8] 孙景峰. 酒桌上的生意经. 哈尔滨：哈尔滨出版社，2006.
[9] 刘森. 商务秘书实务与训练教程. 成都：西南财经大学出版社，2006.
[10] 众行管理资讯研发中心. 接待技巧训练. 广州：广东经济出版社，2003.
[11] 吴新红. 商务礼仪. 北京：化学工业出版社，2006.
[12] 未来之舟. 礼仪手册. 北京：海洋出版社，2005.
[13] 未来之舟. 商务礼仪. 北京：中国经济出版社，2006.
[14] 王岩. 秘书礼仪项目教程. 杭州：浙江大学出版社，2012.
[15] 周思敏. 你的礼仪价值百万. 北京：中国纺织出版社，2012.
[16] 龙新辉，徐梅. 商务活动策划与组织. 北京：高等教育出版社，2012.
[17] 王芬. 秘书礼仪实务. 2 版. 北京：电子工业出版社，2014.
[18] 汪念明. 实用口才教程. 2 版. 北京：电子工业出版社，2016.